'시코쿠'에서 일본을 읽다

인천대 지역인문정보융합연구소
연구총서 01

'시코쿠'에서
일본을 읽다

문학관에서 산업유산에 이르기까지,
새로운 장소자산의 형성과 기억의 보존

yeon
doo

차례

'시코쿠'를 통해 보는 일본의 지역과 문화
문학관에서 산업유산까지 장소자산에 관한 사례 연구

1

일본은 지난 2004년 총 인구가 정점에 도달한 이래 매년 수십만
명씩 인구가 감소하고 있다. 일본처럼 인구가 계속해서 줄어드는
사회에서는 어떤 문제가 일어나고 있을까? 무엇보다 인구 감소는
구매력 감소로 이어져 내수 시장과 경제력이 침체하고 있다. 하지
만 인구 감소에 따른 부작용은 비단 경제 분야에 그치지 않고 사회
전반에 다양하게 영향을 미치고 있다. 총무 대신을 역임하며 지방
행정에 정통한 관료 출신인 마스다 히로야增田寬也는 2014년 인구
감소에 따른 지방 소멸의 위험성을 지적한 일명 '마스다 보고서'를
출간했다. 보고서에 따르면 현재와 같이 인구가 감소하는 가운데

도쿄로 인구가 계속해서 집중하면 2040년까지 약 900여 개에 달하는 지자체가 일본에서 소멸할지 모른다고 한다. 인구 감소를 단지 출산율의 문제로 보았던 종전과 달리 '마스다 보고서'는 인구 감소가 지역 간 불평등을 더욱 심화할 수 있다는 점을 지적해 학계와 매스컴으로부터 많은 주목을 받았다.

'마스다 보고서' 출간 이후 일본 정부는 인구 감소에 따른 지방 소멸 위기에 대처하고자 지방창생 전략을 수립했다. 지방창생 전략의 주된 방향은 안정된 일자리를 만들어 외부로의 인구 유입을 늘려 소멸 위기에 빠진 지방 인구를 유지하는 것이다. 이를 위해 수도권 고령 인구를 지방에 이주시키는 한편 지방의 젊은이를 의료요양 분야에 종사하도록 권장하여 도심의 고령화 문제와 지방의 일자리 문제를 함께 해결하고자 했다. 이처럼 성장과 분배, 안정된 고용을 기반으로 합계 출산율 1.8명을 달성해 2060년까지 '1억 인구'를 유지하는 것이 '지방창생' 전략의 주된 목표였다.

'마스다 보고서'는 합계 출산율이 1명 이하로 떨어진 한국 사회에도 많은 반향을 일으켰다. 지방의 인구 감소와 노령화는 이제 남의 나라 이야기가 아닌 현실의 문제였기 때문이다. 수도권 몇몇 지역을 제외한 전국 대부분의 지자체에서 사람이 살지 않는 빈집을 손쉽게 찾아볼 수 있다. 한국 정부 역시 뒤늦게나마 지방의 위기를 해소하고자 도시 기능의 '재생'과 지방의 '활성'을 목표로 삼아 여러 사업을 시행 중이다. 그 대표로 '지역 활력 타운' 조성 계획을 들 수 있다. 지역 활력 타운의 주된 골자는 인구 감소 지역에 수도권에 거주하는 은퇴자와 청년의 이주와 정착을 지원해 지방을 활성화하겠다는 것이다.

앞서 인구 감소와 고령화로 지방 소멸의 위기에 처한 한일 양국이 현실에 대해 간략히 살펴보았다. 그런데 여기서 흥미로운 점은 지방 소멸에 관한 한일 양국 정부의 대처 방안이 상당히 비슷하다는 점이다. 일본의 '지방 창생' 전략과 한국의 '지역 활력 타운' 조성 계획은 명칭은 다를지 몰라도 수도권에 집중한 인구를 지방으로 분산하는 데 역점을 둔다는 점에서 매우 유사하다.

그러나 한일 양국에서 공통으로 진행 중인 인구 감소는 겉으로 보기에 비슷할지 몰라도 그 요인을 구체적으로 따져보면 주택비와 교육비 상승, 결혼 기피, 소득 저하 등 다양한 요인이 복합적으로 작용한 결과라고 생각된다. 따라서 현상적으로 인구 감소라 하더라도 이를 유발하는 요인에 대한 세밀한 분석을 바탕으로 대응 조치를 마련할 필요가 있다. 하지만 현실은 그렇지 못하다.

지방의 위기 역시 마찬가지다. 위기에 처한 지방의 개별적인 사정을 고려하지 않은 채 단순히 수도권의 과잉 인구를 이주하겠다는 방침은 현실적으로 가능하지 않을 뿐 아니라 수도권의 고령층을 지방으로 이주해 인구가 조금 늘어났다고 해서 지방 활성화가 이루어졌다고 말할 수 있을지도 의문이다. 지방 소멸의 주된 요인이 인구 감소에 따른 결과일 수 있겠지만 그렇다고 지방 활성화가 반드시 인구 증가로 이루어질 수는 없기 때문이다.

무엇보다 문제는 지방 소멸을 바라보는 한일 양국 정부의 인식에 있다. 인구 감소가 지방 소멸을 가져오는 주된 요인이며 따라서 수도권 인구를 지방에 분산하자는 정부 방침은 지방을 중앙과 수도권의 문제를 해결하기 위한 대체재나 보완재로 바라보는 인식이 그 저변에 깔려 있다고 생각한다. 정말로 지방을 '창생'하고 지역에 '활력'을 불어넣으려면 지방마다 특색 있는 자원을 발굴해 이를 지역의 내발적인 발전을 도모하기 위한 무기로 활용하는 아이디어로 만들어가야 할 것이다. 그렇다면 지방의 입장에서 인구 감소라는 위기에 대처하기 위한 효과적 해법은 과연 무엇일까? 이에 대한 정답을 한마디로 제시하기란 불가능할지 모른다. 다만 정답을 푸는 데 필요한 힌트라도 얻기 위해 이 책에서는 '장소자산 place asset'에 주목하고자 한다.

'장소자산'은 미국의 지리학자인 마이클 스토퍼Michael Storper 가 다른 지역과의 차별성을 개념화하기 위해 특정 공간의 매력을 어필할 수 있는 자원으로 제안한 개념이다. 세계화와 함께 각국의 중앙 정부와 지자체가 경쟁력 확보를 위해 지역과 장소를 하나의 상품으로 인식하고 이를 활용하는 '장소마케팅place making'에 나서면서 장소자산은 관광학, 도시경영 등의 다양한 분야에서 주목 받았다. 장소에 대한 인간의 정서적 측면을 강조하기 위해 이푸 투안Yi-Fu Tuan이 제시한 '장소성'과 달리 장소자산은 본래 물질성이 강한 개념이다. 하지만 세계화에 따라 장소 경쟁이 심화하는 과정에서 장소를 구성하는 다양한 요소 가운데 지속적으로 이윤을 창출할 수 있는 '매력적'인 공간 요소를 의미하는 용어로 범용화되어 사용되고 있다.

인천대학교 일본문화연구소와 지역인문정보융합연구소는 인구 감소와 고령화에 따른 지방 소멸에 대처하기 위해 다양한 문화 환경과 오랜 역사 전통을 장소자산으로 '인식'해 지역 재생의 자원으로 '활용'하는 과정을 살펴보고자 일본의 '시코쿠四國'를 연구 대상으로 삼았다. 시코쿠는 65세 이상 고령자 비율이 절반을 넘어 그 기능을 유지할 수 없는 '한계 촌락' 비율이 전국에서도 가장 높은 지역에 해당한다. 그 결과 지방 소멸이 가장 빠르게 전개되는 지역인 만큼 장소자산에 대한 관심과 활용에 관한 논의가 활발하게 이루어지고 있다.

2

시코쿠는 혼슈, 홋카이도, 규슈와 함께 일본열도를 구성하는 4개의 주요 섬 가운데 가장 작은 곳이다. 시코쿠라는 지명은 7세기 후반 일본이 중국과 한반도의 여러 나라로부터 율령을 받아들여 고대 국가를 수립하는 과정에서 지방에 설치한 68개의 '구니國' 가운데 이요伊予, 사누키讚岐, 아와阿波, 도사土佐, 4개 구니가 위치한다는 뜻으로 17세기 이후에 일반화되었다. 메이지유신 이후 4개 구니는 폐번치현廢藩治縣을 거치면서 현재와 같은 에히메愛媛, 가가와香川, 도쿠시마德島, 고치高知 4개 현으로 개편되었다.

우리나라 경상북도보다 조금 작은 면적을 가진 시코쿠는 섬 중앙부를 동서로 관통하는 높은 산지가 있어 산림이 풍부한 대신 농경에 적합한 평야 지대가 적고 이동마저 불편해 사람이 살기에 그리 좋은 조건이 되지 못했다. 산업화에 불리한 입지 조건으로 대표할 만한 산업 시설도 많지 않고, 제조업 기반도 약하다 보니 고령화에 따른 인구 감소나 이에 따른 빈집 증가 등의 사회 문제 역시 다른 지역에 비해 훨씬 심각한 형편이다.

　이 같은 조건에 비해 역사와 문화유산은 결코 작은 편이 아니다. 옛 다이묘의 권력을 상징하는 성곽과 덴슈天守, テンシュ를 비롯해 다수의 신사나 사원이 존재한다. 그리고 메이지유신을 이끈 사카모토 료마坂本龍馬, 이타가키 다이스케板垣退助를 비롯해 근대 문학의 거장인 마사오카 시키正岡子規, 기쿠치 간菊池寬, 오에 겐자부로大江健三郎 등이 이 지역 출신이다 보니 이들을 기념하는 박물관과 문학관이 이곳저곳에 산재해 있다. 그렇다 보니 시코쿠는 지역이 가진 다양한 '장소자산'을 활용해 지방 소멸의 위기를 극복하려는 노력이 다른 어디보다 활발하게 전개되고 있다.

　이 책에서는 장소자산의 보존과 활용을 위한 지역 사회의 노력을 살펴보기 위해 첫째 지역 활성화나 관광 자원으로 '활용'했거나 '정책'화한 사례, 둘째 문학과 영화 등의 영역에서 '상상'하거나 '재현'해 문화자산으로 가치를 가지게 된 장소에 주목할 것이다. 좀 더 구체적으로 말하면 제1장 '시코쿠 근세성곽의 운명과 성터 공원의 성립'은 본래 번주의 거주 공간이었던 시코쿠의 근세성곽이 메이지유신 이후 "만인이 모두 즐기는" 공원으로 거듭난 이후 폐번치현에 따라 새롭게 설치된 '부·현'의 물리적인 공간 단위에 (지역) 정체성을 부여하고 (주민) 소속감을 형성하는 중요한 장소자산으로 거듭나는 과정을 살펴보았다. 다음으로 제2장 '벳시동산別子銅山의 산업 관광화와 장소기억의 형해화'에서는 에히메현愛媛県 니하마시新居浜市에 소재한 벳시동산別子銅山을 연구 대상으로 삼아 지역 활성화라는 명목으로 산업유산을 활용한 산업 관광이

애초 기대했던 바와 같이 별다른 수익을 올리지 못하고 벳시동산에 관한 지역민의 기억과 관련자의 목소리를 제대로 재현하지 못한 문제점 등을 지적했다. 제3장 '일본 과소 지역의 문화예술자산 활용과 과제'는 가가와현香川県 나오시마정直島町에서 지역 활성화를 위해 아트프로젝트를 추진한 과정과 그에 따라 지역 사회 구성원들이 체감하는 지역의 변화상을 살펴보고, 아트프로젝트 이후에도 여전히 증가하는 빈집의 발생 원인, 문화예술자산을 활용한 지역 활성화의 과제 등을 고찰했다. 이와 함께 제4장 '일본 농촌 지역 활성화를 위한 장소자산 활용 전략'에서는 에히메현 농촌 지역에서 새로운 지역 활성화 거점으로 운영되는 도로역道の驛의 발달 과정과 운영 메커니즘을 살펴봄으로써 일본의 농촌 지역이 도로역을 중심으로 장소자산을 어떻게 활용하면서 새로운 장소 만들기를 실현하는지 고찰했다.

다음으로 제5장 '문학 도시 '하이토俳都' 마쓰야마松山의 창출과 계승'에서는 문학 도시라는 마쓰야마의 정체성이 근대에 어떤 과정을 통해 구체화했고 현재까지 어떻게 그 전통이 계승되는지 마쓰야마에서 발간된 시대별 지역 안내서를 통해 검토했다. 다음으로 제6장 '언덕 위에 구름 뮤지엄과 문학의 장소화'에서는 마쓰야마 출신의 저명한 문학가인 마사오카 시키를 기념하는 '시키 박물관'과 일본의 국민 작가로 일컬어지는 시바 료타로司馬遼太郎의 소설 『언덕 위의 구름坂の上の雲』을 기념하는 '언덕 위의 구름 뮤지엄'이 마쓰야마에 건립되는 과정을 통해 문학관을 통한 지역 활성화의 구체적 양상과 그것이 가진 문제점을 살펴보았다. 이와 함께

제7장 '영화 속 노스텔지어의 장소, 세토내해瀬戸内海'는 2000년대 최고의 인기를 얻었던 영화 <세상의 중심에서 사랑을 외치다>를 소재로 일본의 전통적 원풍경을 표상하는 지역인 세토내해가 작품 속에 등장하는 클리셰와 레트로, 폐허 관광 등을 통해 관객의 노스텔지어를 자극하며 지역 사회와 새롭게 결합하는 정동의 과정을 알아보았다. 한편 제8장 '서브컬처와 지역'은 가가와현을 배경으로 하는 만화『우동의 나라 금색 털뭉치』에 초점을 맞춰 서브컬처의 대표 장르인 만화가 그리는 '지역' 이미지의 문제를 가가와현의 지역 활성화 정책과 관련해서 검토했다. 마지막으로 제9장 '에히메현의 현지아이돌이 여는 세계'에서는 에히메현에서 활동하는 현지 아이돌 히메큔후르츠칸을 소재로 도쿄에서 유행하는 트렌드가 지역에 도입되는 과정에서 역동적이고 생생한 'B급' 현지 문화가 분출하게 되고, 다른 지역 관객이 이 같은 역동성을 즐기기 위해 '현지'를 방문하는 과정을 통해 새로운 지역문화가 만들어질 가능성을 인문학적으로 탐색하고자 했다.

3

오랫동안 경제 침체가 계속되면서 한국에서 일본을 바라보는 시선도 많이 바뀌었다. 매스컴에서도 이제 더는 경제 대국이나 경제 발전의 역할 모델로 일본을 평가하지는 않는 듯하다. 그 대신 우리보다 인구 감소와 지방 소멸 등의 사회 문제를 먼저 경험한 탓인지 지역 재생 운동과 농촌 정책 분야에서 일본의 사례를 참조하는 경우가 늘고 있다. 지역 현실에 대한 면밀한 조사와 문제 해결

을 위한 상상력의 부재를 메꾸는 데 일본의 지방정책은 손쉬운 참
고 사항이 되기 때문이다.

이 책에서는 우리의 역할 모델 또는 손쉬운 참고 사항으로 일
본을 바라보는 태도에서 벗어나 소멸 위기에 맞서 지역의 장소자
산을 보존하고 활용하는 일반 시민의 노력을 살피는 데 초점을 두
었다. 장소자산을 '발견'하거나 '활용'하려는 노력을 살펴보는 작업
이 우리가 미처 보지 못한 일본 사회의 또 다른 모습을 이해하는
기회가 되기를 바란다. 장소자산에 대한 인문학적인 고찰은 인구
감소와 노령화를 비롯해 한일 양국의 지방에서 벌어지는 갖가지
문제를 객관적으로 살펴보는 데 필요한 혜안은 물론이고 위기 상
황을 부추기는 지방 담론에 맞설 수 있는 비판적 사고를 제공해줄
수 있을 것이라 기대한다. 인문학의 비판적 사고와 관점을 견지하
면서 인구 감소 시대에 지역의 역사, 문화유산이 장소자산으로 탄
생하여 지역의 장소성을 형성하며 지역민의 장소로 발전하는 과
정을 살펴봄으로써 한일 양국이 당면하는 인구 감소와 지방 소멸
에 대한 인문학적인 대안을 고민해보고자 한다.

공동 저자를 대표해서 박진한
인천대학교 지역인문정보융합연구소 소장 및 일본지역문화학과 교수

1부

장소자산의 실재와 활용

시코쿠 근세성곽의 운명과
성터 공원의 성립

1. 성곽 투어리즘과 성터 공원

쇼군의 궁은 세 겹으로 토성을 설치했는데 성 아래는 모두 바닷물을 끌어들여 해자를 만들고 높이 가로지른 널다리를 두어 그 아래로 배가 지나다녔다. 첫 번째, 두 번째 성문 안은 모두 왜장의 집이 있다. 담장과 기와는 모두 황금을 입혔는데 그 꾸밈새가 사람의 눈을 부시게 만들 정도였다. 세 번째 문을 지나면 바야흐로 석성이 있는데 아직 성 쌓는 일이 한창인지라 완성하지 못했다(경섬, 해사록, 1607년 6월 6일).

1607년 '회답겸쇄환사'로 일본을 방문한 통신사의 눈에 3겹의 성곽과 해자를 갖춘 에도성은 "사람의 눈을 부시게" 만들 만큼 화려

한 곳이었다. 에도성의 축성 사업은 그로부터 30여 년이 지나 끝이 났는데 성 중앙에 공사 중인 덴슈가 완공되었더라면 그림1과 같은 모습이었을 것이다. 에도성의 덴슈テンシュ는[1] 낙뢰에 의한 화재로 소실된 이후 재건되지 않아 현재는 그림2와 같이 기단 부분만 남아 있는 상태다. 높이가 14미터에 달하는 기단 위에 45미터 정도로 추정하는 건물까지 더하면 덴슈의 전체 높이는 대략 오늘날 20층 정도의 고층 빌딩에 상당했을 것이다.

일본의 성곽은 일부 예외가 있지만, 에도성과 같이 '덴슈'라 부르는 망루 형태의 높은 누각을 갖는다는 점에서 공통성을 갖는다. 덴슈와 같은 망루 형태의 건축물은 이웃한 한반도나 중국에서 비슷한 사례를 찾기 힘들 뿐 아니라 중세 유럽의 성곽과 비교해도 그 구조나 형태에 많은 차이가 있다. 이러한 점에서 덴슈는 일본의 성곽 건축이 갖는 독자성 또는 특수성으로 이야기한다.

덴슈를 중심으로 겹겹의 해자와 성벽을 갖춘 성곽은 현재의

---

1 덴슈(テンシュ)'는 오늘날 일반적으로 '천수각(天守閣)'이라 칭하는 망루 형태의 장대한 건축물을 말한다. 오다 노부나가(織田信長)의 아즈치성(安土城)을 방문한 예수회 선교사 루이스 프로이스(Luis Frois)는 이를 '덴슈(テンシュ)'라고 기록한 반면, 노부나가의 가신인 오타 규이치(太田牛一)의 『신초코키(信長公記)』에서는 한자로 '천주(天主)' 또는 '전수(殿守)'로 표기했다. '천수각'이라는 용어는 1931년 오사카성의 옛 덴슈를 철제 콘크리트로 복원하고 전망대를 뜻하는 누각을 붙여 천수각이라 부르면서 일반화된 것이다(박진한, 「근대도시 오사카의 상징물과 기억공간의 형성-'오사카성(大坂城) 천수각(天守閣)' 재건사업(1928~1931)을 중심으로-」, 『인천학연구』 11, 2009). 이 글에서는 사후의 복원물이 아닌 근세성곽의 건축물임을 강조하기 위해 '덴슈'라는 사료 용어로 표기함을 미리 밝혀둔다.

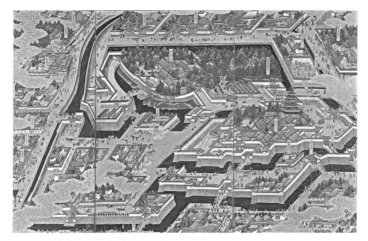

그림1 1630년대 에도성의 덴슈와 성곽

도시 공간에까지 적지 않은 영향을 남기고 있다. 메이지유신 이후 근대화 과정에서 성곽의 상당수는 봉건유제의 상징으로 여겨 해체되었다. 하지만 그 터는 공원이나 학교, 관공서, 신사 같은 공공시설물의 부지로 활용되었다. 도쿄東京, 오사카大阪, 나고야名古屋 등지를 방문한 이들이 도심 한가운데서 장대한 규모의 성터 공원을 만날 수 있는 것은 일본의 주요 도시가 성곽도시인 조카마치城下町에 기반을 두고 성장했기 때문이다. 이러한 점에서 근세성곽과 성터는 축성 이후 메이지유신을 거치면서 현재에 이르기까지 다양한 사건이 벌어진 역사의 무대이자 다층적인 기억의 저장고라고 말할 수 있다.

그림2 현재 황거로 사용되는 에도성 덴슈의 기단부

지난 2006년 일본 정부는 인구 감소와 고령화에 따른 저성장문제를 해결하는 방법으로 해외 관광객 유입을 통한 내수 진작을 제시하고, '관광 입국 추진기본법'을 제정하여 관련 산업을 육성하고자 노력해왔다. 특히나 관광 입국 정책은 지난 2020년 도쿄올림픽 개최를 앞두고 일본 정부의 주요 과제가 되었다. 한편 정부 정책에 발맞추어 재단법인 일본성곽협회日本城郭協会는 2006년부터 전국의 '이름있는 성곽名城' 100곳을 선정한 다음 이를 선전하는 활동에 본격적으로 나섰다. 방문객이 스탬프를 찍도록 제작한 『일본 100곳의 이름있는 성곽에 가자日本100名城に行こう』라는 안내 책자는 이듬해 36만 부 이상을 판매하며 전국적으로 '성곽 붐'을 일

으키는 계기가 되었다. 이후 각지에 산재한 성곽을 방문하려는 여행객이 늘면서 '성곽 투어리즘'은 일본 국내 여행의 새로운 경향이 되었다.

　　다른 지역보다 인구 감소와 노령화가 심각한 시코쿠에서는 성곽 투어리즘을 지역 활성화를 위한 자원으로 활용하고자 노력 중이다. 일본 전역에 단 12곳에 불과한 (근세에 축성한) 현존 덴슈 가운데, 마쓰야마松山, 마루가메丸龜, 우와지마宇和島, 고치高知를 포함해 4곳이 시코쿠에 남아 있기 때문이다. 이 글에서는 지역 활성화의 새로운 자원으로 주목 받는 현존 덴슈 4곳을 비롯해 시코쿠에 축성된 8곳의 성곽을 소재로 메이지유신 이후 육군성의 병제 개편안과 '근대적인 공공 공간'인 성터 공원의 등장이 어떤 관련성을 갖는지 살펴볼 것이다. 그리고 (영지를 떠난) 구 번주가 폐성이 결정된 성곽을 매입해 '근대적인 공공장소'인 공원의 조성 과정에 개입하면서 구 번주와 옛 번에 대한 친근감이 생겨나고 이 같은 정서적인 유대감이 폐번치현廢藩治縣 이후 새롭게 만들어진 지역(민)을 상상의 기억 공동체로 만드는 과정에 주목할 것이다. 이를 통해 공원 설계나 조경, 성곽의 활용 등에 주목해온 근대 공원사의 연구 성과를 보완하는 동시에 성터 공원화의 과정을 지역의 역사로 재조명하고자 한다.

2. 시코쿠의 근세성곽과 메이지 초기의 성곽 파괴
: 이마바리今治성

쇼군將軍을 중심으로 강력한 무가 권력을 행사하기 위해 에도막부
는 혹시나 있을지 모를 다이묘의 군사 도발과 반란 행위가 일어나
지 않도록 이들의 성곽 축성과 개·수축을 엄격히 통제했다. 하지
만 막부의 통제와 별도로 성곽의 소유 여부는 다이묘 사이에 신분
서열을 구분하는 중요한 기준이었다. 다이묘의 서열은 쇼군과의
친소 관계뿐 아니라 영지 규모, 성곽 유무에 따라 성을 가질 수 있
는 '고쿠슈國主', '조슈城主', 그리고 그 이하의 '조슈가쿠城主格', '무
조無城' 등으로 나뉘었다. 시코쿠의 경우 1871년 폐번치현 당시 1
만 석 이상의 영지를 가진 번은 그림3과 같이 모두 14곳이었다. 이
가운데 다이묘 본가에서 갈라져 나온 지번을 제외하고 독자적인
영국 지배 기구를 가진 번 가운데 성을 가진 조슈 이상의 다이묘
가 통치하는 번은 표1과 같이 다카마쓰번高松藩, 마루가메번丸龜藩,
도사번土佐藩, 도쿠시마번德島藩, 이마바리번今治藩, 마쓰야마번松山
藩, 오즈번大洲藩, 우와지마번宇和島藩을 포함한 8곳이었다. 이 밖에
다도쓰번多度津藩을 비롯해 영지 규모가 3만 석 이하인 다이묘는
성을 갖지 못하고 '진야陣屋'라고 부른 거택에서 영지를 지배했다.
　한편 시코쿠 일대 8곳의 성곽은 1868년 메이지유신과 함께
커다란 변화를 겪게 되었다. 이른바 '왕정복고'를 통해 메이지유신
을 성사하는 데 주도적 역할을 담당했던 사쓰마薩摩, 조슈長州, 도
사, 히젠肥前번의 주요 인사는 이듬해 번주를 설득해 영지와 영민

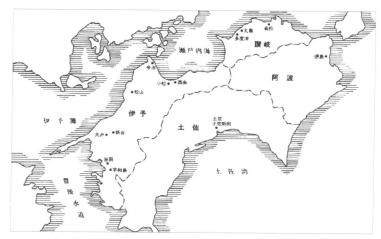

그림3 폐번치현 당시 시코쿠 내 각 번의 소재
(『三百藩戊辰戦争事典(下)』, 新人物往来社, 2000)에서 지도 인용

에 대한 세습적인 지배권을 봉환하는 '판적봉환版籍奉還의 상소문'
에 도장을 찍고 이를 천황에 상주했다. 이후 여러 번이 판적봉환
행렬에 가담하면서 최종적으로 1869년 6월 17일 판적봉환에 관
한 천황의 칙허가 반포되었다.

메이지 정부는 판적을 봉환한 구 번주를 '지번사知藩事'에 임
명했다. 구 번주는 다이묘라는 세습적인 지위를 상실했지만 번 수
입의 10분의 1을 지번사의 봉록으로 보장 받는 한편 구미 사회의
귀족 신분에 해당하는 '화족華族'이 되었다. 이 같은 타협책으로 메
이지 정부는 커다란 물리적 충돌 없이 토지와 인민에 대한 번주
의 지배권을 환수하는 동시에 이들이 지배하던 성곽을 손에 넣을

수 있었다.

하지만 성곽은 수차례의 전투를 거치면서 근대적인 화포 공격에 무용한 사실이 드러나 군사 시설의 가치를 상실한 상태였다. 지번사에 임명된 구 번주의 입장에서 성곽은 가뜩이나 어려운 번 재정에 부담이 될 뿐이었다. 이에 따라 구 번주 중에는 자진해 성곽의 철거를 요청하는 이들도 적지 않았다. 오늘날 효고현兵庫県 도요오카시豊岡市 이즈시정出石町에 소재한 이즈시번出石藩은 메이지 유신 직후 "더는 수리가 어렵다."라며 스스로 성곽을 철거할 뜻을 밝혔다. 이에 메이지 정부는 "성곽의 철거"를 허가했다(일본 국립 공문서관 디지털 아카이브, 太00107100). 이후 가와고에川越, 우쓰노미야宇都宮 등지에서 성곽 철거를 허가해달라는 요구가 계속되었다. 시코쿠의 우와지마번 역시 1870년 성곽을 유지하는 데드는 "쓸모없는 비용"을 줄이기 위해 철거 의사를 밝혔다(平井誠, 2002).

심지어 일부 번에서는 주민의 손에 의해 성곽이 파괴되는 경우조차 발생했다. 시코쿠 이마바리번에서는 구 번주인 마쓰다이라 사다노리松平定法가 마지막 고별 인사를 나누고 도쿄로 이주하자 영주의 거처로 사용해온 성이 더는 필요 없을 것으로 생각한 이들이 성벽과 야구라 등을 철거하는 사태가 발생했다(愛媛県教育会今治部会, 1937). 이처럼 "이마바리 성곽이 대파해 오늘날의 시세에 불용한 것"이 되자 이마바리번에서는 1869년 10월 성내의 거목과 대파한 성곽의 자재를 입찰에 부쳐 판매하는 처분을 내렸다(愛媛県史編さん委員会, 1987). 한편 도사번에서는 판적봉환

국명	현명	번명	영지	마지막 번주
사누키 讃岐	가가와 香川	다카마쓰 高松	12만	마쓰다이라 요리도시 松平頼聰
		마루가메 丸亀	5만	교고쿠 아키유키 京極朗徹
		다도쓰 多度津	1만	교고쿠 다카마사 京極高典
도사 土佐	고치 高知	도사 土佐	24만 2천	야마노우치 도요노리 山内豊範
		도사신덴 土佐新田	1만 3천	야마노우치 도요시게 山内豊誠
아와 阿波	도쿠시마 徳島	도쿠시마 徳島	25만 8천	하치스카 모치아키 蜂須賀茂韶
이요 伊予	에히메 愛媛	사이조 西条	3만	마쓰다이라 히데요리 松平頼英
		고마쓰 小松	1만	히토쓰야나기 요리아키 一柳頼明
		이마바리 今治	3만 5천	마쓰다이라 사다노리 松平定法
		마쓰야마 松山	15만	마쓰다이라 사다아키 松平定昭
		니이야 新谷	1만	가토 야스노리 加藤泰令
		오즈 大洲	6만	가토 야스아키 加藤泰秋
		요시다 吉田	3만	다테 무네즈미 伊達宗純
		우와지마 宇和島	7만	다테 무네에 伊達宗徳

표1 폐번치현 당시 시코쿠의 번과 성곽/진야의 소재지, 현재의 이용 실태

성/진야(陣屋)의 현황	현 소재지	비고
다카마쓰성 → 공원	다카마쓰시	
마루가메성 → 공원	마루가메시	(1660년 건립) 덴슈 현존
진야 → JR다도쓰 공장, 다도쓰정 자료관	다도쓰정	마루가메번의 지번
고치성 → 공원	고치시	(1601년 축성, 1747년 재건) 덴슈 현존
X	고치시	도사번의 지번, 참근교대 없이 에도의 상주를 명 받은 조후(定府) 다이묘로 진야를 설치하지 못함
도쿠시마성 → 공원	도쿠시마시	
진야 → 현립 사이조 고등학교	사이조시	
진야 → 사족에게 매각	사이조시	
이마바리성→ 공원	이마바리시	
마쓰야마성 → 공원	마쓰야마시	(1602년 건립, 1852년 재건) 덴슈 현존
진야 → 니이야 소학교	오즈시	오즈번의 지번
오즈성 → 공원	오즈시	
진야 → 요시다 소학교 → 요시다정 도서관	요시다정	우와지마번의 지번
우와지마성 → 공원	우와지마시	(1666년 개축) 덴슈 현존

* 위 표는 『藩史総覧』(児玉幸多·北島正元 監修, 新人物往来社, 1977), 『國史大辞典』(國史大辞典編集委員吉川弘文館, 1999) 등을 참조하여 필자가 작성한 것임. 영지의 단위는 '고쿠(石)'로 표시했음.

직후 고치성 내곽의 무가 거주지에서 무사와 평민의 잡거와 상매를 인정하자 성곽 건물을 떼어다가 주택을 짓는 경우가 속출했다(高知県, 1970). 메이지유신 직후 천황을 중심으로 국민국가를 건설하려는 움직임이 본격화하는 가운데 바야흐로 구 영주 권력의 상징물인 성곽은 "오늘날의 시세에 불용"한 봉건시대의 유제遺制로 인식되었던 것이다.

3. 1873년 「제국존諸國存·폐성조서·廢城調書」와 성터 공원의 등장: 고치高知·마쓰야마松山·오즈大洲성

메이지 정부는 성곽 파괴가 전국적으로 확산하자 서둘러 이에 대한 대책을 마련해야 했다. 성곽의 관리는 군사 사무를 총괄하는 병부성에서 맡았다. 병부성은 1869년 메이지 천황의 새로운 거처가 된 에도성과 주요 군사 요충지인 오사카성부터 먼저 접수하고 이듬해에 "성채와 포대를 축조하거나 철거할 시에는 병부성에 문의"하도록 지시하여 성곽 업무가 병부성 소관임을 전국에 알렸다.

하지만 1872년 병부성 휘하의 육군부와 해군부가 육군성과 해군성으로 독립하자 성곽 업무는 이제 육군성의 소관이 되었다. 육군성은 일본 전역에 병력 배치계획을 수립하고 그해 11월 성곽 가운데 필요한 곳과 필요 없는 곳을 선별해 각기 '보존할 성곽存城'과 '처분할 성곽廢城'의 리스트를 작성한 다음, 필요 없는 성곽을 지방관에게 양도하기로 결정했다(野中勝利, 2007). 이후 육군성은

1873년 1월 전국을 6개 군관으로 나누고 14곳의 병영을 전국에 설치한다는 계획을 수립했다. 그리고 6개 군관과 14곳의 병영을 설치하기 위해 '보존할 성곽存城'의 목록을 작성했다. 다만 메이지 유신 직후 아직 지방 행정 제도가 완성되지 않은 상태에서 옛 율령 제 하에서 지방 제도인 '구니國'를 기준으로 '보존할 성곽'과 '처분할 성곽'을 구분했다. 이에 따라 시코쿠 지방에 속한 4개국은 중부 지방의 아키安藝, 스오周防, 이즈모出雲, 이시미石見 4개국과 함께 히로시마에 사령부를 두는 제5군관에 포함되었다표2.

제5군관							
주부中部 지방				시코쿠四國 지방			
아키국 安藝國	스오국 周防國	이시미국 石見國	이즈모국 出雲國	사누키국 讃岐國	도사국 土佐國	아와국 阿波國	이요국 伊予國
히로시마 広島	야마구치 山口	하마다 浜田	마쓰에 松江	마루가메 丸亀	다카마쓰 高松	다카마쓰 高松	스자키우라 須崎浦	우와지마 宇和島

표2 정부 지령(1873.01.14.)에 첨부한 '별책 제1호 제국존성조서(諸國存城調書)' 가운데 제5군관 부분(·인을 찍은 곳은 현재 성곽이 없지만 새로 취득해야만 할 곳)

사누키국 讃岐國	이요국 伊予國					
다도쓰 多度津	사이조 西条	고마쓰 小松	다카마쓰 松山	니이야 新谷	오즈 大洲	요시다 吉田
진야	진야	진야	성곽	진야	성곽	진야

표3 정부 지령(1873.01.14.)에 첨부한 '별책 제2호 제국폐성조서(諸國廢城調書)' 가운데 시코쿠 부분

표2에서 알 수 있듯이 시코쿠에서 '보존' 결정이 내린 곳은 마루가

메성(사누키)을 비롯해 다카마쓰성(사누키), 도쿠시마성(아와), 우와지마성(이요) 모두 4곳이다. 마루가메성에는 시코쿠 일대를 관할하는 보병 사령부를 두는 대신 도쿠시마와 우와지마에는 분영을 설치하기로 했다. 다카마쓰성은 마루가메성과 함께 사누키 국에 속하지만, 세토내해의 제해권을 고려해 예외적으로 보존을 결정한 것으로 보인다. 다만 도사국에는 고치성 대신 스자키우라須崎浦에 분영分營을 신설하기로 결정했다.

반면 다카마쓰, 오즈성을 비롯해 표3에 정리한 옛 진야 등의 군사 시설은 '처분', 즉 해체를 결정했다. 결과적으로 육군성의 방침에 따라 시코쿠에서 해체가 결정된 곳은 이요국에 속한 오즈성과 마쓰야마성이었다. 메이지 정부는 대체로 '일국에 일성'이라는 원칙에 따라 '보존' 대상을 선정했다. 이요국의 경우 우와지마성에 분영을 설치하기로 한 이상 오즈성과 마쓰야마성의 폐성을 결정한 것으로 보인다.

그런데 여기서 주의할 점은 시코쿠에 소재한 8개 성곽 가운데 '보존'과 '처분' 조치를 받지 않은 곳이 존재한다는 사실이다. 이마바리성은 앞서 살펴보았듯이 태정관 지령이 발령되기 이전인 1869년 판적봉환 당시 주민들에 의해 파괴된 탓에 빠진 것으로 보인다. 반면 고치성은 '보존', '처분' 그 어느 쪽에서도 그 이름을 찾을 수 없다. 도사번이 메이지유신을 주도한 웅번雄藩 가운데 한 곳일 뿐 아니라 성곽의 규모나 위치를 고려할 때 행정착오나 실수로 빠뜨렸다고 생각하기 힘들다. 그렇다면 육군성의 성곽 '보존', '처분'에 관한 지령에서 고치성이 빠진 이유가 무엇 때문인지 이후 고치성의 행보를 염두에 두고 살펴보도록 하자.

메이지 정부는 성곽 처분에 관한 지령을 하달하고 나서 연이어 '공원 설립에 관한 포고'를 발표했다. 이에 따르면 '고래의 경승지'나 '군중이 모여들어 유람을 즐기는 장소'를 '만인이 모두 즐기는 땅', 즉 공원으로 지정하되 도쿄의 경우 "센소사浅草寺, 간에이사寬永寺 경내", 교토의 경우 "야사카八坂 신사, 기요미즈사清水寺 경내, 아라시야마嵐山"를 예시로 들며 앞으로 "연공 상납을 면제 받은 사사의 경내와 공유지"를 공원 용지로 사용할 수 있다는 뜻을 밝혔다. 정부의 공원 설립안이 발표되자 야마가타현山形県을 비롯해 여러 부·현에서 공원 설치를 대장성에 문의했다. 공원 설립안이 반포된 지 1년 만에 효고, 오카야마, 니가타, 후쿠오카 등을 비롯해 14개의 부·현에서 대장성 앞으로 공원 설치를 문의한 곳이 27곳이었다고 한다(丸山宏, 1994). 다만 대다수 부·현에서는 사원 용지나 공유지를 공원으로 지정하는 것을 문의한 반면, 야마가타현과 고치현에서는 고메자와米沢성과 고치성을 공원으로 활용하는 사항을 청원했다. 야마가타현은 고메자와성을 폐성하기로 결정한 상태였기 때문에 "성곽과 그 건물은 입찰을 통해 매각하고 지면은 공포의 취지에 따라 기이한 나무와 진기한 화초를 심어 모든 이가 즐길 수 있는 공원"으로 만들어 "폐성의 고적을 오랫동안 보존"하고자 공원 설치를 문의했던 것으로 보인다(일본 국립공문서관 디지털 아카이브, 記01044100).

반면 고치성은 앞서 지적했듯이 '제국존·폐성조서' 어느 쪽에도 그 이름을 살펴볼 수 없었다. 다만 『대장성고과장』에 따르

그림3 고치성 덴슈의 현재 모습

면 1873년 2월 27일 대장성은 "고치현의 폐성 역시 일반적인 상
황에 따라 당성當省에서 관할할 것이며… 고치현 관내에 폐성 처
분을 받은 곳도 일반의 처분에 따르도록" 지시한 내용을 살펴볼
수 있다(일본 국립공문서관 디지털 아카이브, 記01044100). 표2
에서 고치현의 경우 스자키우라須崎浦에 새로 분영을 설치하기로
정한 만큼 사실상 고치성은 폐성 취급을 받아 대장성의 관리를 받
았던 것으로 보인다. 그런데 그해 3월 31일 고치현은 사실상 폐성
의 대상이던 고치성이 "높이가 수 장丈에 이르고 주위 반 리里 정
도의 작은 언덕을 이루며 고치 시가의 중앙에 위치"한다는 사실을
강조하며 "만인이 모두 즐길 수 있도록 공원으로 삼고" 싶다면서

이를 대장성에 문의했다. 이에 대해 대장성은 고치현의 요구를 수락하는 대신 "관리 방법을 정하고, 실지 측량의 지도를 첨부해" 보고하도록 지시했다. 고치현과 여러 차례의 교섭 끝에 대장성은 덴슈를 비롯한 고치성의 혼마루本丸 일대를 고치 공원으로 허가하는 대신 "구 성내의 수목, 축석을 일반 입찰을 통해 매각"하도록 지시했다. 그리고 그해 4월 20일 마침내 고치성은 대장성으로부터 공원 이용에 관한 허가를 받아 그림3와 같이 성터 공원으로 거듭났다.

그런데 고치성의 성터 공원화는 이웃한 부·현의 성곽 활용에 적지 않은 영향을 끼쳤다. 오즈성과 마쓰야마성은 폐성의 처분을 받자마자 야구라를 비롯한 건물을 해체해서 내다 파는 이들이 속출했다. 이 같은 상황에서 오즈번은 질록처분으로 생계가 어려워진 구 사족 층을 돕기 위해 성터의 매각을 결정했다. 덴슈 또한 사족에게 매각했는데 노후화에 따른 결손을 이기지 못해 1888년 결국 해체되었다(平井誠, 2002). 반면 마쓰야마성은 1873년 2월 마쓰야마현과 우와지마현이 합쳐져 에히메현으로 새롭게 출범하는 가운데 변신의 기회를 얻게 되었다.[2] 이웃한 고치현에서 성터 공원을 설립하는 과정을 지켜본 에히메현은 육군성에서 관리하는 우와지마성과 달리 폐성 처분을 받은 마쓰야마성을 '만민이 이용할 수 있는 공원'으로 만들려는 계획을 세웠던 것으로 보인다. 고치성

---

2   1871년 폐번치현 당시 시코쿠 일대 8개 번은 그대로 현이 되었지만, 마쓰야마현과 우와지마현은 1873년 태정관 포고 제60호에 따라 에히메현으로 통합되었다(内田九州男 外, 『愛媛県の歴史』, 山川出版社, 2012(제2판 제2쇄), 249~252쪽).

이 성터 공원으로 허가 받은 지 얼마 지나지 않은 1873년 10월 에히메현은 내무성 앞으로 "장차 (마쓰야마성이) 폐성으로 파괴된다면 사민 모두 애석한 마음을 금할 수 없을 것이다 … 바라건대 이곳을 공원으로 만들어 만민쾌락의 땅으로 삼고자" 한다는 의견서를 제출했다. 공원 설립에 따른 관리비 지출이 부·현의 재정 부담으로 이어질 것을 염려한 내무성은 에히메현에 재정 확보 방안을 제출하도록 요구했다. 이에 에히메현은 부호의 기부를 받는 등 나름의 재정 확보 방안을 마련해 제출했다. 그러자 내무성에서도 이듬해인 1874년 2월 18일 마쓰야마성의 공원 설치를 허가했다. 이후 마쓰야마성은 '취락원聚樂園'이라는 이름의 공원으로 거듭났고 덴슈를 비롯한 성곽 일부를 보존할 수 있게 되었다그림4.

4. 1890년 육군성의 성곽 매각과 성터 공원의 성립: 다카마쓰高松·우와지마宇和島·도쿠시마德島성

육군성은 1888년 독립적인 작전을 수행할 수 있도록 군대 편성 단위를 사단으로 개편하고 6개 사단 예하 18개 연대의 배치안을 확정했다. 이 같은 병제 개편 과정에서 성곽의 운명은 또 한 번 크게 요동치게 되었다. 사단제로 전환한 이듬해인 1889년 오야마大山육군대신은 "(현재는) 보병 18개 연대와 약간의 기병, 공병에 지나지 않지만, 병제 개혁에 따라 보병 28연대, 기병 2대대, 포병 7연대, 공병 6대대, 반치중병半輜重兵 6대대로 부대 수를 증설"하는 계획안 정부에 보고했다. 이처럼 대대적으로 병력을 증강하면 병사의 훈련을 위한 사격장과 연병장 등의 시설을 확충해야 하는 것은 불을 보듯 뻔한 일이었다. 병력 증강에 따른 군비 확장이 불가피한 상황에서 육군성이 생각해낸 아이디어는 "당 (육군)성에서 관리하는 전국의 구 성곽과 구 포대"를 공매 방식으로 매각해 "연병장과 사격장을 늘려 매수하는 자금"으로 충당하는 것이었다(일본 아시아역사자료센터, Ref.C06080856200). 이에 따라 육군성에서는 "전국의 구 성곽과 구 포대 가운데 존치가 필요한 것 이외에 불용한 토지, 건물"을 매각해 군용지 매수 자금에 충당할 계획을 수립하고 처분할 성곽 20곳의 명단을 작성해서 내각에 보고했다.

이 같은 성곽 처분 계획에 따라 시코쿠에서는 1873년에 '보존'을 결정한 이래 육군성에서 관리해온 마루가메, 다카마쓰, 도쿠시마, 우와지마의 4성 가운데 대대 병력이 상주하는 마루가메성을 제외하고그림5, 나머지 다카마쓰·도쿠시마·우와지마 3곳의 매각이 결정되었다(일본 아시아역사자료센터, Ref.C06080856200). 성곽의 매각이 결정되자 그에 관한 구체적 매각 절차와 방침 역시 구체적으로 논의되었다. 1889년 육군성 회계국장은 '구 성곽 및 불용토지건물 등의 처분방법'에 대해 총 9개 항목의 세부 지침을 작성해 각 사단에 하달했다.

그런데 육군성 회계국의 성곽 매각 지침에서 흥미로운 점은 "토지와 건물의 매각은 공매(제1조)"를 원칙으로 삼지만, 만약 "매각하려는 성곽의 구 번주가 매수를 출원할 경우 공매로 하지 않고 평가액에 따라 해당 번주에게 매각(제2조)"할 것을 지시했다는 점

그림4 중요문화재로 지정된 마쓰야마성 덴슈의 모습

이다(일본 아시아역사자료센터, Ref. C06080861600). 이처럼 필요 불급한 성곽을 구 번주에게 우선 매각한다는 육군성의 방침은 1890년 1월 총리의 조회를 거쳐 통과되었다(野中勝利, 2014). 애초 성곽의 매각 대금으로 연병장과 사격장의 부지 매수 자금을 충당하고자 했던 육군성이 높은 가격을 받을 수 있는 공매 방식을 그만두고 돌연 "공매를 하지 않고 평가액에 따라" 구 번주에게 성곽을 매각하고자 했던 이유가 무엇인지 알 수 있는 자료는 아직까지 확인되지 않는다. 모리야마 에이이치森山英一는 성곽 매각에 관한 육군성의 지침이 사쓰마번 출신으로 영국 유학의 경험을 바탕으로 사적 보존의 필요성을 절감하던 오야마 육군 대신의 개인적인

그림5 현재 남아 있는 덴슈 가운데 가장 작은 규모를 가진 마루카메성 덴슈의 현재 모습

동기에서 비롯되었을 것으로 추측했다(奈良文化財研究所 文化遺産部遺跡整備研究室編, 2017). 하지만 성곽 처분에 대한 지침이 단순히 육군 대신의 주관적인 판단이나 동기에서 비롯되었다고 보기 힘들다. 이러한 점에서 구 번주 출신의 화족이 보유한 경제력에 주목할 필요가 있다,

메이지 정부는 지조개정사업을 추진하던 1876년에 화·사족을 대상으로 질록처분을 단행했다. 종래의 가록家禄을 1872년부터 1874년까지 3년간의 평균 미가米價로 환산해 정액의 금록공채로 지급하는 질록처분의 조치로 구 번주 출신의 화족은 평균 6만 엔의 엄청난 자산을 손에 쥐게 되었다. 정부는 화·사족이 보유한

금록공채를 자금으로 운용하기 위해 국립은행의 설립조건을 완화하도록 조례를 개정했다. 그 결과 금록공채를 바탕으로 설립한 국립은행은 무려 148개에 이르렀다.

출신 번	구 번주	A 질록공채 (엔)	B 출자액 (엔)	B/A (퍼센트)
도사	야마우치 도요노리 山内豊範	668,200	387,600	58.0
도쿠시마	하치스카 모치아키 蜂須賀茂韶	508,900	295,200	58.0
우와지마	다테 무네에 伊達宗德	165,500	95,900	57.9
다카마쓰	마쓰다이라 요리토시 松平頼聰	301,900	175,100	58.0
마쓰야마	히사마쓰 사다코토 久松定謨	300,382	174,200	58.0
마루가메	교고쿠 다카노리 京極高德	111,745	64,800	58.0
오즈	가토 야스아키 加藤泰秋	98,346	57,000	58.0

표4 제15국립은행 출자자 가운데 시코쿠 출신 구 번주가의 화족 명단과 출자액

*위 표는 後藤靖, 1986 가운데 <표6> '第十五國立銀行高額出資者' 명단을 참조해 필자가 작성한 것임. 히사마쓰 사다코토는 메이지유신 이후 마쓰다이라에서 '히사마쓰'로 개성(改姓).

이 가운데 최대 규모를 가진 곳은 1877년 5월 1,782만 6천 엔의 자본금으로 설립된 제15국립은행이다. 제15국립은행의 출자자는 전원 화족으로 구성되었는데 고액출자자 명단에서 시코쿠 8개 번

가운데 7개 번의 당주 혹은 후손의 이름을 확인할 수 있다표4. 이들은 일률적으로 질록공채의 58퍼센트에 해당하는 금액을 제15국립은행 자본금으로 출자했다. 애초에 이들은 출자금의 5퍼센트를 배당 수익으로 약속 받지만, 1880년에 수익률은 12퍼센트까지 급상승했고 이후로도 이 정도 수준을 유지했다(後藤靖, 1986). 다시 말해 구 번주 출신의 화족은 질록처분과 국립은행의 설립 과정에서 은행자본가로 전화하면서 막대한 자산을 축적할 수 있었다. 1887년 정부 조사에 따르면 2만 엔 이상의 고액 소득자 104명 가운데 무려 39명이 화족이었다. 이러한 점에서 "군용지 매수 자금"을 확보하기 위해 성곽을 매각하려는 육군성이 "해당 번주"를 일차적인 구매자로 지목한 것은 무엇보다 이들이 보유한 자산을 염두에 둔 조치였다고 판단된다.

그러나 육군성의 계획대로 "해당 번주"가 모두 적극적으로 성곽 매수에 나서지는 않았다. 구 번주가 구매 의사를 포기한 시즈오카静岡성과 시라카와白川성은 시즈오카시와 시라카와정에 매각되었다. 실은 시코쿠 다카마쓰번의 마쓰다이라 가문 역시 처음에는 육군성의 성곽 매입 요청에 별 관심을 보이지 않았다. 다카마쓰성의 경우 1884년 노후화로 붕괴의 위험성이 있는 '덴슈'를 해체하는 등 오랫동안 돌보지 않아 건축물의 상당수가 허물어질 위기에 처해 있어 경제적으로 실익이 없었다. 반면 우와지마번의 구 번주인 다테가에서는 "구 성지는 가조개흥家祖開興의 구적舊蹟이며 고목이 울창해 그윽한 경치幽致를 가지고 있어 영구히 보존할 만한 경승지"라는 이유로 성곽 매입에 적극적이었다(平井誠, 2000). 다테

가에서 성곽을 매입할 것이라는 소식을 전해 들은 마쓰다이라가는 종전의 태도를 바꾸어 다카마쓰성의 매입을 결정했다고 한다(野中勝利, 2014). 결과적으로 마쓰다이라 가문은 이웃한 번과의 경쟁심, 옛 번주로서의 자존심 등을 지키기 위해 경제적으로 별다른 가치가 없음에도 다카마쓰성의 매입을 결정한 것으로 보인다.

경제적으로 별다른 이익이 되지 않는 성터를 구 번주 가에서 매입한 이유는 조금씩 달랐을 것이다. 다만 메이지유신 이후 화족의 반열에 오른 구 번주 가문의 입장에서는 옛 다이묘라는 자긍심과 지역에 대한 애착을 보여주기 위해 재정적인 손해를 무릅쓰고라도 성터를 매입해야 한다고 생각했을지 모른다. 결국 육군성에서 매각을 결정한 시코쿠의 다카마쓰, 도쿠시마, 우와지마성은 우여곡절 끝에 1890년 2월 2일 구 번주인 마쓰다이라, 하치스카, 다테 가문에 각기 5,300엔, 11,200엔, 9,900엔에 매각되었다(일본 아시아역사자료센터, Ref.C07050224200).

5. 성터 공원으로의 변용과 구 번주의 현창

구 번주가 매입한 성터는 개인의 사유지인 만큼 용지 활용에 특별한 제한이 없었다. 다만 애초부터 명확한 활용안을 세우고 매입한 것이 아니므로 성터는 상당 기간 도심의 빈터로 방치되었다. 하지만 청일·러일전쟁 이후 급속한 공업화, 도시화 과정에서 도심의 '성터'는 시민 다수가 이용할 수 있는 공적 공간의 가치를 주목 받게 되었다. 구 번주가 매입한 다카마쓰, 도쿠시마, 우와지마성 가운데 가장 먼저 활용안이 결정된 곳은 도쿠시마성이었다. 1905년 5월 도쿠시마현 지사는 러일전쟁의 승리를 기념하고자 오타키산大滝山에 건립한 초혼비를 도쿠시마성으로 이전해 기념공원을 조성하는 사업을 제안했다. 그가 제안한 기념공원 사업의 주된 내용은 초혼비의 이전과 함께 도서관, 무기 전시관, 상품 전시관을 건설하는 것이었다. 지사의 제안을 도쿠시마 시의회가 곧바로 가결함에 따라 도쿠시마시는 구 번주인 하치스카가와 구 성터 및 부속 건물의 매입 협상에 나서 그해 9월 18.5헥타르에 이르는 성터 부지를 5만 5천 엔(이 가운데 8천 엔은 하치스카가의 기부)에 구매하는 계약을 체결했다(佐藤征弥 外, 2012). 도쿠시마시는 히비야日比谷 공원으로 명성을 얻은 조경학자 혼다 세이로쿠本多静六에게 설계를 의뢰하고, 거액의 공사비를 들여 1908년 3월에 도쿠시마 공원을 완성했다(德島市市史編さん室 編, 1976).

한편 우와지마성은 도쿠시마성보다 조금 늦은 1930년대에 가서 성터 공원으로의 활용이 결정되었다. 그 직접적 계기는 1929년의 '국보보존법國寶保存法' 제정에서 비롯되었다. '국보보존법'은 '신사와 사원'만을 보존 대상으로 제한했던 '고사사보존법古社寺保存法'과 달리 '성곽'을 비롯해 덴슈 등의 건축물을 문화재에 포함했다. 그에 따라 '국보보존법'을 제정한 이듬해인 1930년에 나고야성, 1931년에는 히메지, 센다이, 오카야마, 후쿠야마, 히로시마성이 국보로 지정되었다. 한편 우와지마 시의회는 우와지마성의 국보 지정에 노력하는 한편 1932년 구 번주인 다테가를 상대로 성터 개방을 촉구하는 진정서를 제출했다. 이를 계기로 성터 공원 설립에 대한 논의가 본격화하는 가운데 1934년 고치성과 함께 우와지마성이 국보로 지정되면서 우와지마 성터 공원이 조성되었다(野中勝利, 2014).

반면 마쓰다이라가에서 매입한 다카마쓰성은 오랫동안 구 번주 가문의 사유지로 남아 있었다. 하지만 다카마쓰성의 외곽 지역이 다카마쓰시의 중심가로 개발에 개발을 거듭하자 성곽을 도시 발전을 위한 자산으로 활용하자는 목소리가 높아졌다. 이후 다카마쓰성은 1902년 간사이関西 2부 26현이 참가하는 공진회共進會 장소로 사용한 이래 다카마쓰시에서 개최하는 연합운동회, 전몰자 위령회 등의 각종 행사와 기념식을 개최하는 장소가 되었다. 패전 이후 다카마쓰성을 주민 모두의 공원으로 개장하자는 요구가 높아지는 가운데 구 마쓰다이라 가문에서 설립한 재단법인 마쓰다이라공익회松平公益會는 1954년 성터의 소유권을 다카마쓰시에 이전했다. 그리고 이듬해인 1955년 5월 5일 다카마쓰시는 현재와 같이 '다마모 공원玉藻公園'이란 이름으로 일반에 성터 공원을 공개했다(井原縁, 2003).

구 번주가 성터를 매입해 일반 시민 모두의 공원으로 기부한 사례는 도쿠시마, 우와지마, 다카마쓰성에 그치지 않았다. 앞서 살펴보았듯이 마쓰야마성은 1874년 마쓰야마 공원으로 지정되었다. 하지만 뒤늦게 군사적인 필요성에 따라 육군성이 1877년 마쓰야마성 외곽 일대를 매입해 병영을 신설하고, 병력을 재배치하면서 기왕의 마쓰야마 공원을 폐장하고 제10여단 사령부 주둔지가 되었다. 그런데 구 번주인 히사마쓰(久松, 메이지유신 이후 '마쓰다이라'에서 개명)가문은 1922년 마쓰야마 성터와 해자 일대의 소유권이 육군성에서 대장성으로 이전되자 성터 부지를 불하받아 성곽 보존을 조건으로 상당한 금액과 함께 이를 마쓰야마시에 기부했다(高橋顯一, 1937). 시코쿠의 구 번주가 앞다투어 성터를 매입해 공원 조성에 나서는 이상 히사마쓰 역시 구 번주의 자존심이나 명예를 지키기 위해 마쓰야마 성터를 매입해 시에 기부하려고 했던 것으로 보인다.

육군성에서 구 번주 가에 매각한 성터 가운데 상당수가 러일전쟁 이후 군사 시설 또는 신사나 학교 부지 등으로 전용된 사례에 비추어 보면 성곽 부지를 성터 공원으로 조성한 시코쿠의 사례는 다소 이례적 경우라고 말할 수 있다. 시코쿠의 구 번주가 성곽 매입에 적극적으로 나선 구체적 동기를 확인할 수 없지만, 경제적 이익을 기대할 수 없는 성곽 매입에 경쟁적으로 나선 것은 옛 영지, 영민과의 유대를 회복하기 위해서였을 것으로 보인다. 폐번치현이후 도쿄에 이주한 구 번주 가의 입장에서 성곽 매입은 옛 영주로서 자존심과 명예를 회복하는 기회로 인식되었을지 모른다. 자산가에다 제국의회 귀족원의 의원이자 화족이라는 특별한 지위를보유한 구 번주 가문의 입장에서 당장에 수익을 노리고 성터를 매각하거나 개발사업을 벌이기란 가당치 않았다. 그에 따라 구 번주가 매입한 옛 성은 개별 도시의 상황과 일반 시민의 압력 등에 따라 조금씩 차이를 보이지만 결과적으로 시 정부에 매각 또는 양도해 성터 공원으로 거듭날 수 있었다.

　이처럼 옛 성곽을 성터 공원으로 활용하는 과정에서 흥미로운 점은 구 번주 가의 시조인 '번조藩祖'나 구 번주를 모신 신사나 동상, 기념비 등을 공원 내에 조성한 경우가 적지 않다는 것이다. 도쿠시마현의 경우 1908년 4월 현지사와 시장 등이 성터 공원화에 기여한 옛 번주를 기리기 위해 번조인 하치스카 마사카쓰蜂須賀正勝 동상을 성터 공원에 건립할 뜻을 밝혔다. 하치스카 마사카쓰의 동상 건립에 필요한 자금은 하치스카 가문의 동의를 얻어 구 번사의 기부금으로 충당하기로 정했다그림6. 한편 도쿠시마 시의회

그림7 야마우치 가즈토요의 동상

는 그해 7월 동상 건립에 필요한 토지 4평을 무상으로 공여하도록 결정하고, 1910년 5월 동상을 건립했다(野中勝利, 2015). 고치현 역시 고치성 안에 역대 번주를 모신 후지나미 신사 부지에 고치시 창립 300주년을 기념해서 1913년 초대 번주인 야마우치 가즈토요山内一豊의 동상을 건립했다그림7. 긴 창을 움켜쥔 기마무사로 형상화한 가즈토요의 동상은 "위풍당당하고 용맹무쌍한 풍모를 갖춘 당시의 무용을 회상하"고자 구 번신을 비롯한 유지자들이 건립한 것이었다(高知市役所, 1920).

　　다카마쓰성의 경우 번조나 역대 번주를 기리기 위한 동상을 찾아볼 수 없다. 하지만 옛 번주를 모시는 신사가 조성되었다. 성터를 매입한 마쓰다이라 가에서는 1909년 5월 역대 번주를 모신 신사를 옛 혼마루 일대에 건립하고 매년 5월 27일에 제례를 거행했다(井原緣, 2003). 흥미로운 점은 선대 번주에 대한 제례를 일반 시민에게 공개함으로써 메이지유신 이전 다카마쓰번에 대한 역사와 다카마쓰 성주에 대한 기억을 회상하는 기회로 삼았다는 것이다. 여름 축제의 형태로 다카마쓰 시민들이 참여하는 제례는 단지 구 번주 가인 마쓰다이라 가문을 회상하는 것에 머물지 않고 다카마쓰번의 과거를 다카마쓰현의 역사로 인식하는 기회가 되었다.

이상에서 살펴본 바와 같이 구 번주 가의 재정적인 기여를 통해 새롭게 개장한 성터 공원의 일각에는 구 번주나 번조를 모신 신사, 동상, 기념비 등이 조성되었다. 이 같은 기념물은 구 번주나 번조의 업적을 기리는 동시에 과거 번 시기의 역사를 회고함으로써 지역(민)을 하나로 묶는 집단 기억을 형성하고 새로운 전통을 담아내는 장소가 되었다. 그 결과 근세성곽은 메이지유신 이후 구 번주의 사적 공간에서 인민의 보건과 위생을 위해 "만인이 모두 즐기는" 근대적인 공적 공간으로 전환하는 한편 폐번치현에 따라 새로이 설치된 '부·현'의 물리적인 공간 단위에 (지역의) 정체성을 부여하고 (주민의) 소속감을 형성하는 상징물이 되었다.

도린 매시Doreen Massey에 따르면 로컬리티는 내적으로 균일하게 경계 지어진 통합체가 아니며 '더 넓은 세계와 다른 장소들과 불가분하게 이어 주는 일련의 사회적 관계들을 통해 구축'되는 구성물이라 말할 수 있다(도린 매시, 2015). 로컬리티가 명확한 경계선을 따라 만들어지는 고정적인 것이 아니라 사회적인 관계에 따라 구성되는 것처럼 지역(민)의 입장에서 성곽이 갖는 가치는 시대적 요건과 사회적 환경에 따라 새롭게 구성될 수밖에 없다. 세계화 이후 장소 마케팅 차원에서 성곽의 경제적 가치와 사회적 활용에 관한 관심과 논의가 고조되는 오늘날 성터 공원의 의의와 가치가 (지역의) 역사와 (지역민과의) 애착을 담은 기억의 장소가 될 것인지 외부인의 시선을 의식한 관광 자원이 될 것인지 주의 깊게 살펴볼 필요가 있을 것이다.

참고 문헌

愛媛県教育會今治部會, 『今治鄕土讀本』, 愛媛県教育會, 1937.

高橋顯一, 『国宝高松城』, 松山市役所, 1937.

高知県, 『高知県史 近代編』, 高知県, 1970.

德島市市史編さん室 編集, 児玉幸多 監修, 『德島市史 第2巻 行政編·財政編』, 德島市, 1976.

後藤靖, 「日本資本主義形成期の華族の財産所有状況」, 『立命館経済学』 34-6, 1986.

愛媛県史編さん委員會, 『愛媛県史 資料編幕末維新』, 愛媛県, 1987.

平井誠, 「明治期における宇和島城の城郭地処分と城郭保存運動」, 『愛媛県歴史文化博物館研究紀要』 5, 2000.

平井誠, 「明治期における廃城の変遷と地域動向-愛媛県内の城郭·陣屋を例にして-」, 『愛媛県歴史文化博物館研究紀要』 7, 2002.

井原縁, 「玉藻公園にみる文化遺産の公園化とその変容に関する史的研究」, 『ランドスケープ研究』 67-5, 2003.

박진한, 「근대도시 오사카의 상징물과 기억공간의 형성-'오사카성(大坂城) 천수각(天

守閣)' 재건사업(1928~1931)을 중심으로-」,「인천학연구」11, 2009.

佐藤征弥外,「徳島公園徳島中央公園の造園設計について日比谷公園及びザイファ-スドルフ城との比較」,『徳島大学地域科学研究』2, 2012.

内田九州男 外,『愛媛県の歴史』, 山川出版社, 2012(제2판 제2쇄).

野中勝利,「1890年の『存城』の払い下げとその後の土地利用における公園化の位置づけ」,『都市計画論文集』, 49-3, 2014.

野中勝利,「徳島城址における公園整備の初動期の経過と本多静六による公園設計との関係」,『都市計画論文集』, 50-2, 2015.

도린 매시 지음, 정현주 옮김,『공간, 장소, 젠더』, 서울대학교출판문화원 2015.

奈良文化財研究所文化遺産部遺跡整備研究室編,『近世城跡の近現代: 平成28年度遺跡整備・活用研究集会報告書』,国立文化財機構奈良文化財研究所文化遺産部遺跡整備研究室, 2017.

벳시동산別子銅山의 산업 관광화와
장소기억의 형해화

박진한

1. 관광객의 시선과 산업유산의 활용

사람들은 관념, 기량, 욕구, 기대 등의 특정한 필터를 통해 세상
에 시선을 보낸다. 그것은 사회 계층, 성, 국적, 나이, 교육 등에 의
해 틀이 정해지는 것이다. 시선을 보내는 것은 세계를 반영하기보
다는 오히려 배열하고, 형상화하고, 분류하는 행위다(존 어리John
Urry, 2021).

해외 여행을 다녀온 사람 중에는 블로그나 페이스북, 인스타그램
등에 올라온 사진을 보고 목적지를 찾았다가 기대했던 것과 달라
실망하면서도 스마트폰으로 찍은 사진을 소셜미디어에 올려놓은
적이 있을 것이다. 영국 사회학자 존 어리에 따르면 관광지의 사

진 찍기는 개인적 취향이나 심리의 반영이기보다 일종의 사회적 학습에 의한 보기라고 할 수 있다. 그의 말대로 현대인은 낯선 체험과 풍경을 기대하며 여행을 떠나지만 실은 소셜미디어에 올라온 사진이나 인상 깊게 본 영화 등에서 보았던 여행지의 이미지를 시각적으로 확인하는 것에서 만족감을 느끼고 돌아올 뿐이다. 이러한 점에서 오늘날의 대중 관광은 사회적 기호로 구성된 관광객의 시선과 이 같은 시선의 집적이라고 말할 수 있다.

예전에도 새로운 변화와 특별한 체험을 찾아 여행을 떠난 이들이 있었다. 종교적 수련을 위해 떠나는 성지 순례, 귀족이나 상류층 자제의 그랜드 투어, 질병을 낫기 위한 온천 여행 등은 세계 각지에 다양한 형태로 존재했다. 하지만 이 같은 여행은 어디까지나 소수의 엘리트 계층과 부유한 이들의 전유물이었다. 반면 다수의 사람이 여행사를 통해 탑승권을 예매하고 숙소를 구한 다음 안락하게 떠나는 대중 관광은 산업혁명 이후에 나타난 새로운 여가 행위다. 유엔 산하 세계관광기구UNWTO의 예측에 따르면 코로나 19로 잠시 주춤했던 해외 관광은 올해 들어 예전 수준을 거의 회복해 대략 9억 1,700만 명에 이를 것으로 보인다(한국일보, 2023년 1월 18일 기사).

이처럼 관광이 대중화하고 관광 산업에 종사하는 이들이 늘면서 관광객의 시선을 의식해 '새로운' 볼거리를 만들어내려는 경쟁 역시 날마다 치열해지고 있다. 저가 항공과 소득 수준 향상으로 해외 여행을 떠나는 이들이 폭발적으로 증가하면서 관광객의 시선을 의식한 장소 만들기는 특정 국가나 지역에 제한되지 않는다. 1950년대의 레트로한 풍경을 자아내는 쿠바 아바나 거리, 식민지 시기를 연상하게 만드는 베트남 하노이의 프랑스풍 거주 지역, 세계적인 번화가로 변모한 상하이의 옛 조계지 등은 관광객의 시선을 의식해 새롭게 만들어진 관광지다.

국내에서도 제조업 쇠퇴와 도심 공동화를 해결하기 위해 관광객을 유치하려는 지방자치단체의 발걸음이 빨라지고 있다. 개항장에서 시작한 부산, 인천, 목포, 군산 등은 쇠락한 원도심에 있는 오랜 건축물과 장소를 정비해 근대역사경관지구로 조성하는 사업을 경쟁적으로 추진하고 있다. 이 가운데 군산시는 2008년 문체부 '근대산업유산 예술창작벨트 조성사업'에 선정된 신흥동 일대 일제 강점기 건축물을 미술관과 박물관 등으로 개조해 '근대역사문화거리'로 조성한 다음 이 일대를 돌아보는 '군산시간여행' 상품을 만들어 2017년 한 해 동안에만 300만 명이 넘는 관광객을 유치하는 성과를 거두었다.

군산의 성공 이후 일제 강점기에 조성한 건축물이나 시가지를 '근대문화유산'으로 지정해 관광 자원으로 활용하는 지자체가 우후죽순처럼 늘어났다. 그러자 근대문화유산 관광이 식민 지배의 역사와 기억을 제대로 재현한 것인지 의문을 제기하는 비판의 목소리가 늘고 있다. 하지만 근대문화유산의 활용이 친일이냐 반일이냐를 따지기에 앞서 젊은 세대를 중심으로 옛것을 노스탤지어적인 감각으로 소비하는 '뉴트로new-tro' 문화는 일종의 유행처럼 되었다. 뉴트로 문화는 자신이 경험하지 못한 과거에 대한 상상된 노스탤지어를 소비하는 것이란 점에서 과거에 대한 향수를 뜻하는 기성 세대의 '레트로'와 같지 않다. 이 같은 뉴트로 문화의 유행 속에 근대문화유산은 역사적 사실과 분리된 채 "과거를 무대화하고 상품화하는 시뮬라크르"가 되어 가고 있다(정수진, 2020).

1970년대 이후 탈공업화가 시작된 일본에서는 용도를 다한 폐 산업 시설을 산업유산으로 보존해 지역 관광과 마을 만들기의 자원으로 활용하려는 노력이 전국 각지에서 활발히 전개되었다. 폐 산업 시설을 지역 재생 자원으로 활용하는 일본의 '산업유산관광'은 한국의 근대문화유산 관광과 마찬가지로 장소기억의 선별과 역사의 상품화를 수반한다는 점에서 단순히 마을 만들기의 개발전략에 그치지 않는다. 유휴 산업 시설 가운데 무엇을 '유산'으로 지정하고, 어떻게 지역 재생의 '자원'으로 활용할 것인지를 논의하는 과정에서 그곳에 담긴 수많은 기억 가운데 방문객의 시선을 의식해 특정 기억을 선별하는 작업이 진행되기 때문이다. 다시 말해 폐 산업 시설 가운데 무엇을 '유산'으로 지정하고 어떻게 보존·전시할 것인지 논의하는 과정에서 모든 산업유산은 '정치성'을 갖게 된다.

거대한 이야기가 해체된 오늘날 '역사history'는 역사적 사실을 밝히고 학문적 지식을 탐구하는 영역에 머물지 않는다. 유적지를 둘러보는 유산관광은 물론이고 역사적 사건이나 인물을 소재로 한 '역사 소설', '역사 영화' 나아가 도시 미관을 정비하는 '역사경관사업'에 이르기까지 역사의 상품화는 광범위한 영역에서 이루어지고 있다. 이 글에서는 에히메현 니하마시에 소재한 벳시동산을 소재로 장소기억의 상품화, 좀 더 구체적으로 산업 관광을 통한 역사 상품화의 과정을 살펴보고자 한다. 벳시동산은 1691년 에도 막부江戶幕府로부터 채굴을 허가 받은 교토京都 출신의 스미토모住友 가문에서 구리 채광을 시작한 이래 1970년대까지 채굴을 한 유서 깊은 광산이다.

이 글에서는 1970년대 에너지산업구조 개편으로 벳시동산이 폐광한 이후 이곳에 얽힌 다층적 기억을 역사화하려는 지역 사회의 움직임을 살펴본 다음(제2절), 현지 조사를 통해 폐광을 활용한 마인토피아 벳시マイントピア別子의 경제적 효과를 알아보고(제3절), 일본 정부 주도의 산업 관광 진흥책에 편승한 산업 관광 내러티브의 한계와 문제점을 검토할 것이다(제4절). 이를 통해 폐산업 시설을 산업 관광의 자원으로 활용하는 가운데 지역 주민이 수집한 다층적 장소기억이 제거되는 대신 관광객의 시선을 의식해 노스텔지어적인 감각으로 산업유산을 전시함으로써 결과적으로 산업유산의 장소기억이 형해화하는 과정에 대해 살펴보고자 한다.

2. 벳시동산의 폐광과 장소기억의 역사화

벳시동산이 위치한 니하마시는 시코쿠 에히메현에 소재한 중소 도시로 현재 인구는 약 12만 명 정도다그림1. 벳시동산의 구리 광석 채굴은 한때 쇠퇴기를 맞기도 하지만, 메이지유신 이후 근대화 정책에 따른 신기술 도입으로 채광량이 늘면서 스미토모 그룹의

그림1 니하마시의 위치

중요한 경영기반이 되었다. 홋카이도北海道의 유바리夕張를 비롯해 광산업으로 번성했던 지방의 광산도시가 1960년대 후반 이후 산업 구조 개편과 에너지 수요 전환에 따른 폐광으로 사회경제적 위기에 봉착했던 반면, 니하마시는 1973년에 벳시동산이 문을 닫은 이후에도 별다른 위기를 겪지 않고 현재까지 세토내해 지역의 주요 공업도시로 기능하고 있다(2017년도 공업통계조사 제조업 출하량으로 시코쿠 3위 도시).

벳시동산의 폐광에도 니하마시가 시코쿠 굴지의 공업도시라는 지위를 유지할 수 있는 것은 채굴권을 가진 스미토모 그룹의 사업 구조 전환과 깊은 관련을 맺는다. 벳시동산의 운영권을 바탕으로 일본을 대표하는 기업 집단으로 성장한 스미토모 그룹은 패전 이후 벳시동산에서 직접 광석을 채굴하기보다 해외로부터 값싼 구리 광석을 수입해 가공하는 쪽으로 기업 운영 방향을 전환하면서 광산 부산물을 활용한 제련, 화학 업종의 비중을 늘려왔다. 이에 따라 니하마시의 경우 전체 산업에서 스미토모 계열의 자회사와 협력기업이 운영하는 비철금속, 화학공업, 기계제조 관련 제조업 비율이 전국 평균보다 훨씬 높은 53.9퍼센트에 달한다(新居浜市 経済部運輸観光課, 2018). 이처럼 지역 경제에서 스미토모 그룹이 차지하는 역할과 비중이 크기 때문에 니하마시는 스미토모의 기업도시라는 의미에서 '스미토모 조카마치住友城下町'라고 불릴 정도다.

스미토모 그룹과 나하마시의 관계는 비단 지역 경제에만 그치지 않는다. 스미토모 그룹은 벳시동산의 폐광 이후 산업 유산화 과정에도 직간접적인 영향력을 행사해오고 있다. 1972년 2월 28일 스미토모 광산은 벳시동산의 폐광을 기정사실로 하고 이를 언론에 보도했다. 회사 측의 일방적인 폐광 발표에 지역 사회는 적지 않게 동요했다. 하지만 수십 년 전부터 새로운 광맥이 발견되지 않아 폐광이 임박했다는 소문이 파다했기 때문에 광부나 지역 사회에 커다란 동요는 일어나지 않았다. 폐광은 시기의 문제일 뿐 더는 새로운 뉴스가 아니었고, 누구나 받아들일 수밖에 없는 현실이기 때문이었다. 회사 측이 400여 명에 이르는 광원들의 재배치와 전직을 시행하고 광산 마을인 벳시촌別子村을 자연 휴양촌으로 전환하기 위해 산업도로 개통 등을 약속함에 따라 지역 사회의 커다란 반발 없이 1973년 7월 16일 시의회, 노동조합 등과 폐광에 대한 합의가 이루어졌다(戒田淳, 1972).

한편 벳시동산의 폐광이 공식적으로 결정되자 오랫동안 삶과 노동의 현장이었던 광산과 광산촌 일대의 기억을 기록으로 보존하려는 노력이 다양하게 전개되었다. 예컨대 폐광 이듬해인 1974년 2월 아사히신문朝日新聞 마쓰야마松山 지국에서는 광석을 채굴하는 과정에서 발생한 광독수鑛毒水와 동광석을 제련하기 위해 니하마시 해안에 건립한 제련소에서 내뿜는 아류산亞硫酸 가스 등에 의한 공해 관련 일화와 광부로 일한 지역 노동자와 종업원의 체험담을 담은 『벳시이야기別子物語』를 간행했다(朝日新聞松山支局, 1974). 이후 광원 개인은 물론이고 노동조합, 지역 사회 차원에서 벳시동산의 채광 노동과 벳시 광산마을의 산중생활을 비롯해 노동조합 결성과 노동쟁의, 벳시동산에서 시작된 스미토모 그룹과 니하마시의 성장, 동광석 채굴과 제련 과정에서 발생한 각종 공해에 이르기까지 광산에 얽힌 다층적 지역 사회의 기억을 기록으로 남기려는 저술 활동이 이어졌다.[1]

하지만 정작 기억의 저장고라 할 수 있는 폐갱도나 폐광시설의 보존과 활용에 대해서는 별다른 논의가 이루어지지 못했다. 폐

---

[1] 벳시동산 폐광 이후 출간된 개인 저작물 목록은 다음과 같다. 別子労働組合筏津支部, 『別子銅山の想い出』, 別子労働組合筏津支部, 1972; 邦光史郎, 『住友王国 上・下』, サンケイ新聞社, 1973; 川上喜一, 『思出の鉱山別子』, 川上福美(개인 출판), 1979; 真鍋鱗二郎, 『別子銅山・瀬戸内海』, 讃文社, 1988.

그림2-1 공업도시 니하마의 관광조감도,
지도 아래 부분에 벳시동산과 마인토피아 벳시의 모습을 확인할 수 있음

그림2-2 벳시광산기념관의 전경

광 이후에도 갱도와 채광본부 부지에 관한 소유권을 여전히 스미
토모 측이 가지고 있었기 때문이다. 이 같은 상황에서 벳시동산의
장소기억에 가장 먼저 주목한 곳은 스미토모 그룹이었다. 스미토
모 그룹은 폐광 직후인 1975년 기업의 모태가 되었던 벳시동산의
시설 일부를 활용해 '벳시광산기념관'을 건립했다그림2-2.

　기업이 자사의 홍보를 위해 기념관을 짓는 것은 그리 색다른
일이 아니다. 그런데 벳시광산기념관의 건립 과정에서 홍미로운
점은 바로 이곳이 건립된 장소에 있다. 벳시광산기념관은 그림2-1
에서처럼 벳시산으로 올라가는 계곡 초입의 신사 옆에 건립되었
다. 채굴 현장인 벳시산도 아니고 해안가에 있는 사택이나 왕래가

편리한 시내도 아닌 산록부의 신사 옆에 광산기념관을 건립한 것은 다분히 회사 차원에서 의도한 일이었다고 보인다. 평소 광원의 안녕을 빌고 채굴 과정에서 사망한 이의 영령을 모시는 신사 부지에 광산기념관은 지은 것은 광산 운영에 관한 일체의 기억을 땅에 묻기 위한 일종의 무덤이자 기념비의 효과를 얻기 위해서였다. 이러한 점에서 벳시광산기념관은 그곳에서 일한 광원이나 지역 사회의 논의나 소통 없이 스미토모를 위한, 스미토모에 의한, 스미토모의 관점에서 벳시동산의 채굴과 운영에 관한 기록을 역사화하고 기념하기 위한 장소였다.

　이 같은 회사 측의 움직임과 달리 벳시동산의 오랜 역사와 폐광·산업 시설을 지역 자산으로 바라보려는 움직임이 가시화한 것은 1980년대 후반 들어서부터다. 1986년 니하마 청년회의소는 '마을 만들기 비전'을 구상하는 가운데 니하마시와 장시간에 걸친 워크숍 끝에 '산업유산의 활용을 포함한 비전'을 작성하기에 이르렀다(森賀盾雄, 2010). 시민단체와 지자체를 중심으로 산업유산의 활용에 관한 비전을 구체화하는 움직임이 본격화되는 가운데 1990년 벳시동산의 옛 채광본부 부지에 관광테마파크를 만드는 사업이 시작되었다. 당시 다케시타 내각竹下內閣은 1988년부터 1989년에 걸쳐 지역활성화정책의 일환에서 지자체마다 지역 진흥을 위해 1억 엔을 교부하는 '고향창생 1억 엔 사업ふるさと創生一億円事業'을 전개했다. 니하마시는 자치성으로부터 받은 '고향창생 1억 엔 사업' 교부금에다 통산성의 '산업기반정비기금産業基盤整備基金'을 더해 사업비를 마련한 다음 스미토모 그룹과 지역 경제단

그림2-3 마인토피아 벳시 하데바 기념관

체의 지원과 협력으로 '광산'을 테마로 삼은 '마인토피아 벳시マイ
ントピア別子'의 개장을 결정했다그림2-3. '광산mine'과 '유토피아utopia'
의 영문을 합한 '마인토피아minetopia'에 벳시라는 지명을 더해 '마
인토피아 벳시'라고 이름 붙인 관광테마파크는 1991년 6월 니하
마시와 스미토모 그룹, 지역 내 23개 경제단체가 공동 출자한 제
3섹터 형태로 출범했다(須田寬 外, 2002). 산업유산을 지역의 장
소자산으로 인식하여 이를 활용하려는 논의가 시작된 지 불과 수
년 만에 관광테마파크가 설립된 것은 지역 활성화를 위한 중앙정
부로부터의 자금 지원과 독려가 있었기 때문이다. 이러한 점에서
마인토피아 벳시는 다케시타 내각의 '고향창생 1억 엔 사업'의 결
과물인 셈이었다.

다만 여기서 유의해야 할 점은 마인토피아 벳시의 개장을 계기로 폐광 이후 인구 감소로 '폐허'가 된 벳시광산마을에 대한 보도가 이어지면서 벳시동산에 대한 기억이 다시 환기되었다는 것이다. 1991년 8월 '일본코리아협회'의 멤버이자 고등학교 교원인 오노우에 마모루尾上守, 마쓰하라 미쓰노리松原滿紀는 벳시동산에 관한 보도를 통해 벳시광산마을의 묘지 중에 제2차 세계대전 당시 이곳에 강제 동원되었다가 사망한 한국인의 묘소가 있다는 이야기를 듣게 되었다. 오노우에와 마쓰하라를 포함한 '일본코리아협회' 마쓰야마 지부 회원들은 곧바로 벳시광산마을을 찾아가 "박순동朴順童 쇼와昭和 18년 5월 7일 사망 25세"라고 적힌 묘석을 비롯해 수 개의 한국인 묘소를 확인하고 이를 한국의 유족에게 알리기 위한 활동에 착수하게 되었다. 이들은 한국의 유족에게 강제 징용자의 사망과 묘소를 정확히 전하기 위해 한국인 징용자의 본적과 친척을 찾기 위해 조사를 계속했다. 그리고 마침내 1995년 8월 한국을 방문해 벳시동산에 강제 동원되었던 244명 가운데 당시까지 살아 있던 징용자 7인과 유족 1인을 만나는 데 성공했다. 이들은 일본에 남아 생활하는 한국인 강제 징용자 1인, 유족 1인을 만나 인터뷰하고 이듬해인 1996년 벳시동산에서 자행된 한국인 강제 노동의 실상을 기록한 서적을 출간했다(尾上守・松原滿紀, 1997).

제2차 세계대전 당시 벳시동산에 강제로 끌려온 이들은 한국인뿐이 아니다. 중국인을 비롯해 많은 이가 강제로 끌려와 채광에 동원되었지만, 정작 벳시광산을 운영하던 스미토모 광업소의 공식 편찬물은 물론이고『에히메현사愛媛縣史』나 향토사 저작물에서

강제 연행에 관한 사실은 기술되지 않았다. 망각의 심연에 묻힐 뻔했던 강제 연행의 기억을 새롭게 발굴한 이들은 다름 아닌 지역 주민이었다.[2] 지역 주민 가운데 "에히메현에 살고 있는 나에게 벳시동산에서 일어난 사실을 주위의 사람들에게 전해야 할 의무가 있다."고 느낀 일부 시민의 자발적 조사와 연구를 통해(菊池絵里,

---

2   전쟁과 강제 동원에 관한 벳시동산의 장소기억을 조사한 대표적 연구 성과로 다음의 것을 들 수 있다. 朝鮮人強制連行真相調査団,『朝鮮人強制連行調査の記録 四国編』, 柏書房, 1992; 和田寿博,「戦争時の別子鉱業所における中国人労働者」,『愛媛経済論集』20-3, 2000; 玉井久也・和田寿博,「戦争末期の住友鉱業(株)別子鉱業所に連行され採鉱労働等を強制された中国人からの聞き取り調査の記録」,『愛媛経済論集』24-1, 2005; 菊池絵里,「別子銅山の戦時中における外国人労働者の実態と役割」, 第33回法政大学懸賞論文, 2011.

2011) 1944년 10월부터 3차례에 걸쳐 총 678명의 중국인이 강제 연행되었고 이 가운데 중국을 떠나 벳시동산으로 강제 연행되는 과정에서 16명이 사망하고, 광산에 투입된 662명 가운데 사망자 191명, 행방불명자 2명, 패전과 함께 중국에 송환되기 전에 1명이 사망한 사실이 밝혀졌다(田中宏·松沢哲成 編, 1995). 그리고 이들의 죽음을 애도하기 위한 위령비가 건립되었다그림3.

앞서 살펴본 바와 같이 벳시동산에 관한 각종 체험과 이야기를 담은 출판물을 간행하며 광산에 얽힌 다층적인 기억을 기록으로 만든 이들은 광원, 노동조합, 지역 사회였다. 폐광 이후 오랫동안 '폐허'로 버려진 벳시동산을 지역 활성화의 관광 '자원'으로 활용하는 과정에서 망각의 심연에 묻혀 있던 강제 동원의 기억을 다시 끄집어낸 이들 역시 지역 주민이었다. 자신의 개인적인 추억과 지역 사회의 오랜 기억이 잊힐지도 모른다는 두려움이야말로 이들이 자발적으로 나서 장소기억을 기술하게 만든 이유일지 모르겠다. 이러한 점에서 벳시동산은 지역 주민의 다양한 체험이 담긴 기억의 저장소일 뿐 아니라 전쟁과 강제 동원의 사실을 깨닫고 기념하는 역사 인식의 현장인 셈이었다.

3. 에히메현의 근대화유산종합조사와
   마인토피아 벳시의 산업 관광

벳시동산이 폐광한 직후부터 이에 관한 장소기억을 기록으로 남

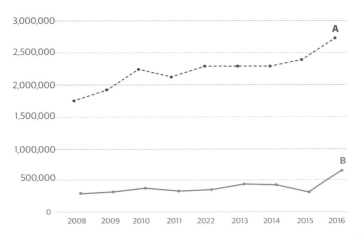

표1 니하마시(A, 점선)와 마인토피아 벳시(B, 실선)를 찾은 연간 방문객 수
(2008～2016)

기고자 노력했던 광원, 지역 사회와 달리 에히메현과 니하마시는 오랫동안 이에 별다른 관심을 두지 않았다. 에히메현이 산업유산이란 측면에서 벳시동산의 가치에 주목하게 된 것은 전적으로 중앙 정부의 유산 정책에 나타난 변화 때문이라고 말할 수 있다. 일본 문화청의 '근대화유산종합조사' 사업에 따라 에히메현은 지난 2001년부터 2년간 조사 사업을 벌여 총 1,643건에 이르는 근대화유산목록을 작성했다(愛媛県県民環境部, 2003). 하지만 에히메현의 근대화유산종합조사 사업은 근대화 유산의 활용과 관광 진흥에 중점을 둔 나머지 문화재의 가치를 제대로 파악하지 못한 문제점을 가졌다. 게다가 근대화 유산에 대한 보존 조치가 제대로 시행되

지 못해 노후화나 무관심으로 파괴되는 경우가 많아졌다. 이에 따라 에히메현은 근대화유산의 문화재적 가치를 세밀하게 파악해 이에 대한 대책을 마련하고자 지난 2011년부터 2년간 교육위원회를 중심으로 제2차 근대화유산종합조사 사업을 시행했다(愛媛県教育委員会, 2013). 2차례에 걸친 에히메현의 근대화유산종합조사 사업에 나타난 가장 큰 차이는 벳시동산 관련 근대화 유산에 대한 인식의 변화였다. 제2차 조사 보고서에서 벳시동산은 별도의 장을 두고 기술할 만큼 문화재의 가치가 강조되었을 뿐 아니라 "일본의 산업혁명이 수행한 역할을 대변하는 대표 모뉴멘트"이자 살아 있는 산업유산의 도시인 니하마시의 지난 역사를 보여주는 문화재로 기술되었다.

제2차 조사 보고서에서 벳시동산의 문화재적 가치가 부각된 것은 일본 정부의 근대화산업유산 정책에 나타난 변화와 밀접한 관련성을 갖는다. 제2차 조사를 시행하기 이전인 2007년 경제산업성은 전국적으로 33개소의 근대화산업유산군을 지정해 이를 관광 자원으로 활용하려는 정책을 발표했다. 경제산업성이 선정한 33개소의 근대화산업유산군 가운데 벳시광산은 30번째 '지역과 다양한 관계를 맺으면서 일본의 동 생산을 지탱한 세토내해의 동산 역사를 말해주는 근대화산업유산군地域と様々な関わりを持ちながら我が国の銅生産を支えた瀬戸内海の銅山の歩みを物語る近代化産業遺産群'의 주요 유산으로 지정되었다(經濟産業省, 2007).

2018년 당시 니하마시의 운수관광과 담당 직원을 대상으로 한 현지 조사 결과에 따르면 니하마시는 지난 2007년 경제산업성의 근대화산업유산군에 벳시동산이 포함된 것을 계기로 이를 지역의 주요 관광 자원으로 개발하려는 노력을 본격화했다고 한다. 이에 따라 시 정부는 기존의 '산업유산활용실'을 '벳시동산문화유산과'로 개편하고 벳시동산을 중심에 두고 관광 진흥 계획을 수립했다. 이처럼 벳시동산을 관광 자원으로 활용하려는 시 정부 계획이 확정되자 마인토피아 벳시 역시 이에 발 빠르게 대응했다. 마인토피아 벳시는 개장 이듬해인 1992년 연간 입장객 수가 664,190명을 기록할 정도로 높은 인기를 누렸다. 하지만 폐광 시설을 활용한 관광시설이 다른 곳에도 우후죽순처럼 늘어나자 이곳을 찾는 방문객이 감소하기 시작해 2006년에는 연간 257,460명까지 줄어들었다(森賀盾雄, 2011). 입장객이 늘지 않아 고민이던 마인토피아 벳시는 벳시광산이 경제산업성의 근대화산업유산군에 지정된 것을 계기로 외지 관광객을 끌어들이기 위해 온천과 편의 시설을 새롭게 단장했다. 그리고 지역의 대형 호텔, 여행사와 함께 새로운 관광 상품을 개발하고 대대적인 홍보를 시작했다(森賀盾雄, 2010). 그 결과 마인토피아 벳시의 입장객 수는 표1에서와 같이 2009년 347,936명에서 2010년 406,148명으로 대폭 증가했다.[3]

이후 마인토피아 벳시의 방문객 수는 2013년에 잠시 442,727명까지 늘어났다. 하지만 다시 그 수가 줄어들기 시작해 2015년 347,466명으로 감소했다. 그러다가 갑자기 2016년 방문객 수가 그 전해에 비해 무려 두 배 가까운 602,108명으로 폭증했다. 이처럼 방문객 수가 폭증한 것은 2015년에 일본의 메이지산업혁명유산이 유네스코 세계유산에 등재된 것을 계기로 산업 관광에 대한 국민적 관심이 높아졌기 때문이다. 마인토피아 벳시를 방문하는 관광객 수의 증가는 니하마시를 찾는 전체 관광객 수의 증가로 이어져 2015년 2,268,170명이던 니하마시 방문 관광객 수가 2016년 2,512,970명으로 늘어났다.

하지만 마인토피아 벳시를 방문하는 관광객이 늘었다고 해서 실제로 니하마시의 관광 산업과 지역 경제에 도움이 되었는지를 살펴보면 예상했던 만큼의 큰 효과를 찾아보기 힘들다. 니하마시 관광진흥과의 협조를 얻어 니하마시를 방문한 관광객의 실제 관광 소비를 살펴보면 오히려 조사를 시작한 2008년 이래 그 액수가 꾸준히 하락하는 추세를 확인할 수 있었다. 벳시동산의 지역의 주

3 표1은 新居浜市 経済部運輸観光課, 『新居浜市観光振興計』(2018~2027) (新居浜市, 2018)에 실린 '니하마시 방문 관광객 수 추이표'와 '관광객 시설별 입장객 추이표'를 종합해 필자가 작성한 것임을 미리 밝혀둔다. 표1의 구체적 수치는 다음과 같다.

	A. 점선 니하마시 방문 관광객 수(명)	B. 실선 마인토피아 벳시 방문 관광객 수(명)
2008	1,803,900	332,948
2009	1,926,780	347,936
2010	2,161,580	406,148
2011	2,085,620	364,430
2012	2,198,600	377,337
2013	2,201,620	442,727
2014	2,206,150	433,621
2015	2,268,170	347,466
2016	2,512,970	602,108

요 관광 자원으로 활용하려는 시 정부의 계획과 마인토피아 벳시의 노력에도 이곳을 방문하는 관광객이 그다지 늘지 않고 관광 소비마저 감소한 것은 일차적으로 마인토피아 벳시의 입지에서 비롯한 결과로 보인다. 마인토피아 벳시는 시코쿠 간선도로 연변에 위치해 휴게소 역할을 겸한 도로역의 기능을 겸하는 곳이다. 따라서 이곳을 찾는 방문객 대부분은 숙박하지 않고 길어야 몇 시간 머물다 지나가는 당일 관광객이다. 현재는 온천 이외에 방문객의 발걸음을 머물게 할만한 요인이나 시설도 그다지 찾기 힘들다. 게다가 편의 시설과 전시물의 노후화에 따라 이를 보수·유지하는 추가 비용 등을 생각한다면 지역 활성화의 '자원'으로 기획한 마인토피아 벳시의 산업 관광이 과연 지역 사회에 경제적으로 이바지하고 있는지는 좀 더 자세히 따져볼 필요가 있다.

4. 장소기억의 선별과 산업 관광의 내러티브

지난 2007년 경제산업성의 근대화산업유산군에 지정된 이후 벳시동산과 마인토피아 벳시를 니하마시의 주요 관광 자원으로 활용하려는 노력이 계속되었다. 하지만 이 같은 시 정부의 노력에도 이곳을 찾는 관광객이 늘지 않고 관광 소비마저 감소하는 이유는 무엇 때문일까? 이처럼 산업유산을 활용한 산업 관광의 실재를 이해하려면 마인토피아 벳시의 구체적 관광 현장을 살펴볼 필요가 있다.

그림4 마인토피아 벳시의 관광갱도(위)와 광산철도(중앙), 관광갱도 내 전시물(아래)

마인토피아 벳시는 그림2에서와 같이 벳시산 중턱의 하데바端出場 지역과 산 정상 부근의 도나루東平 지역으로 나눌 수 있다. 벳시동산의 마지막 채광본부가 있던 하데바 지역은 마인토피아 벳시의 현관에 해당한다. 하데바 지역에는 기념품 가게와 매점, 음식점, 온천 시설이 위치한 '하데바기념관'그림2-3과 화약창고로 이용되던 333미터의 갱도에 벳시동산의 역사를 소개하는 체험형 학습관인 '관광갱도'가 위치한다그림4, 위. 관광갱도는 연장 약400미터의 광산노선과 일본에서 가장 오래된 철교의 하나인 아시야芦谷교를 이용해 하데바기념관 사이를 오가는 광산철도를 통해 연결된다그림4, 중앙. 관광갱도 안에는 에도 시대 당시부터 폐광 직전까지 세계적인 동 채광지였던 벳시동산의 역사를 각종 모형과 인형, 영상 등을 동원해 전시하고 있다그림4, 아래. 반면 1916년부터 1930년까지 채광본부가 있던 도나루는 하데바에서 약 10킬로미터 떨어진 고도 750미터의 산중에 위치한다. 더욱이 하데바에서 도나루로 이어지는 산간도로는 경사와 굴곡이 심한 편도 1차선이어서 이곳을 찾는 관광객 대부분은 마인토피아 벳시를 관람한 다음 가이드가 동승한 단체 관광의 형태로 매시간 한 차례씩 운행하는 소형 마이크로버스를 갈아타고 약 20분을 이동해 도나루 지역을 방문해야 한다.

이 같은 불편을 감수해야 하지만, 도나루 지역은 체험형 관광지인 하데바 지역과 달리 옛 광업시설의 유구와 자취를 '폐허' 그대로의 모습으로 보존하고 있어 일부러 이곳까지 찾아오는 이들이 적지 않다그림5. 특히나 채굴한 광석을 선별하기 위해 층층이 만

그림5 도나루의 선광장 유구

들어진 선광장選鑛場의 유구는 마치 그 모습이 마추픽추의 전경과 유사해 "동양의 마추픽추"란 이름의 관광상품으로 홍보하고 있을 뿐 아니라 '일본의 비경 100경' 가운데 하나로 매스컴에 소개될 정도로 나름 유명세를 가진다그림6, 위.

그런데 옛 채광본부였던 도나루의 근대화산업유산에서 흥미로운 점은 벽돌이나 콘크리트로 만들어진 건축물과 산업 시설만 찾아볼 수 있다는 사실이다. 채광 당시 수백 명의 광원과 가족들이 생활하는 숙소와 학교, 극장은 험한 경사면을 따라 좁은 부지에 빽빽이 건립되었다. 하지만 현재는 광산촌의 생활상을 전하는 건축

그림6 실제 마추픽추의 전경(위), 도나루의 선광장 유구의 실제 모습(아래)

물을 찾아볼 수 없다. 그 대신 광원들이 생활하던 숙소 유구에 방 배치를 따라 고산식물을 심어 예쁘게 조성해놓은 화단을 감상할 수 있을 뿐이다그림6, 아래. 동승한 가이드의 설명에 따르면 광원들이 생활하던 건축물은 대부분 목조로 지어진 관계로 노후화에 따른 유지 보수의 어려움과 화재의 위험성으로 말미암아 마인토피아 벳시 건립 당시에 철거되었다고 한다. 그 결과 옛 광산촌의 노동과 생활 현장을 보려고 깊은 산중을 방문한 관람객들은 산록에 둘러싸여 사진 찍기 좋게 연출된 선광장과 고산식물 화단 등을 바라보며 마추픽추라는 시공간적으로 전혀 이국적이고 몽환적인 장소를 방문한 것 같은 착각에 빠지게 된다. 선광장과 사택의 유구를 '마추픽추'와 '고산식물 정원'으로 연출한 것은 '유구'에 담긴 광산 노동의 위험함과 산중 생활의 불편함을 지우고 관람객의 심미적인 관심을 환기하려는 목적에서 비롯된 의도적인 조치로 보인다.

도나루에는 선광장 유구와 함께 이곳에 거주했던 광부들의 노동과 삶의 모습을 보여주기 위한 전시관이 건립되어 있다. 전시관에는 벳시동산의 채굴, 선광 등의 노동과 작업을 디지털 기술로 재현한 영상물과 정교한 디오라마 등을 전시하고 있다. 하지만 전시관 어디에도 지역 주민과 지역 사회가 공들여 찾아낸 한국인과 중국인 노동자의 강제 동원 사실에 관한 전시물이나 기술을 찾아볼 수 없다. 이뿐 아니라 산중에 고립된 채 생활할 수밖에 없었던 광산 노동자와 그들의 가족 이야기 역시 들을 수 없다. 전시물의 영상물은 관람객에게 '예전에 좋았던 쇼와 시절古き良き昭和'로 잠시 돌아가는 퇴행적인 체험만을 유도할 뿐이다. 더욱이 전시관의 주

된 내용은 벳시광산의 근대화에 노력했던 스미토모 그룹 기업가의 개인 업적을 선양하거나 광산 노동자의 임금과 대우가 상대적으로 좋았다는 것들로 채워져 있다.

앞서 살펴보았듯 폐광 이후 벳시동산에 관한 광원 개인의 생생한 육성과 지역 사회의 다층적인 기억을 기록으로 남기려는 출판 활동이 활발히 전개되었다. 하지만 아쉽게도 이 같은 성과는 마인토피아 벳시의 전시관에 제대로 반영되어 있지 못하다. 이는 이곳의 전시가 처음부터 "일본의 산업혁명"을 보여주려는 국가주의적인 스토리텔링을 염두에 두고 기획된 것과 무관하지 않다고 생각한다. 다시 말해 산업유산을 활용한 산업 관광은 메이지 일본의 근대화라는 집단 기억의 재구축을 위한 국가주의적인 기획으로 말미암아 산업유산에 담긴 개인과 지역 사회의 다층적인 기억을 제대로 재현하지 못한 채 대자본과 특정 기업인의 성공담으로 귀결되었다. 이 같은 산업유산의 내러티브가 갖는 한계야말로 관광객의 발길을 끌어들이지 못한 주된 요인은 아닐까 싶다.

5. 산업유산의 '레토릭'과 산업 관광의 한계

일본에서 본래 기능과 용도를 다한 폐광이나 폐 산업시설을 '폐허'가 아닌 '유산'으로 새롭게 인식하게 된 중요한 계기는 1990년 문화청에서 기획한 '근대화유산종합조사' 사업이었다. '근대화유산'은 지정문화재와 달리 '등록' 제도를 통해 산업시설과 건축물을 소유한 개인이나 단체가 문화재를 상업적으로 활용할 수 있는 길을 허용했다. 이로써 국가와 지자체가 '유산'의 지정·관리를 맡는 대신 소유주와 지역 사회가 이를 지역 활성화를 위한 (관광) '자원'으로 활용하는 동시에 시민과 자본이 '유산'의 유지·보존에 필요한 관심과 경비를 충당하는 사회적 관계를 구축할 수 있는 통로가 마련되었다. 여기서 한발 더 나아가 경제산업성의 '근대화산업유산'은 탈공업화와 세계화와 함께 장소 마케팅이 격화하는 가운데 지방 도시의 새로운 관광 '자원'으로 폐광, 폐 산업시설을 적극적으로 활용하려는 목적에서 시행한 것이다. 이처럼 문화청의 '근대화유산'과 경제산업성의 '근대화산업유산'은 문화재 관리와 경제정책의 주관 부서로 약간의 정책적 차이를 갖지만, 양자 모두 유산이 갖는 역사성이나 장소성보다 '경제성'에 방점을 찍고자 했다는 점에서 공통점을 갖는다. 앞서 살펴보았듯 에히메현과 니하마시에서 벳시동산을 활용한 산업 관광에 관심을 가지고 행정적인 노력을 시작하게 된 계기는 중앙 정부의 문화재 관리 또는 지방 활성화 정책의 변화와 깊은 관련성을 갖는다.

하지만 정부 주도 아래 제도화된 일본의 산업유산 정책은 유산의 역사적, 장소적 가치보다 자원의 경제적 활용에 방점을 찍은 나머지 '유산'에 담긴 개인과 지역 사회의 다양한 기억을 국가의 단일한 역사로 통합하는 레토릭을 구성하고자 했다는 점에서 문제였다. 이러한 점에서 문화청의 근대문화유산과 경제산업성의 근대화산업유산은 별다른 차이를 갖지 않는다. 예컨대 문화청은 "막말, 메이지 시대로부터 제2차 세계대전 종전 이전까지 일본자본주의 발전에서 여명기에 해당하는 시기에 일본의 근대화, 경제 발전에 공헌"한 것을 근대화유산으로 규정한 반면, 경제산업성에서는 "일본의 산업근대화과정을 이야기해불 수 있는 건축물, 기계, 문서" 등을 근대화산업유산으로 지정했지만, 양자 모두 폐광·산업시설이 유산으로 선별되는 기준은 다름 아닌 일본의 근대화와 경제 발전을 기념하기 위한 것이었다. 그 결과 일본의 근대화와 경제 발전을 위해 '식민 지배'를 받거나 '전쟁 침략'을 당한 주변국과 피해 당사자의 기억과 역사는 배제되고 말았다.

일본에서는 경제산업성의 근대화산업유산군 선정(2007년)과 메이지 산업혁명유산의 유네스코 세계유산 등재(2015년)를 계기로 근대화산업유산에 대한 국민적 관심이 확산하며 산업 관광 붐이 일어났다. 그러나 역설적으로 이 같은 외부 요소나 계기가 없었다면 개장 이후 쇠퇴일로에 있던 마인토피아 벳시에 새삼스레 눈길을 주고 찾아오는 관광객은 없었을 것이다. 다시 말해 유네스코 세계유산 등재로 한때 붐을 이루었던 산업유산관광이 앞으로도 지속될 것이라는 보장은 없다. 이러한 점에서 벳시동산을 활용한 산업 관광이 성공하려면 여타 다른 관광지와 얼마만큼 차별화되는 경쟁력을 갖는지, 지역 활성화에 얼마만큼 이바지하는지 또한 지속 가능한 관광형태인지 등에 대해 좀 더 면밀한 조사와 연구를 거듭할 필요가 있다.

마지막으로 현재의 산업 관광은 메이지 일본의 근대화와 경제 발전이라는 내러티브를 구성하는 데 필요한 장소기억만을 선별하고 이를 개별 기업가나 기업의 성공담으로 귀결 지음으로써 폐광과 폐 산업시설에 담긴 다층적 기억을 역사화하고자 했던 지역 사회의 노력을 제대로 반영하지 못하고 있다는 점에 다시 한번 주의를 기울여야 할 필요가 있다는 점을 당부하고 싶다.

참고 문헌

別子労働組合筏津支部,『別子銅山の想い出』, 別子労働組合筏津支部, 1972.

戒田淳,『別子閉山』愛媛地方史研究会, 1972.

邦光史郎,『住友王国 上・下』, サンケイ新聞社, 1973.

朝日新聞松山支局,『別子物語』, 愛媛文化双書, 1974.

川上喜一,『思出の鉱山別子』, 川上福美(개인출판), 1979.

真鍋鱗二郎,『別子銅山・瀬戸内海』, 讃文社, 1988.

朝鮮人強制連行真相調査団,『朝鮮人強制連行調査の記録 四国編』, 柏書房, 1992.

田中宏・松沢哲成 編,『中国人強制連行資料-「外務省報告書」全五分冊他-』,
　　　現代書館, 1995.

尾上守, 松原満紀,『住友別子銅山で<朴順童>が死んだ』, 晴耕雨読, 1997.

和田寿博,「戦争時の別子鉱業所における中国人労働者」,『愛媛経済論集』
　　　20-3, 2000.

愛媛県県民環境部,『愛媛県の近代化遺産-愛媛県近代化遺産総合調査報告書-』,
　　　愛媛県, 2003.

玉井久也・和田寿博,「戦争末期の住友鉱業（株）別子鉱業所に連行され採鉱労働
　　　等を強制された中国人からの聞き取り調査の記録」,『愛媛経済論集』
　　　24-1, 2005.

經濟産業省,『平成19年度 ‘近代化産業遺産群33’』, 2007.

森賀盾雄,「産業遺産活用から産業文化都市創造へ-新居浜市・知のクルージングの
　　　新たなステージ-」,『調査研究情報誌ECPR』1, 2010.

菊池絵里,「別子銅山の戦時中における外国人労働者の実態と役割」,
　　　第33回法政大学懸賞論文, 2011.

愛媛県教育委員会,『愛媛県の近代化遺産-近代化えひめ歴史遺産総合調査報告
　　　書-』, 愛媛県教育委員会文化財保護課, 2013.

新居浜市 経済部運輸観光課,『新居浜市観光振興計画2018~2027』,
　　　新居浜市, 2018.

정수진, 「근대문화유산의 근대와 탈근대」, 『비교민속학』72, 비교민속학회, 2020.

존 어리·요나스 라슨 지음, 도재학·이정훈 옮김, 관광의 시선, 소명출판, 2021.

일본 과소 지역의
문화예술자산 활용과 과제

이호상

1. '예술의 섬' 나오시마의 아트프로젝트

전통적인 제조업 중심의 산업 구조에서 새로운 경제 구조로 이행하는 과정에서 일부 도시가 침체하거나 쇠퇴하는 현상이 발생했다. 한편 제조업이 빠져나간 도시는 지역의 새로운 부가가치를 창출할 대안으로 문화예술의 창조성에 주목했다. 유네스코 역시 2002년 '창조도시 네트워크'를 창설하여 문화·예술자원을 이용해 지역주민의 창조성을 육성하고 문화를 활용한 새로운 산업을 지역의 활성화로 연결하고자 했다. 최근 우리나라에서도 문화예술을 통한 지역 산업 진흥과 지역 재생 방안이 주목 받고 있으며, 여러 지자체에서 지역을 활성화할 수 있는 매개로서 문화예술을 활용하고 있다.

일본에서 문화예술로 지역이 활성화된 대표 사례로 소개되는 가가와현香川県 나오시마정直島町은 우리나라에서도 많은 지자체에서 성공 사례로 벤치마킹을 하고 있다. 세토내해瀬戸内海의 작은 섬 나오시마는 2010년 '세토우치 국제예술제瀬戸内國際芸術祭'를 계기로 세계적으로 유명한 문화예술의 섬이 되었다. 가가와현을 방문하는 관광객은 연간 90만 명 수준이다. 나오시마를 방문하는 관광객의 수가 연간 30만 명 수준에 이를 정도로 가가와현의 관광산업에서 나오시마가 차지하는 비중은 매우 크다(香川県, 2016).

　　그러나 나오시마의 아트프로젝트가 시작될 무렵인 1990년 나오시마의 인구는 4,671명이었지만, 2022년에는 3,016명[1]으로 인구가 1/3 이상 감소하면서 과소화가 더욱 심화되었다. 문화예술을 활용하여 지역 활성화에 성공한 사례로 평가 받고 있음에도 인구가 지속적으로 감소하고 섬을 떠나는 사람들 때문에 빈집이 증가하고 있다면 과연 성공한 지역 활성화 사례라고 볼 수 있을까. 또는 문화예술이 지역을 활성화할 수 있는 대안으로 제 기능을 수행하고 있는가와 같은 의문을 제기할 수밖에 없다. 따라서 국제예술제를 계기로 외부에서 나오시마를 바라보는 긍정적 측면 외에 지역 사회 내부적으로 어떠한 문제와 평가가 있는지 면밀히 살펴볼 필요가 있다. 문화예술을 활용한 지역 활성화 방안이 지속적으로 추진되기 위해서라도 나오시마 아트프로젝트에 대한 더 객관

1　直島町, www.town.naoshima.lg.jp(2023. 3. 13 검색).

적이고 심도 있는 평가와 연구가 필요할 것이다.

'아트프로젝트ㅏㅡㅌㅍㄹ로ㅈㅔ크ㅌ'의 개념에 대해서 고이즈미 모토히로(小泉元宏, 2012)는 과소화, 사회문제, 복지나 교육문제 등 지역의 다양한 사회·문화적 과제를 문화예술을 통해 해결하고자 하는 문화 사업 또는 문화 활동이라고 정의했다. 그리고 구마쿠라 스미코(熊倉純子, 2014)는 현대 미술을 중심으로 1990년대 이후 일본 각지에서 전개되는 공생적 예술 활동이라고 정의한 바 있다. 이러한 정의에 따르면 아트프로젝트의 궁극적 목적은 문화예술보다 지역에 더 무게 중심을 둔다는 것을 알 수 있다.

나오시마의 아트프로젝트와 관련된 국내 선행 연구들도 문화예술을 통한 지역 활성화 또는 도시 재생의 관점에서 연구한 것이 대부분이다. 아트프로젝트의 예술적·미학적 의의에 관한 연구도 일부 있지만, 전반적으로 문화예술을 활용하여 지역을 활성화한 성공 사례로서 나오시마의 아트프로젝트를 연구하고 있다는 공통점이 있다. 나오시마의 아트프로젝트를 긍정적으로 평가하는 주요 근거로 주민 참여형 마을 만들기, 지역의 특성을 활용한 마을 만들기, 기업의 메세나 활동 등을 거론하고 있다. 덕분에 낙후되었던 나오시마에 많은 관광객이 찾아오고 주민들의 지역 공동체 의식이 회복되었으며 지역에 대한 자긍심을 고취했다고 평가하고 있다. 그러나 선행 연구에서 나오시마의 아트프로젝트가 성공한 사례라고 평가하는 근거는 문화예술적 관점에 다소 치우쳐 있다. 또한 사회경제적 요인은 그 근거가 모호하거나 부정확한 자료를 토대로 분석하는 경우도 있다. 예컨대 나오시마의 아트프로젝트에 따라 인구가 증가했다거나 일자리와 관광객 증가에 따라 지역 주민의 소득이 증가했다는 식의 설명이 대표적이다.

이 글에서는 문화예술을 활용한 지역 활성화 방안이 지역 사회에 구체적으로 어떠한 효과를 나타냈는지 나오시마의 사례를 통해 고찰해보고자 한다. 특히 아트프로젝트를 통한 지역 활성화 이후에도 나오시마에서 지속적으로 증가하는 빈집과 빈집터에 주목하여 그것의 발생 원인과 아트프로젝트와의 관련성을 살펴보고자 한다.

이를 위해 아트프로젝트가 추진된 배경과 과정을 살펴보고, 아트프로젝트를 추진한 이후 지역 사회의 구성원들이 체감하는 지역의 변화상을 조사했다. 이를 위해 가가와현청, 나오시마정, 나오시마 관광협회 등 관계 기관, 지역 주민과 관련 NPO 관계자와 인터뷰 조사를 실시했다. 그리고 나오시마의 빈집과 빈집터의 실태를 파악하고 빈집의 발생 원인을 조사하기 위해 2017년 1월부터 2018년 1월까지 총 5회에 걸쳐 현지 조사를 실시했다. 현지 조사를 통해 빈집과 빈집터의 존재 여부를 확인하고, 빈집이 발생한 원인을 조사하기 위해 나오시마에 현재 거주하는 지역 주민뿐 아니라 나오시마를 떠난 주민, 나오시마를 떠났다가 다시 돌아온 주민, 상인, 관계 기관 등 지역 사회의 다양한 구성원과 인터뷰를 진행했다. 지역 조사를 통해 수집한 다양한 자료와 정보 등을 바탕으로 나오시마의 아트프로젝트가 지역에 미친 영향에 대해서 지역 사회가 어떻게 평가하는지 실증적으로 분석했다.

연구 대상 지역인 나오시마는 시코쿠 지방 가가와현에 속하

그림1 연구 대상 지역

는 면적 14.22제곱킬로미터의 작은 섬마을이다. 가가와현 현청 소재지인 다카마쓰시高松市까지 페리로 1시간 정도의 거리에 있으며, 오카야마현岡山県의 다마노시玉野市와는 페리로 20분 정도의 거리에 있다그림1. 미야노우라宮浦, 혼무라本村, 쓰무우라積浦, 세토瀨戸 지구를 중심으로 마을이 형성되어 있지만, 세토 지구는 미쓰비시三菱 제련소가 들어오면서 원주민이 이주해 현재는 주민이 거의 거주하지 않는 지역이므로, 세토 지구를 제외한 미야노우라, 혼무라, 쓰무우라 세 개의 지구를 대상으로 현지 조사를 실시했다.

2. 아트프로젝트의 추진 배경과 전개 과정

2.1. 일본의 지역 활성화 정책과 아트프로젝트

1980년대 버블경제 시기에 대도시로 인구가 더욱 집중되면서 지방의 인구 감소는 심화되었다. 인구 감소에 따라 지역이 쇠퇴하자 해당 지자체에서는 지역의 활성화를 위해 문화를 활용한 마을 만들기와 같은 지역 활성화 정책을 전개해 나갔다. 기업들도 각종 문화 이벤트 등을 개최하면서 기업의 이미지 제고를 위해 문화를 이용했고, 버블 시기의 경제적 풍요로움을 바탕으로 지자체들은 미술관이나 콘서트홀과 같은 문화 시설을 경쟁하듯 짓기 시작했다.

한편 기업이 문화예술을 상업적으로 이용하는 것에 대해 문화를 상업화한다는 비판이 높아졌다. 1990년대에 들어서면서 기업과 문화가 사회 공헌의 일환으로 문화예술을 지원한다는 '메세나Mecenat' 개념이 도입되었고, 사단법인 '기업메세나협의회'가 발족하면서 일부 기업들이 젊은 예술가들을 지원하기 시작했다. 또한 국가 차원에서도 문화예술 진흥기금을 창설하는 등 문화 환경이 변화하였고, 문화전문기관이 아니더라도 보조금을 받을 가능성도 확대되었다(熊倉純子・長津結一郎, 2015). 지자체도 문화에 관한 관심이 높아지고 문화 시설의 건설이나 야외 조각의 설치도 활발해지면서, 고향창생사업을 비롯한 국가의 지원사업을 바탕으로 행정 주도의 문화진흥사업이 추진되었다(熊倉純子, 2014). 당시 일본 정부는 전국의 균형 있는 발전을 목표로 이른바 '테크노폴리스법テクノポリス法, 1983'[2]과 '리조트법リゾート法, 1987'[3]을 제정하여

산업의 지방 분산을 유도하는 정책도 시행했다.

1990년대에 들어서면서 버블경제가 붕괴되고 공장들은 경영합리화를 위해 구조 조정을 단행했고, 제조 원가를 낮추기 위해 공장을 해외로 이전하는 기업이 늘어나게 되었다. 그 결과 탈산업에 따라 지역 경제는 더욱 위기에 처하게 되었고, 각 지자체에서는 빠져나간 제조업을 대신하고 새로운 부가가치를 창출할 대안을 저마다 찾고 있던 시기였다. 관광객 유치 등 일부 성공 사례가 알려지면서 문화예술을 지역 활성화의 새로운 대안으로 인식하기 시작했다.

일본에서 아트프로젝트의 맹아기라 할 수 있는 시기는 1990년대 초반이다. 작품 중심이었던 전시회와 음악, 무용, 연극, 영상 등 퍼포먼스 중심의 공연을 아트프로젝트라 부르며 유행하던 시기였다. 미술관이나 갤러리가 아닌 제3의 장소에서 다양하게 전개되었던 예술 활동이라 말할 수 있다. 이전 시기와는 다른 형태의 아트프로젝트가 후쿠오카시福岡市 덴진天神 지구를 중심으로 개최되었다. 1990년부터 개최되었던 '뮤지엄시티 덴진ミュージアムシティ天神'이 대표적이다. 당시에는 조각 작품을 마을에 설치하는 공공예술이 유행했다. 백화점, 지하통로, 공원 같은 곳에서 작품이 전시되었다. 뮤지엄시티 덴진은 아티스트를 비롯한 미술 관계자, 행정가, 기업가 등 다양한 사람에 의해 진행된 프로젝트였다. 단순히 작품의 전시만으로 끝나는 것이 아니라 그 장소에서의 작품 제작 과정이나 여러 사람과의 관계를 중시한다는 것이 기존의 문화예술과는 다른 아트프로젝트의 특징이라고 할 수 있다(熊倉純子·長

津結一郎, 2015). 이러한 변화 과정에서 문화예술의 공간적 배경도 문화 시설에서 벗어나기 시작했다. 도시에서는 폐허가 되어 방치된 공장이나 처리하기 곤란한 건물 등을 자신들의 표현 장소로 선택하게 되었고, 지방에서는 인구 감소로 발생한 폐교나 빈집을 이용해 작품을 만들고 이를 통해 지역 주민들과의 커뮤니티를 만드는 작업이 진행되었다.

이러한 아트프로젝트는 중앙 정부나 광역 지자체로부터 수천만 엔에서 수억만 엔 규모의 예산을 지원 받는 일도 적지 않았다. 공공자금이 투입되자 아트프로젝트가 지역의 과소화 문제를 해결하고, 새로운 관광 자원 개발을 통해 지역에 새로운 일자리를 창출하거나 지역 경제에 활력을 불어넣을 수 있으리라는 기대감이 커졌다. 실제로 2000년 '에치고 쓰마리 아트트리엔날레越後妻有アートトリエンナーレ'가 개최되면서 아트프로젝트로 지역경제의 활성화에

---

2 테크노폴리스법은 산업고도화 정책을 추진하여 지역 산업의 구조 쇄신을 꾀하고 과학 기술을 바탕으로 한 산업 발전과 지역의 경제 활성화를 이루고자 했던 정책이다. 기업과 대학, 연구개발기관을 연결한 산학연이 일체가 되어 마을 만들기를 촉진하고 연구개발 시설을 포함해 각종 산업 기반의 정비를 통해 지역 경제의 진흥과 향상을 목표로 제정된 정책이다.

3 리조트법은 투자 확대, 소득 상승, 노동 시간 단축 등의 제반 조건을 정비하여 스포츠, 레크레이션, 숙박시설 등 여가 관련 지출을 촉진하고, 이를 내수 확대로 연결하여 지역 활성화를 추구했던 정책이었다. 1986년 8월 일본 정부 7개 부처의 합의를 거쳐 같은 해 12월 '종합휴양지역정비법'이 책정되었고, 1987년 10월 공포·시행되었다. 리조트 개발은 사업 측면에서 다양한 지원을 하는 등 민관 협력을 바탕으로 시행되었다(米浪信男, 2000).

성공했다는 언론 보도가 줄을 이었다. 또한 2001년 고향 이벤트 총리대신 표창, 2004년 마을 만들기 총무대신 표창, 2010년 마을 만들기 국토교통대신 표창 등을 수상하기에 이르자 전국 각 지자체는 관광 진흥과 함께 지역 활성화를 기대하면서 아트프로젝트를 추진하기에 이르렀다.

2.2. 공업 지역에서 '예술의 섬' 나오시마로의 이행

나오시마에서 아트프로젝트가 추진된 배경을 이해하기 위해서는 1963년 나오시마정에서 발표한 '자주적 산업진흥 대책과 관광 산업의 기초 확립'이라는 정책부터 살펴볼 필요가 있다. 1960년대 말부터 국제적인 구리 가격의 하락으로 제련업 자체가 쇠퇴하기 시작하였고, 나오시마의 대표 기업이었던 미쓰비시 제련소도 직접적 영향을 받았다. 때문에 1970년대부터 시작된 미쓰비시 제련소의 구조 조정에 따른 종업원 수 감소는 나오시마의 인구 감소로 직결되었다. 이후 공장의 기계화·전산화와 수출 부진으로 제련소에 근무하던 상당수의 지역 주민이 실업자가 되었고, 결국 1960년 대 7~8천 명에 달했던 나오시마 인구는 1980년대 중반 무렵 절반으로 감소하여 나오시마정의 재정 자립도도 급격히 약화되었다.

당시 나오시마 정장이었던 미야케 지카쓰구三宅親連, 1959~1995 재임는 쇠퇴하는 나오시마를 활성화하기 위한 대책으로 지역적 특성을 고려하여 나오시마를 크게 3개 지구로 나누어 개발하는 방식을 채택했다. 나오시마의 북부 지역은 미쓰비시 제련소를 중심으로 관련 산업을 육성하여 경제적 기반으로 삼고자 했으며, 나오시마에서 가장 오래된 마을인 중부 지역의 혼무라지구는 주민의 생활 공간으로 설정하고, 아트프로젝트가 추진된 남부 지역은 주변 섬들의 뛰어난 자연 경관과 역사적인 문화 유산을 이용한 관광 산업으로 집중 육성하겠다는 계획이었다. 이것이 현재의 나오시마 지역 구조를 형성하게 된 계기라고 볼 수 있다.

　그러나 당시 나오시마정의 재정 상황으로는 자체적으로 개발 사업을 지속적으로 추진하는 것이 불가능했기 때문에 외부 자본을 유치할 수밖에 없었다. 이때 나오시마 개발 계획에 적극적으로 참여하고자 했던 기업이 후지타관광藤田観光 주식회사였다. 1963년 12월에 후지타관광의 나오시마 진출이 결정되었고, 이듬해 관광 개발을 위한 공사가 시작되었다. 그러나 1970년대 초반 제1차 오일쇼크와 달러쇼크를 거치면서 레저 관련 투자 열기가 식게 되었고, 건설 자금도 고갈되기 시작했다. 1978년 오가와 전 사장이 사망하면서 나오시마 관광 사업은 사실상 중지되었고, 결국 1987년 후지타관광은 나오시마 관광 개발 사업에서 공식적으로 철수하기에 이르렀다.

　이후 후속 사업자로 참여한 기업이 후쿠다케 서점福武書店, 현 베네세 코퍼레이션(ベネッセコーポレーション)이다. 후쿠다케 소이치로福武総一朗 사장은 1988년 나오시마정 회의에서 나오시마 개발 계획을 설명하면서 '사람과 문화를 기르는 리조트 지역으로의 창생'을 목표로 하는 '나오시마 문화촌 구상直島文化村構想'을 발표했다. 당시 일본은 내수 경제를 확대하기 위한 리조트개발법(1987)이 제정되면서 리조트 개발 붐이 일었던 시기였다. 규제 완화, 자금 지원,

세제 혜택 등 정부의 적극적 지원이 함께 시행되었다. 미야케 정장과 후쿠다케 사장이 당초 의도했던 관광을 통한 지역 활성화 구상이 일본의 내수 경제 확대를 위한 리조트법에 따라 더욱 탄력을 받게 되면서 '예술의 섬' 나오시마를 탄생시킨 아트프로젝트가 시작되었다.

이후 베네세가 나오시마에서 문화예술 관련 프로젝트를 추진했던 주요 내용을 살펴보면 나오시마 국제캠프장이 1989년 개장했고, 이때 처음 만들어진 현대 예술 작품 〈개구리와 고양이カエルと猫, 1990〉가 국제캠프장 내에 설치되었다. 1992년에는 미술관과 호텔을 결합한 형태인 베네세하우스 뮤지엄ベネッセハウスミュジアム이 오픈했으며, 1990년대 후반에는 나오시마 남부의 베네세 소유지 내에서만 이루어졌던 아트 활동이 나오시마의 역사뿐 아니라 지역 주민의 생활과 조화를 이루며 활동무대를 마을로 확대했다. 나오시마에서 본격적으로 아트프로젝트를 진행하게 된 계기가 빈집을 활용해 예술 작품을 만든 이에프로젝트家プロジェクト였다. 이것의 시작은 1998년 혼무라 지구에 혼자 사는 노인이 섬 외부로 이주하게 되면서 집을 매각하기 위해 상담을 요청하면서부터였다. 그 노인의 집을 베네세가 구입하여 예술 공간으로 작품화한 것에서 비롯되었다(笠原良二, 2009).

이후 2010년부터 세토우치 국제예술제를 개최하면서 나오시마는 국제적으로도 '예술의 섬'이라는 명성을 얻게 되었다. 예술제는 가가와현의 다카마쓰항 주변과 나오시마를 비롯한 이누지마犬島, 오기지마男木島, 메기지마女木島, 데시마豊島, 오시마大島,

혼지마本島의 7개 섬에서 해외 아티스트 작품을 자연 속에 설치하거나 빈집 등을 작품화하여 빈집미술관으로 선보였다. 나오시마에 위치한 지중미술관, 베네세뮤지엄ベネッセミュジアム, 이우환미술관李禹煥美術館을 비롯해서 데시마미술관豊島美術館, 이누지마 제련소미술관犬島製錬所美術館 등이 개관했다. 이후 제2회 예술제에서는 행사 지역이 7개 섬에서 14의 섬으로 확대되었고, 참가 규모도 18개국 75명의 아티스트에서 제2회 예술제에는 26개국 200명 수준으로 확대되었다.

이처럼 예술 작품과 관련 시설들이 지속적으로 설치되었고, 그에 따라 많은 관광객이 찾게 되자 나오시마는 1990년 당시 일본 국토청으로부터 전국 최초로 '과소 지역 활성화 우수사례표창過疎地域活性化優良事例表彰'이라는 상을 받았다. 또한 베네세 그룹은 2006년 기업의 공익 사업을 통해 문화예술의 힘으로 외딴 섬의 지역 활성화에 기여한 공로로 일본 기업메세나협의회로부터 '메세나 대상'을 수상하기도 했다. 결국 나오시마의 아트프로젝트는 문화예술을 활용하여 지역 활성화에 성공한 대표 사례로 국내외의 주목을 받기에 이르렀다.

요컨대 나오시마는 지역 경제의 주축인 미쓰비시 제련소의 공장 자동화와 구조 조정에 따라 인구 감소, 지역 경제 침체, 고령화가 진전되었다. 또한 나오시마 인근에 위치한 데시마의 불법 산업폐기물 사건과 환경 오염 문제가 전국적 이슈가 되면서 쓰레기 섬이라는 오명도 붙게 되었다. 그러나 베네세가 20여 년 이상 자연과 현대 예술을 주제로 아트프로젝트를 진행하면서 나오시마는 사회·경제·환경적 문제를 떠안고 있던 공업 지역에서 현대 문화예술과 자연 경관이 조화를 이루는 문화관광 지역으로 지역성이 변화했다.

3. 나오시마의 빈집 현황과 발생 원인 고찰

3.1. 나오시마의 빈집 실태조사 결과

나오시마가 문화예술을 활용한 지역 활성화 방안을 통해 실질적인 효과가 나타났는가를 실증적으로 분석하기 위해 빈집 실태를 조사했다. 1988년에 후쿠다케 소이치로 베네세 사장이 '나오시마 문화촌 구상'을 발표할 때 나오시마 개발 목적을 '현대 예술을 통한 관광 진흥'이라고 밝혔지만, 나오시마정에서 궁극적으로 추구했던 목적은 1963년에 후지타관광을 유치할 때부터 관광을 통한 지역의 활성화였고, 이 지역 활성화의 목표는 당시 나오시마의 최대 현안이었던 미쓰비시 제련소의 구조 조정에 따른 일자리 감소와 그에 따른 인구 감소, 지역 경제 침체, 주민 생활 불안정 등의 지역 문제를 해결하는 것이었다. 따라서 나오시마가 문화예술을 활용한 지역 활성화에서 어느 정도 성과를 거두었는가를 판단하는 기준은 당시 지역 문제의 해결에 어느 정도 기여하였는가에 달려 있다고 볼 수 있다.

이 글에서 빈집의 실태를 파악하는 것은 빈집이라는 경관 요소를 통해 지역 활성화 정도를 가늠하는 것이며, 빈집 발생 원인 분석을 통해 지역 주민들이 체감하는 나오시마에 대한 생활 만족도나 지역의 문제점을 파악했다. 현지 조사에서 전기·가스계량기의 설치 여부, 건물이나 정원의 관리 상태(쓰레기, 잡초, 현관 개방 여부 등), 주택 파손 상태(지붕, 벽, 유리창, 담장 등) 등을 근거로 주택의 사용 여부를 종합적으로 판단하여 빈집 여부를 확인했다. 빈집으로 확인된 주택은 일본 주택 지도를 활용하여 빈집의 위치를 지도에 표시하였고, 빈집 여부의 판단이 어려운 주택에 대해서는 지역 주민들과의 인터뷰 조사를 통해 빈집 여부를 판정했다. 또한 각 빈집에 대해서 빈집으로 방치된 이유, 시기, 문제점 등도 함께 조사했으며, 지역 주민들의 도움으로 과거 해당 빈집에 거주했던 주민에게 연락하여 나오시마를 떠난 이유, 빈집으로 방치한 이유, 이사 시기 등에 대해서 서면으로 인터뷰 조사를 병행했다. 이 글에서 빈집 조사는 단독주택을 대상으로 실시했는데, 나오시마에는 미쓰비시 제련소의 사택을 제외하면 주택 대부분이 단독주택이기 때문에 실제 빈집 수와 큰 오차는 없을 것으로 판단된다.

그리고 빈집터에 대한 조사도 병행했다. 1997년의 주택 지도와 2017년의 위성 영상을 비교하여 현재 공터로 남아 있는 토지에 대해서 아트프로젝트 시행 이전에 주택이 존재했는가를 확인했다. 다시 말해 현재 공터나 주차장 등으로 이용되는 토지가 1997년 주택 지도에도 공터 등으로 표시되어 있으면 빈집터로 인정하지 않았고, 1997년 당시에 주택이 있었던 공터는 빈집터로 간주했다. 이는 나오시마에서 아트프로젝트가 본격적으로 추진된 시기라고 볼 수 있는 1998년 이에프로젝트 이후의 변화상을 확인하

그림2 나오시마의 빈집과 빈집터 분포 현황(2017년 7월 기준)

기 위해 약 20년 전의 토지 이용과 비교한 것이다.

이러한 방식으로 미야노우라, 혼무라, 쓰무우라 3개 지구를 대상으로 빈집 실태를 조사했다. 결과를 종합하면 2017년 7월 기준으로 나오시마의 빈집은 총 64호이고, 빈집터는 총 42곳으로 파악되었다그림2.[4] 빈집터는 나오시마에서 이에프로젝트가 추진된 이후에 주택이었던 곳이 현재는 주차장이나 공터로 변화된 곳을 말한다. 따라서 나오시마에서 아트프로젝트의 일환으로 추진되었던 이에프로젝트가 처음 실행된 1998년 이후 20년 동안 최소 100채 이상의 주택이 빈집이 되었다는 것을 알 수 있다. 빈집을 상점이나 기타 용도로 활용하는 사례는 모두 제외했기 때문에 실질적으로 지난 20년 동안 나오시마를 떠난 세대나 인구는 이보다 더 많을 수 있다.

　그러나 이 결과만으로 다른 지역의 빈집 비율과 단순 비교해서 빈집 문제의 심각성을 판단하기에는 한계가 있다. 나오시마는 공식적인 주택 통계 자료가 없으므로 나오시마의 정확한 빈집 비율을 산출하기도 어렵다. 하지만 나오시마의 인구 추이를 살펴보면 아트프로젝트가 지역 활성화에 어느 정도 영향을 미쳤는지 가늠할 수 있다. 표1은 나오시마에서 아트프로젝트가 본격적으로 추진되기 이전 시기와 현재 인구를 비교한 것이다. 1995년 4,162명이었던 나오시마의 인구가 2015년에는 3,139명으로 1천 명 이상 감소했다. 아트프로젝트 이후 20년 동안 나오시마의 인구가 약 1/4 감소한 것이다. 같은 기간 가가와현의 인구 감소율이 4.9퍼센트였던 것을 감안하면 매우 큰 폭으로 감소한 것을 알 수 있다. 나오시마가 행정 구역상 가가와현에 속해 있고 일상 생활권은 오카야마현에 가까운 지리적 특징을 감안하여 두 개 현의 인구 변화와 비교해보면 나오시마의 인구 감소 수준이 인근 지역에 비해 매우 높다는 것을 확인할 수 있다.

4　아파트, 사택 등 공동주택은 조사의 한계로 제외했기 때문에 공동주택까지 포함하면 빈집은 이보다 더 많을 수 있다. 실제로 지역 주민들이 인터뷰에서 밝힌 빈집의 수는 이보다 많았다.

구분		나오시마정	가가와현	오카야마현
인구 수	1995년	4,162명	1,027,006명	1,950,750명
	2015년	3,139명	976,263명	1,921,525명
인구 증감		-1,023명	-50,743명	-29,225명
인구 증감률		-24.6%	-4.9%	-1.5%

표1 나오시마와 주변 현의 인구 증감률 비교(香川県(2015), 『かがわ人口ビジョン』; 岡山県 (2015), 『岡山県人口ビジョン』; 直島町(2015), 『直島町人口ビジョン』)

　　나오시마 빈집 문제의 심각성은 인구 감소뿐 아니라 고령화 율의 증가에서도 확인할 수 있다. 나오시마 연령별 인구 구조를 살 펴보면 60~69세의 인구가 가장 많은 수를 차지한다. 고령자가 사 망한 후 해당 주택이 빈집이나 빈집터로 방치된 사례가 많다는 점 에서 나오시마는 지금보다도 앞으로가 더 심각한 빈집 문제에 직 면할 수 있다는 점을 의미한다. 특히 나오시마에서 혼자 사는 고 령자 수도 227명으로[5] 조사되었다. 최악의 경우 지금까지 발생한 빈집보다 2배 이상 많은 빈집이 10~20년 이내에 발생할 가능성 이 높을 것으로 예상된다.

　　나오시마의 빈집 현황을 지구별로 더 자세히 살펴보면 미야 노우라 지구는 총 832세대, 인구 1,707명(2017. 4. 기준)으로 나 오시마에서 인구가 가장 많은 마을이며, 미쓰비시 제련소와 가까 운 지역으로 세토 지구에서 이주한 주민과 미쓰비시 사택이 있는 곳이다. 1917년 설립된 나오시마 미쓰비시 제련소 때문에 경제적

그림3 미야노우라 지구의 빈집과 빈집터 분포 현황(2017.7. 기준)

수혜를 가장 크게 입었던 지역이다. 미야노우라 지구의 주요 시설로는 나오시마의 현관이라고 불리는 미야노우라항을 비롯하여 공민관과 주민센터, 보건소, 생활협동조합, 편의점, 우체국, 노인시설 등이 있으며, 음식점이나 숙박업소가 가장 많은 곳이기도 하다.

조사 결과 미야노우라 지구에는 빈집 27호, 빈집터 32곳이 확인되었으며, 나오시마에서 빈집과 빈집터가 가장 많이 분포하고 있었다. 그림3은 미야노우라 지구의 빈집과 빈집터의 분포를 나

5 国土交通省統計局, 『直島住民基本台帳』(2014년 10월 1일 기준), http://www.mlit.go.jp/statistics/details/ (2017.2.17. 검색).

타낸 것이다. 빈집과 빈집터의 분포 패턴을 살펴보면 공간적으로 다소 차이가 있음을 알 수 있다. 빈집은 미야노우라항과 가까운 미야노우라 1구에 가장 많이 분포하고 있지만, 빈집터는 이보다 북쪽에 위치한 미야노우라 5구와 6구에서 많이 나타나고 있다.

빈집이 미야노우라 1구에서 많이 나타나는 것은 이 지역이 미야노우라 지구 중에서도 가장 초기에 주거 지역이 형성된 지역이기 때문이다. 체계적 도시 계획에 의해 형성된 촌락이 아니기 때문에 마을 안쪽에 위치한 주택들은 골목의 폭이 사람 1~2명이 겨우 지나갈 정도로 매우 협소하다. 차량이나 중장비가 진입하기 어려운 골목에 위치한 경우는 주택을 수리하거나 빈집을 철거하는 비용이 도로변에 있는 주택보다 더 많이 소요되는 문제점이 있다. 섬이라는 특성상 모든 건축 자재를 배로 운반해야 하므로 기본적인 건축 비용도 상대적으로 높은데다 차량이나 장비가 진입하지 못하는 경우는 모든 작업을 수작업으로 진행해야 하므로 인건비 부담이 더욱 가중된다. 이러한 현실적 문제로 노후 주택을 수리하지 못하고 결국 빈집으로 방치하는 사례도 적지 않은 것으로 확인되었다. 남쪽에 위치한 미야노우라 4구에도 빈집이 다수 확인되었다. 노후화된 주택이 많고 다른 지역에 비해 접근성이 상대적으로 떨어지는 곳이었다.

빈집터가 많이 분포하는 미야노우라 5구와 6구는 미쓰비시 제련소와 가장 가까운 주거 지역으로 미쓰비시 사택이 많은 곳이다. 특히 미야노우라 5구는 와시노마쓰鷲ノ松 기숙사 등을 비롯하여 미쓰비시 제련소에 근무하는 임직원을 위한 사택이 다수 존재

그림4 무라 지구의 빈집과 빈집터 분포 현황(2017.7. 기준)

하였다. 과거 구조 조정을 통해 인원을 감축하고 다마노시 등지에서 페리로 매일 출퇴근하는 사람들이 증가하면서 사택 건물을 철거한 경우가 많았고, 일부 부지는 현재 보건소 등 다른 용도로 이용되고 있었다. 한편 미야노우라 6구는 나오시마 서부공민관, 보건소, 우체국 등 주요 사회 기반 시설을 비롯하여 음식점, 숙박 시설 등 각종 상업 시설도 나오시마에서 가장 많은 지역이다. 이 때문에 이곳의 빈집터는 대부분 주차장으로 이용되는 경우가 많았으며, 과거 주택이었던 건물들도 지금은 식당, 카페, 민박 등 상업적으로 활용되는 사례가 많았다.

그림 4는 혼무라 지구의 빈집과 빈집터 실태 조사 결과를 지도로 나타낸 것이다. 빈집 22호와 빈집터 5곳이 있는 것으로 조사되었다. 혼무라 지구는 나오시마의 중심부에 위치하고 있으며, 총

420세대 840명(2017.7.4. 기준)의 주민이 거주한다. 혼무라 지구는 이에프로젝트로 제작된 빈집미술관을 비롯하여 안도뮤지엄 등이 소재한 지역으로 많은 관광객이 찾아오는 곳이다. 나오시마에서 가장 오래된 마을이기 때문에 오래된 주택도 많이 남아 있으며, 학교와 유치원, 은행과 나오시마 정사무소가 자리한 교육과 업무 중심지이기도 하다.

혼무라 지구의 빈집과 빈집터 분포를 살펴보면 혼무라 지구의 중심부에서는 빈집이나 빈집터를 찾아보기 어렵고 혼무라항이나 분쿄구에 많이 분포하는 것을 알 수 있다. 관광객이 많이 찾아오는 혼무라 지구의 중심부는 과거 빈집들이 이에프로젝트를 통해 관광 자원으로 활용되거나 식당, 카페, 민박 등 상업적 용도로 활용되고 있기 때문에 빈집이나 빈집터가 상대적으로 적은 지역이다. 반면 혼무라항이나 분쿄구는 관광지라기보다는 지역 주민들의 생활 공간 영역이기 때문에 빈집이 상대적으로 많고, 혼무라 지구의 중심부와 같은 관광 시설이나 관광객을 위한 편의 시설 등은 적은 곳이다.

이러한 혼무라 지구의 외형 상황만을 가지고 판단하면 문화예술을 활용한 지역 활성화 정책이 빈집의 발생을 억제하는 데 기여하고 있다고 평가할 수도 있을 것이다. 그러나 침체되었던 지역이 활성화되었는가를 판단하는 기준은 활성화 정책을 통해 기존의 지역 주민들이 얼마나 많은 혜택을 입었고, 그에 따라 지역 사회나 경제가 얼마나 활력을 되찾았는가에 초점이 맞춰져야 지역 활성화의 진정한 의미를 찾을 수 있을 것이다. 후술하겠지만 새로운 관광 자원의 개발을 통해 많은 관광객이 찾아오게 되었지만, 그 수혜는 해당 지역 주민이 아니라 외부의 자본과 타지의 사람들에게 돌아가는 상황이고 해당 지역의 인구는 다른 지역보다 인구가 더 빨리 감소하고 있다면 지역 활성화의 결과에 대해서 재평가할 필요가 있을 것이다.

마지막으로 쓰무우라 지구에 대한 빈집과 빈집터 실태 조사 결과다. 빈집 15호와 빈집터 5곳이 확인되었다. 총 173세대 인구 328명(2017. 7. 4. 기준)이 거주하며, 다른 지구보다 가구 수가 가장 적은 지역이다. 나오시마정의 남쪽에 위치하며, 농지가 많지 않은 나오시마에서 환경 오염 이전에는 곡창지대로 불렸을 정도로 쌀 수확량이 많았던 지역이다. 한때는 인근의 쇼도시마小豆島나 데시마에서 어부들을 고용할 정도로 어업도 활발했다. 미야노우라 지구와 혼무라 지구보다 주택의 규모가 크고 새롭게 보수된 집도 많이 볼 수 있었다. 편의 시설로는 인재육성센터와 개인이 운영하는 작은 편의점 이외는 소재하지 않아 일상 생활에 불편함이 많은 지역이기도 하다. 베네세 지구와 가까운 위치에 있으며 몇 채의 빈집을 베네세가 구입해 직원들의 숙소로 이용한다.

3.2. 빈집 발생 원인과 지역 사회의 아트프로젝트에 대한 평가

빈집의 발생 원인을 분석하기 위해 지역 주민을 대상으로 인터뷰 조사를 실시했다. 아트프로젝트에 대한 지역 주민의 생각도 함께 확인할 수 있었다. 그 내용들을 종합하면 다음과 같다.

첫째, 나오시마는 일자리가 부족하다. 이 섬에서 안정적 일자리는 미쓰비시 제련소 외에는 없다고 할 정도로 지역 주민의 일자리는 매우 제한적이다. 일부 선행 연구에서는 아트프로젝트에 따라 많은 일자리가 창출되었고 새로운 상점도 많이 생겼다고 기술하고 있지만, 그 일자리는 대부분 오카야마, 다카마쓰 등 다른 지역 주민들의 몫이었다. 지역 주민 G씨(60대 초반, 남성)는 지역 주민들이 할 수 있는 일자리는 호텔의 주차장 관리원, 청소부 정도이고 그마저도 대부분 파트 타임으로 일하는 실정이라고 하였다. 실제 현지에서 확인한 결과 상점 주인이나 종업원 중에서 타지에서 출퇴근하거나 부업으로 운영하는 사례가 많았다.

또한 나오시마 관광협회의 자료에 의하면 나오시마의 44개 식당과 카페 중에서 22개 점포 주인(2017.12. 기준)이 타 지역 사람이었다. 나오시마가 관광지화되면서 가장 많이 증가한 것이 숙박업소다. 총 59개 중에서 44개 업소가 나오시마 주민이 운영하고 있었다. 그러나 대부분이 기존 주택을 일부 개조하여 방 2~3개 정도로 운영하는 영세한 민박집이었다. 미야노우라 지구에서 게스트하우스를 운영하는 주민 A씨(20대 후반, 여성)는 민박 운영만으로는 생계를 유지하기 어려워 근처 식당에서 아르바이트를 병행하고 있었다. 그녀는 부모가 남겨준 빈집을 두고 다른 빈집을 임대해서 게스트하우스를 운영했다. 부모가 남겨준 빈집은 파손 상태가 심하고 집안에 남겨진 세간살이 또한 처리하기 어려워 상태가 좋은 빈집을 임대해 운영하고 있었다. 하지만 독신이기 때문에 가능한 일이었고 게스트하우스 수익으로는 생활이 어렵기 때문에 비수기에는 아르바이트를 하거나 섬 밖을 오가며 생활하고 있다고 한다. 그리고 근처 오카야마에 본업이 있는 E씨(40대 초반, 남성)는 부업으로 나오시마에서 상점을 운영했다. 매출이 저조하여 폐업한 사례도 확인할 수 있었다.

　일자리에 관한 주민들의 이야기를 종합하면 문화예술 관련 일자리가 많이 창출되긴 했지만, 문화예술에 대한 전문 지식이나 외국어 능력을 기본적으로 요구하는 경우가 대부분이기 때문에 지역 주민에게는 취업 기회가 거의 제공되지 않는 실정이었다. 빈집을 활용해 빈집미술관으로 개관한 이에프로젝트의 경우도 마찬가지였다. 7개의 빈집미술관에서 안내를 맡은 안내원들 역시 다카마쓰나 오카야마의 인력회사에서 모집한 외지인들이었고 파트타임으로 일하고 있었다. 나오시마정의 관계자도 아트프로젝트 이후 나오시마에 새롭게 창출된 일자리는 버스기사, 호텔이나 미술관 등의 청소·주방 보조·주차 관리, 자전거 대여점, 민박집 정도이며, 그중에서도 노인이 할 수 있는 일은 거의 없다고 밝혔다. 아트프로젝트에 따라 실질적으로 경제적 이익이나 혜택을 받고 있는 지역 주민은 극소수에 불과한 상황인 것이다.

　둘째, 교육·의료·교통 등 생활 기반 시설의 부족이다. 나오시마에는 고등학교가 없어서 중학교 졸업 후에는 육지로 유학을 가거나 가족 모두 이사를 가야 하는 실정이다. 교육 문제뿐 아니라 육아 환경도 녹록치 않았다. 실제로 나오시마 아트프로젝트에 대한 기대로 2004년 나오시마의 혼무라 지구에 외지인으로는 처음으로 카페를 개업했던 카페 주인은 이후 나오시마에 들어오는 이주자들에게 멘토로서의 역할을 충실히 해주어 지역 사회의 귀감이 되었던 인물이었다. 나오시마에서 결혼해 아이도 낳고 8년을 거주했지만, 육아 문제 등 때문에 결국 폐업하고 살던 곳으로 돌아갔다. 나오시마에서 아이를 키우기에는 도시보다 여러 가지로 불편한 점이 많았기 때문이었다. 2017년에 다른 도시에서 살다가 나오시마로 U턴 해서 카페를 운영하는 나오시마 출신의 주민 D씨(40대 중반, 남성)도 자식이 없어서 가능했던 일이라고 밝히면서, 자녀가 있는 주민이라면 섬으로 돌아오기가 결코 쉽지 않을 것이라고 지적했다. 아트프로젝트의 성공 여부와는 별개로 지역 주민이나 섬으로 이주한 젊은이들에게 정주 여건은 여전히 매우 열악한 상황인 것이다.

또한 나오시마는 2015년에 고령화 비율이 34퍼센트를 넘었다. 주민 3명 중 1명은 65세 이상의 노인이라는 의미다. 영유아를 위한 의료 시설뿐 아니라 노인을 위한 의료 시설도 부족하여 배를 타고 육지까지 통원 치료를 받는 경우가 많다. 그런데 관광객이 많은 성수기에는 버스나 배를 타는 것이 어렵다고 불편을 호소하는 주민이 많았다. 이러한 생활 기반 시설의 부족은 다른 지역에서 나오시마로 전입하려는 사람들에게 가장 큰 걸림돌로 작용하고 있다. 나오시마에 직장이 있어도 인근 도시에서 배를 타고 출퇴근하는 사람이 많은 이유도 이 때문이다.

셋째, 섬이라는 지리적 조건 때문에 발생하는 주택 구매 비용과 보수 비용 간의 불균형이다. 모든 건축 자재를 배로 운반해야 해서 자재비가 비싸고, 골목길이 좁아 트럭이나 중장비가 들어갈 수 없는 곳은 수작업으로 일을 해야 하므로 인건비 부담이 매우 크다. 또한 집을 수리하면서 발생하는 폐자재나 빈집에 남겨진 살림살이를 정리하는 비용도 많이 발생한다. 실제로 쇼도시마에서 이주해 빈집을 싸게 매입하여 식당을 운영하는 주민 B씨(60대 초반, 남성)는 화장실 하나를 수리하는 데 집값의 2배를 지급했다고 한다. 이 때문에 중고 주택을 구매해 수리하는 비용이 신규 주택을 새로 건축하는 비용만큼 발생하는 사례도 적지 않다. 또한 나오시마정에서는 빈집뱅크를 운영하여 빈집의 임대나 매매를 알선하지만, 빈집에 사용하던 가구나 세간살이가 그대로 남아 있어 임대나 매매를 할 수 있는 상황이 아닌 경우도 많다. 때문에 빈집뱅크에 등록할 수도 없어 빈집을 그냥 방치하는 경우도 많이 발생하고 있다. 나오시마에서 커피숍을 운영하는 카페 주인 C씨(40대 초반, 남성)는 임대할 수 있는 집이 없어서 창고를 빌려 커피숍을 오픈하고 본인은 오카야마에서 출퇴근하고 있다고 한다. 빈집이 많지만, 임대하거나 거주할 수 있는 집은 그다지 많지 않은 상황이다.

요컨대 낙후된 섬마을에서 아트프로젝트를 추진하고 그에 따라 많은 관광객이 찾아오고 섬이 유명해진 것은 긍정적으로 평가할 만한 것이지만, 한편으로 그에 따라 지역이 활성화되었다거나 지역 주민이 살만한 곳이 되었다고 평가하기는 어렵다는 의견이 다수였다. 지역 주민의 입장에서는 아트프로젝트 추진 이전보다 생활 여건이 나아졌다고 보기 어렵고, 오히려 섬이 관광지화되면서 일상 생활에서 겪게 되는 불편함이 더 늘어났다는 의견이 지배적이었다. 빈집이 계속 발생하는 것은 나오시마에서 살기 어려워서 떠나는 주민이 늘어나고 있다는 것을 단적으로 보여주는 현상이며, 아트프로젝트가 지역 주민에게 미치는 영향은 매우 제한적이라는 것을 확인할 수 있었다. 아트프로젝트가 나오시마 '지역' 차원에서는 관광 자원으로서 매우 의미가 있지만, 나오시마 '주민'에게는 기업의 관광사업 이상의 의미를 찾아보기 어려웠다. 겉으로는 관광객이 많이 방문하고 있어서 지역이 활성화되는 것처럼 보이지만, 정작 지역 주민은 그 '활성화'에서 소외받는 것은 아닌지 면밀히 살펴볼 필요가 있다.

4. 문화예술을 활용한 지역 활성화 정책의 과제

이 글은 일본의 인구 감소, 저출산, 고령화, 저성장 등에 의해 지방의 쇠퇴가 지속되는 가운데 문화예술을 활용한 지역 활성화 정책의 대표 성공 사례로 주목 받는 나오시마의 아트프로젝트가 지역 사회에 실질적으로 어떠한 영향을 미치는가에 대해서 고찰했다. 특히 나오시마의 지역 활성화 정책이 성공적이라는 일반적인 평가에도 빈집의 수가 지속적으로 증가하는 현상에 주목하여 나오시마 지역 사회에서는 아트프로젝트를 어떻게 평가하고 있고 아트프로젝트가 지역 활성화에 얼마나 기여하였는가를 실증적으로 분석했다.

　　행정과 기업의 입장에서 바라본 아트프로젝트에 대한 평가는 '관광객의 증가에 따라 지역 경제에 많은 도움이 되었다', '지역 주민과 관광객 간의 교류 덕분에 활력이 생겼다', '세계 어디에서도 볼 수 없는 바다와 섬, 그리고 현대 예술을 접목한 아트프로젝트를 시행하여 예술의 섬으로 세계에 알려지게 되었다' 등 대부분 긍정적 의견이 많았다. 지역 주민의 입장에서도 나오시마가 예술의 섬으로 세계적으로 유명해지면서 지역의 이미지가 쇄신되었다는 긍정적 평가도 있었지만, 근본적으로 아트프로젝트를 통한 지역 주민의 소득 증대나 일자리 창출, 지역 사회의 생활 환경이나 정주 여건 개선에는 한계가 있고, 오히려 관광객 증가에 따른 일상 생활의 불편함을 호소하는 주민도 적지 않았다.

현지조사를 통해 빈집 또는 빈집터로 남아 있는 사례가 최소 100건 이상 확인되었으며, 아트프로젝트 이후에도 나오시마의 인구는 지속적으로 감소했다. 아트프로젝트 전후 20년 동안 나오시마의 인구가 약 1/4이나 감소했고 같은 기간 가가와현의 인구 감소 비율이 4.9퍼센트 정도의 수준이었던 것을 감안하면 매우 큰 폭으로 감소한 것을 알 수 있다. 또한 현재 나오시마는 인구 감소와 더불어 고령화 비율도 34퍼센트를 넘어섰다. 이는 향후 나오시마에서 빈집이 더욱 많이 증가할 수 있음을 의미하는 것이다. 나오시마에 65세 이상의 혼자 사는 노인 세대가 227가구에 달한다. 이들 주택이 향후 빈집이 될 가능성이 크며 나오시마의 빈집 문제는 앞으로가 더 문제라고 할 수 있다. 일본 전국적으로 인구가 감소하고 빈집이 증가하는 상황에서 아트프로젝트만으로 지역의 구조적 문제를 획기적으로 개선하고 빈집 문제가 해결될 것으로 기대하는 것은 다소 무리가 있다. 그러나 지역을 활성화할 목적으로 추진되는 사업이 지역 주민의 삶과 괴리되고 당초의 사업 목적과도 차이를 보인다면 사업에 대한 재검토가 필요할 것이다.

나오시마가 아트프로젝트를 통해 국제적인 관광지가 되었고,

그에 따라 많은 관광객이 찾아오는 것은 사실이다. 또한 문화예술을 활용한 지역 활성화 방안은 지역 브랜드의 가치 상승, 경제적 이익 창출에는 어느 정도 성과를 거두었다는 것을 알 수 있었다. 그러나 경제적 이익의 상당 부분이 지역 외부로 유출되면서 지역 주민과 지역 사회로 분배나 재투자되는 선순환 구조를 구축하지 못했다. 새로운 일자리에서 경제적 이익을 얻는 사람은 대부분 타 지역에서 거주하는 사람들이고, 그 수입을 다른 지역으로 가지고 나가는 실정이다. 이 때문에 지역의 안정적인 정주 여건을 근본적으로 개선하고 지역 사회의 지속 가능성을 제고하는 데에는 한계를 보이고 있다. 이것이 나오시마의 인구 감소와 빈집 증가의 근본적 원인이라고 볼 수 있을 것이다. 문화예술이 지역 활성화를 위한 대안으로 자리매김하기 위해서는 지역 주민과 문화예술이 서로 상생할 수 있는 실질적인 방안 마련이 필요한 시점이다.

2000년대 들어 국가 전략사업으로 각 지자체에서 문화예술을 활용한 지역 활성화 정책이 유행처럼 일본 전역에서 시행되었다. 지역을 활성화한다는 것은 지역 주민이 정책의 중심이 되어 시행되어야 하고, 주민이 체감할 수 있는 생활 환경 개선이 우선이라 할 수 있다. 단순히 지자체의 실적, 관광객의 증가, 세수의 증가와 같은 지표로 문화예술을 활용한 지역 활성화 정책의 성공을 단정할 수는 없을 것이다. 또한 문화 예술이 지역 경제를 견인하는 기간산업으로 정착하기 위해서는 주민과 문화예술이 일상 생활에서 공생할 수 있는 실질적인 지역 활성화 전략이 필요할 것이다.

참고 문헌

米浪信男, 『観光と地域経済』, ミネルバ書房, 2000.

笠原良二, 「地方での独自性の発揮　現代アートがもたらした島の誇りとアイデ
ンティティー：特集まちづくりの核としての存在」, 『Civil Engineering
Consultant』第245券, 建設コンサルタント協会, 2009.

小泉元宏, 「地域社会に「アートプロジェクト」は必要か？：接触領域としての地
域型アートプロジェクト」, 『地域学論集：鳥取大学地域学部紀要』, 第9券第2号,
鳥取大学地域学部, 2012.

熊倉純子, 『アートプロジェクト『芸術と共創する社会』, 水曜社, 2014.

熊倉純子・長津結一郎, 『日本型アートプロジェクトの歴史と現在1990年』,
2012年補遺, ア―ツカウンシル東京, 2015.

香川県, 『瀬戸内総括報告書』, 2016.

香川県, 『アートツーリズム直島町』, 2016.

国土交通省統計局, 『直島住民基本台帳』(2014년 10월 1일), http://www.mlit.
go.jp/statistics/details/(2017년 2월 17일 검색).

直島町, www.town.naoshima.lg.jp(2017년 2월 17일 검색).

일본 농촌 지역 활성화를 위한
장소자산 활용 전략　　　　　　　　　　　　　　이호상

1. 도로역의 개념과 지역 활성화

일본의 '도로역道の驛, 미치노에키[1]'이란 안전하고 쾌적하게 도로를 이용할 수 있는 교통환경을 제공하고, 지역의 활력을 창출하는 것을 목적으로 운영하는 시설을 말한다(道の驛公式ホームページ, 2020). 도로 이용자를 위한 휴게 시설이라는 측면에서 우리나라의 고속도로 휴게소와 유사한 성격이지만, 기본 개념은 '지역과 함께 만드는 개성 강한 지역 활성화의 장'을 만드는 것으로 일반적인 휴게소의 개념과 근본적으로 다르다. 고속도로 휴게소의 경우 고속도로를 이용하는 사람들로 이용자가 제한되지만, 도로역의 경우 지역 주민들도 자유롭게 이용할 수 있다는 차이점이 있다. 또한 도로역에 공급되는 각종 식자재, 특산품 등은 인근 지역에서 생산되

는 농산물이 대부분이며, 도로역에서 창출되는 수익이 다른 지역에 있는 본사나 주민에게로 유출되는 것이 아니라 도로역이 소재하는 지역 사회로 대부분 환원되는 구조로 되어 있다.

'도로역'이라는 용어는 '철도역'에 빗대어 만들어진 말이다. 일본인에게 '철도역'이라는 장소가 어떠한 의미를 지니는 것인지 우선 이해할 필요가 있다. 일본의 도시는 근대화 과정에서 철도역을 중심으로 근대적 상업 지구가 형성되었고, 그에 따라 일본인 대부분은 철도역 주변 지역을 도시의 중심부 또는 가장 번화한 중심 상점가라고 인식하는 경향이 강하다. 즉 철도역이라는 장소는 단순히 교통 시설만을 의미하는 것이 아니라 도시의 중추 관리 기능이 집중된 역 주변의 중심 시가지를 일컫는 의미로 사용되기도 한다. 도로역이라는 표현이 처음 등장한 계기라고 알려진 일화를 통해서도 이러한 철도역에 대한 인식을 확인할 수 있다. 1990년 1월 히로시마広島시에서 개최된 '지역 만들기 심포지엄과 교류회'에서 한 참가자가 "철도에 역이 있는 것처럼 도로에도 역이 있으면 좋겠다."라고 말한 발언에서 '도로역'이라는 개념이 처음 제기되었다(関満博·酒本宏, 2016). 도시에서 가장 번화하고 활력이 넘치는 철도역 주변의 상업 지구처럼 지방의 도로 주변에도 그러한 거점

---

1 국내 연구에서는 연구자에 따라 '미치노에키(道の驛)'를 도로역, 길의 역, 미치노에키, 미찌노에키, 로드스테이션, 국도 휴게소 등 다양하게 표기하고 있다. 그러나 '미치노에키'의 개념을 처음 사용한 일본에서는 '철도역'에 빗대어 만든 용어이기 때문에 이 글에서는 '道の驛'를 '도로역'으로 표기하고자 한다.

을 만들어서 지역 활성화를 도모했으면 좋겠다는 취지의 발언이었던 셈이다.

1990년대에 접어들면서 일본은 모터리제이션이 급속히 확산하면서 도시 중심부에 있던 상업 기능이 교외 지역으로 빠져나가는 이심화decentralization 현상이 사회 문제로 대두되었다(이호상, 2019). 이는 일상 생활의 거점이 철도역 주변 지역에서 도시 외곽의 도로 주변으로 사람들의 주요 동선이 변화했음을 의미하고, 이는 도시의 토지 이용 패턴에도 영향을 미치게 되었다. 그에 따라 도시 지역에서는 교외 지역의 주요 도로변에 쇼핑센터와 같은 대형 유통업체가 새롭게 생겨나면서 도시 중심부의 전통적 상점가 역할을 대신하기에 이르렀다. 그러나 농촌 지역에서는 지속적인 인구 감소와 지역 경제 쇠퇴 때문에 지역을 활성화하기 위한 새로운 대안이 요구되었다. 이러한 사회적 변화 속에서 새롭게 등장한 것이 도로역이며, 그 정의에서도 알 수 있듯이 단순히 도로 이용자에게 편의를 제공하는 차원을 넘어 지역의 활력을 창출하기 위한 시설로 주목 받고 있다.

1993년부터 국토교통성에 처음 등록한 도로역은 2021년 현재 일본 전역에 1,160개소가 분포하고 있으며, 매년 지속적으로 증가하는 추세다. 도로역을 전문적으로 소개하는 방송 프로그램, 잡지를 비롯해서 도로역을 찾아다니는 관광 상품이 등장할 정도로 일반인에게도 큰 호응을 얻고 있을 뿐 아니라, 최근 일본의 지방 창생 흐름과 맞물려 지역 활성화의 거점으로서 주목을 받고 있다(藤澤硏二, 2016). 우리나라에도 일본의 도로역을 벤치마킹하

그림1 연구 대상 지역과 에히메현의 도로역 분포

여 충남 태안군에서 2019년 '태안 농수산물장터(태안로컬푸드직
매장)'를 준공했다. 국내 최초의 도로역 사례다. 태안을 방문하는
관광객의 편의를 도모하고 농축수산물 직판장, 로컬푸드 식당 등
을 통해 지역 경제 활성화에 이바지하기 위해 국비를 지원 받아
추진되었다.

　　이 글에서는 일본 농촌에서 지역 자원을 활용하고 있는 도로
역의 사례를 통해 새로운 지역 거점을 만들어가는 과정 및 지역 활
성화 전략을 살펴보고, 그에 따라 새롭게 창출되는 도로역의 장소
성을 고찰하고자 한다. 이를 위해 현지에서 도로역 관련 정보 수

집, 운영 현황 파악, 관계자 인터뷰 조사 등을 실시했고, 이러한 현지 조사를 통해 도로역이 농촌 사회에 안착할 수 있었던 배경, 그 이면에서 작동하는 운영 메커니즘, 그에 따라 지역 주민이나 관광객이 인식하는 도로역의 장소성은 무엇인가 등에 대해 고찰했다.

연구 대상 지역인 에히메현에는 29개소(2019)의 도로역이 운영되고 있으며, 총 87개소의 도로역이 운영되는 시코쿠 지방에서는 최대 규모다. 에히메현의 29개 도로역 운영 중에서 총 11개의 도로역을 방문하여 조사했다. 이 글에서는 그중 4개소의 조사 결과를 대표 사례로 제3절에서 제시했고그림1, 나머지 도로역의 조사 결과는 제2절에서 도로역에 관한 종합적인 설명에 포함했다.

2. 도로역과 전략적 6차 산업의 개념과 특징

2.1. 도로역의 발달 과정과 기능적 변화

국토교통성이 2020년에 발표한 도로역의 새로운 발전 방안 '도로역의 제3스테이지'의 내용을 살펴보면 도로역은 1993년에 처음 지정된 이래로 크게 3차례의 변화 과정을 거치면서 성장했음을 이해할 수 있다.

첫 번째, 도로역의 '도입 단계(1993~2012)'라고 볼 수 있는 이 시기에는 도로 이용자를 대상으로 서비스를 제공하는 시설로써 도로역의 성격을 규정하고 일반 도로에 도로역 설립을 지원하는 단계였다. 일본에서도 우리나라처럼 고속도로에 휴게소가 없었던 것은 아니었지만, 국도나 지방도 등에는 휴게소가 별도로 존재하지 않았고 편의점이 그 기능을 일부 수행하는 수준이었다. 일본 국토는 남북 또는 동서로 길게 뻗은 형태고, 산악 지역이 많아서 국도나 지방도를 이용하여 장거리를 이동할 때 매우 많은 시간이 소요된다. 또한 최근 고령자와 여성 운전자, 장거리 운전자 등이 증가하면서 도로 이용자를 위한 편의 시설에 대한 요구가 증가했다. 이에 대응하기 위한 방안으로 도로역이 주목 받았다. 그 때문에 초기의 도로역은 주차장, 화장실, 특산품 판매장, 매점 등 일반 휴게소의 기능을 중심으로 운영되었다.

두 번째, 도로역의 수가 전국적으로 1,000개 수준으로 증가한 '확산 단계(2013~2019)'에서는 도로역 자체가 관광, 쇼핑 등을 위한 목적지로 사람들이 방문할 수 있도록 더 다양한 기능을 도로역에 접목했다. 관광, 정보, 산업 등 지역의 다양한 분야와 연계하면서 지역의 새로운 거점으로 자리매김하던 시기로 평가할 수 있다. 이를 위해 도로역은 도로 이용자를 위한 단순한 휴게 시설에 머물지 않고 지역의 관문 또는 지역과의 교류 거점 역할, 지역 산업 진흥 기능을 수행하는 장소로 진화하기 시작했다. 예컨대 농산물 직거래 장터나 향토 음식 판매 등을 통해 지역 주민이 도로역의 매장 운영에 직접 참여하여 방문자와 교류함으로써 교류 거점의 기능을 수행하고 지역에 새로운 활력이나 가능성을 제공했다. 이를 통해 지역 이미지를 높이거나 지역 축제를 활성화하는 등의 파급 효과가 나타나기도 했다. 그 외에도 도로 정보, 관광 정보, 긴급 의료 정보 등 외지인에게 유용한 정보 발신 기능을 비롯하여 도로역에 문화 교양 시설, 레크리에이션 시설 등 지역 주민의 교류를 위한 기능까지 포함했다. 그리고 동일본대지진(2011), 구마모토 지진(2016) 등 최근 많은 자연재해를 겪으면서 도로역이 재난 시에 식수와 식량을 제공하고 넓은 주차장을 활용하여 피난 장소 또는 복구 활동의 거점으로 이용된 사례를 통해 도로역의 방재기능이 새롭게 주목을 받기도 했다.

마지막으로 국토교통성이 발표한 '제3스테이지(2020~2025)'에서는 도로역을 지방 창생과 관광을 더욱 촉진하는 거점으로 육성하고, 도로역을 중심으로 새로운 지역 네트워크를 구축하여 활력 있는 지역을 디자인하는 데 공헌하는 새로운 개념의 도로역 발전 방안을 발표했다. 여기서 '새로운 지역 네트워크'란 지역의 기업, 대학, 공공기관, 시민단체 등 다양한 주체와 도로역 상호 간의 연계를 말하는 것으로, 지역 네트워크의 강화를 통해 도로역이 지방 창생과 관광을 견인하는 새로운 핵심 주체로 자리매김하도록 하고, 일본 정부의 중점 추진 과제였던 지방 창생과 관광 선진국을 실현하기 위한 방안으로써 도로역 관련 사업을 더욱 강화하려는 의도다.

사업의 세부 내용을 살펴보면 전반적으로 과거에 없던 새로운 기능을 도로역에 추가하기보다 앞서 설명한 확산 단계에서 모범적인 도로역 사례를 전국적인 표준 모델로 발전하겠다는 방침을 밝히고 있다. 도로역 제3스테이지에서 제시하는 3개의 목표를 살펴보면 첫째, 도로역의 세계 브랜드화, 둘째 새로운 '방재 도로역'을 전국의 '안심 거점'으로, 셋째 모든 세대가 활약할 수 있는 지역센터로 육성하겠다는 내용을 담고 있다.

첫 번째로 제시한 도로역을 세계 브랜드로 육성하겠다는 목표는 일본을 방문하는 외국인 관광객을 타깃으로 도로역의 기능을 보완하겠다는 내용이다. 예컨대 외국어 대응이 가능한 외국인 관광 안내소를 현재 약 10퍼센트 수준에서 전국 도로역의 절반 수준까지 확대하거나, 현재 약 40퍼센트 정도의 도로역에서만 가능한 신용카드 결제를 2025년까지 80퍼센트 이상의 도로역에서 가능하도록 정비하겠다는 것이 핵심 내용이다. 두 번째, 새로운 '방재 도로역'은 광역적인 방재 기능을 수행하는 거점으로서 도로역을 설정하여 지자체의 지역 방재 계획 등을 수립하거나 정부의 방재 훈련 시에 도로역을 주요 방재 시설로 활용하고 필요한 정책적 지원을 통해 지역의 안전을 확보하는 데 공헌할 수 있도록 하겠다는 계획이다. 마지막 내용은 도로역에 모든 지역 주민이 이용할 수 있는 시설이나 프로그램을 확충하여 실질적인 지역센터로 발전하겠다는 계획이다. 영유아나 고령자를 위한 시설이나 맞춤형 서비스, 청년에게 인턴이나 현장 실습, 상품 개발과 창업 기회 등을 제공하는 등 모든 연령대의 주민이 도로역을 무대로 다양한 활동을 전개할 수 있도록 지원하는 내용을 포함한다.

이처럼 도로역은 일반 휴게소나 상업 시설의 기능에 머물지 않고, 지역 사회와 다양하게 연계되는 복합 연계 공간으로 발전하고 있다. 이전에는 휴게소의 시설만 이용하고 해당 지역을 단순히 통과해버리던 외지 운전자에게 도로역이 있는 지역이 친숙하게 다가가게 하고 해당 지역을 방문하도록 유도하는 '매개적 공간'으로서 기능하는 것이다. 일본 전국 도로역의 80퍼센트 이상이 중산간 지역에 입지한다는 사실을 감안한다면, 도로역이 과소 지역의 새로운 지역 활성화 거점으로서 장소성을 정립했다고 볼 수 있다. 이와 관련된 구체적인 사례는 제3절에서 살펴보기로 한다.

2.2. 도로역의 운영 메커니즘: 전략적 6차 산업

도로역의 가장 중요한 운영 목적은 도로역을 새로운 지역 활성화의 거점으로 만드는 것이며, 이를 위해서는 도로역을 매개로 지역의 다양한 주체와 연계하는 것이 핵심이라고 할 수 있다. 그런데 도로역은 대부분 도시 지역보다 농촌 지역에 분포하고 있어 농촌 지역 사회의 다양한 주체와의 연계가 가장 중요할 수밖에 없다. 도로역이 농촌의 다양한 주체와 어떠한 방식으로 연계되어 있으며, 도로역이 어떠한 메커니즘으로 운영되는지 이해하기 위해 '전략적 6차 산업'에 주목할 필요가 있다.

전략적 6차 산업이란 기존의 6차 산업 개념에 농어촌 주민이 주도하는 숙박, 식사, 농장 체험 등을 포함하는 그린투어리즘이 결합한 형태를 말하며, 농어민의 소득 향상을 통해 농업과 어업을 활성화하여 농산어촌 지역을 진흥하는 것을 궁극적인 목적으로 한다. 이는 야마모토 히사요시(山本久義, 2015)가 제창한 개념으로 농가, 기업 등의 단위로 개별적으로 전개되던 기존의 6차 산업을 지역 마케팅 전략 관점에서 지역의 농산물, 특산품, 관광 자원, 지역 정보, 편의 시설 등 모든 지역 자원을 도로역을 통해 접근할 수 있도록 체계화한 것이 가장 큰 특징이라고 할 수 있다.

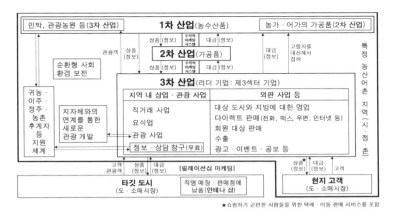

그림2 전략적 6차 산업의 모델(예시: 山本久義(2015, p.39)의 그림을 필자 수정)

그림2는 히사요시가 제기한 전략적 6차 산업의 모델을 예시로 나타낸 것이다. 이 모델에서 가장 중심이 되는 활동이 해당 지역에서 생산된 농수산물(1차 산업)과 그것을 이용하여 생산한 가공식품(2차 산업)을 지역의 직매장에서 지역 주민, 관광객 등을 대상으로 직거래하거나 인근 대도시(타깃 도시)의 직영 매장이나 판매점에서 영업 활동을 전개하는 것이다. 또한 지역의 농수산물을 재료로 요식업, 지역의 관광 자원을 활용한 서비스업 등 관련 3차 산업에 해당하는 경제 활동 일체를 비즈니스 조직(리더 기업)에서 종합적으로 운영하는 방식이다. 이는 이 글에서 조사한 에히메현의 11개 도로역에서 공통적으로 나타나는 기본 운영 메커니즘이었다. 지역의 상황에 따라 세부 운영 방식에서 다소 차이를 보였

지만, 도로역의 기본 운영 전략은 유사했다.

　여기서 '리더 기업'의 역할이 매우 중요하다. 기존의 유통 체계보다 농어민의 소득을 최대한 보장하기 위해서는 리더 기업의 이윤을 최소화하면서 농어민에게 판매 수익의 상당 부분이 돌아갈 수 있게 하고, 농어민이 판로 걱정을 하지 않고 본연의 농업, 어업 또는 가공품 생산에만 전념할 수 있는 구조를 확립하는 것이 전략적 6차 산업의 핵심 요소 중 하나라고 볼 수 있다. 이 때문에 이러한 공공적 역할을 수행하는 리더 기업은 이윤을 추구하는 기존의 민간 유통업체가 수행하기에는 현실적으로 어려움이 크므로 제3섹터 기업[2]이 담당하는 경우가 많다.

　리더 기업이 농어민의 마진율을 높여주는 것에 머물지 않고, 농수산물 직거래사업과 서비스업의 복합체를 형성하여 새로운 소득원을 창출하는 역할도 담당하고 있다. 지역의 식재료 사업, 요식업, 온천 사업, 숙박업, 관광농원 사업 등 관련 사업을 리더 기업이 종합적으로 경영하는 방식이다. 중요한 것은 농어민이 주도적으로 참여하여 새로운 소득 창출이 가능하도록 기회를 제공하는 점이다. 예를 들면 농산물을 생산한 농민이 리더 기업의 식당이나 숙박업소에 식재료나 가공식품을 공급하거나 농민이 직접 운영하는 숙박업소에서 투숙객에게 자신이 재배한 농산물로 음식을 판매하고, 자신의 농장에서 체험하는 서비스도 제공함으로써 부가적인 소득을 얻게 하는 방식이다. 이 과정에서 리더 기업은 관광객을 유치하거나 알선해주는 역할을 담당하고, 농민이 담당하기 어려운 서비스업 분야에서 수익을 창출한다.

한편 이 글에서 주목하는 것은 리더 기업의 역할을 담당하는 도로역의 기능이다. 지금까지 설명한 전략적 6차 산업이 농촌 현장에서 원활히 작동할 수 있었던 가장 주요한 요인이 도로역의 존재라고 평가할 수 있다. 그 대표 이유를 농산물 직거래 방식에서 확인할 수 있었다. 도로역의 직거래 방식은 기존의 산지 직송 방식과 많은 차이를 가지고 있었다. 기존의 산지 직송 방식은 농촌에서 생산한 농산물을 소비지인 도시로 운송해서 판매하는 형태이기 때문에 농산물 가격은 생산 비용 외에도 물류 비용과 판매 수수료 등이 추가되면서 산지 가격보다 비싼 가격에 판매되는 것이 일반적이다. 이러한 산지 직송 방식으로 농촌이 얻을 수 있는 매출은 농산물 납품 대금에 한정될 수밖에 없고, 납품 대금 중에서도 매우 일부분만 농어민이 순수입으로 가져갈 수 있는 구조다. 그러나 도로역에서 이루어지는 직거래 방식은 소비자가 생산지로 직접 가서 농산물을 구매하는 방식이므로 농산물 생산 비용 외에 물류 비용, 판매 수수료 등을 최소화하여 저렴한 가격에 농산물을 판매할 수 있다. 또한 농산물 판매 대금 외에도 관광, 요식업, 가공식품·기념품 제조와 판매 등을 통해 농가의 수입 구조를 다변화할 수 있다는 장점이 있다. 전술한 농수산물 직거래 사업과 서비스업의 복합체가 가능한 배경이다.

중요한 것은 얼마나 많은 소비자가 생산지까지 가서 농산물

---

2 제3섹터 기업은 주로 시정촌의 지자체 또는 지역 주민, 농협이나 수협, 사회적 기업 같은 곳에서 출자해서 설립하는 사례가 대부분이다.

을 구매할 것인가가 관건이 될 것이다. 일반적으로 도시의 소비자가 굳이 생산지인 농촌까지 가서 농산물을 구매하는 경우는 매우 드물다. 그러나 도로역은 기본적으로 국도나 지방도의 휴게소 기능을 담당하고 있고, 지역의 다양한 정보와 특산물 등을 쉽게 구할 수 있는 곳이며, 지역 간 주요 이동 경로 상에 위치하므로 농산물 구매의 목적이 아니더라도 다른 지역에 거주하는 소비자들이 자연스럽게 많이 방문하는 장소다. 관광객이 휴게소에 들렀다가 지역 특산물이나 기념품을 구매하거나 해당 지역을 자주 왕래하는 사람은 가는 길에 도로역에 잠시 들려 신선한 농산물을 구매는 경우가 많았다.

그뿐 아니라 도로역이 입지하는 곳이 대부분 농촌 지역이기 때문에 이 글에서 조사한 11개 도로역 인근 주민은 도로역을 지역의 상점, 슈퍼마켓, 마트와 같이 일상 생활에 꼭 필요한 새로운 형태의 상업 시설로 인식하고 있었다. 우리나라의 일반 휴게소와 다른 점 중 하나가 지역 주민의 이용률이 매우 높다는 사실이며, 11개 도로역은 지역 주민과 타지인의 비율이 평균 5:5 수준이었다. 또한 지역 농민 입장에서도 물류 비용 등을 감안해서 대량으로 출하하지 않아도 되므로 소량의 농작물을 판매 실적이나 농민의 사정에 따라 유연하게 납품할 수 있어 농사일의 부담을 경감할 수 있다.

일반적으로 과소 지역을 활성화하기 위해 외부의 자본이나 기업을 유치해서 사업을 추진하는 사례가 많다. 그러나 정작 지역 주민이 지역 활성화 사업에서 배제되거나 그 성과의 상당 부분을 외지인이 가져가는 경우가 많아서 결과적으로 '지역'은 활성화되었지만, '주민의 삶'은 그 혜택을 누리지 못하는 문제가 발생하는 사례가 많았다. 그러나 전략적 6차 산업의 모델로 운영되는 도로역은 지역의 자원, 자본, 사람, 법인 등을 기반으로 설립·운영되고, 그 경제적 성과도 지역 내부로 다시 순환되는 구조이기 때문에 과소 지역의 지속 가능성을 제고하는 데 기여하고 있다고 평가할 수 있다. 무엇보다 도시의 개발 방식이나 자본의 논리를 따르는 것이 아니라 농촌의 실정에 맞는 '농촌의 논리'로 운영 방식을 실천하는 것이 도로역의 가장 중요한 특징이라고 할 수 있다.

3. 에히메현의 도로역을 활용한 지역 활성화 전략과 새로운 장소의 탄생

3.1. 친환경 농산물 판매 거점: 우치코 가라리内子からり

가라리 도로역은 에히메현 우치코정内子町의 북쪽에 국도 56호선과 379호선이 분기하는 지점에 위치한다. 이곳은 1980년대까지 제재소가 있던 곳이었는데 지역의 목재 산업이 쇠퇴하자 2만제곱미터에 달하는 부지가 공터로 방치되었다. 지자체에서 이 부지를 매입해서 1994년에 '우치코 시장'을 개설했고, 지역 사회의 큰 호응을 얻어 2년 뒤에 현재의 직매장을 설립했다. 이후 지역 주민뿐 아니라 타지에서 방문하는 도로역 이용자 수도 많이 증가하면서 실질구매자 수[3]가 2009년에는 500만 명, 2019년에는 1,000만 명에 달했다. 2015년에는 국토교통성에서 선정한 전국 도로역 모델로 선정되었고, 2017년에는 내각총리대신상을 수상할 정도로 시코쿠 지방의 대표 도로역으로 성장했다.

이 도로역이 가진 여러 가지 특징 중에서 여타 도로역과 가장 차별화되는 부분은 '에코 우치코エコ内子 인증제도'라는 지역의 안심 먹거리를 제공하기 위한 농산물 안전 관리 체계다. 지자체와 함께 구축·운영하는 이 인증제도는 화학 비료와 화학 합성 농약을 5할 또는 3할 이상 줄여서 재배한 친환경 농산물을 인증해 주는 제도다. 또한 농림수산성의 지원을 받아 자체적으로 개발한 POSPoint Of Sales 시스템은 농산물 이력 추적 관리 시스템과 판매 정보 관리 시스템을 합쳐 놓은 것이다. 농산물의 생산 이력 관리, 출하, 수익 분배, 출하자의 운송비 산출 등 도로역 직매장의 실정에 맞게 개발된 관리 시스템이다. 매장 내에 설치된 바코드 인식기나 휴대폰으로 상품의 바코드를 찍으면 소비자가 해당 농산물의 생산 이력, 생산자 정보 등을 확인하면서 농산물을 안심하고 구매할 수 있도록 시스템을 구축했다. 이러한 제도와 시스템을 통해 우치코에서 재배되는 농산물에 대해서 지자체와 도로역이 그 품질을 관리하고 보증함으로써 지역 주민에 안전한 먹거리를 제공하고, 지역 농가는 안정적 판로를 확보하며, 관광객 등 외지인에게 지역의 이미지를 제고하는 등의 효과를 거두었다. POS 시스템을 안정적으로 운영하기 위해 시스템 개발 용역사업에 참여했던 개발자를 도로역에서 직접 고용해서 시스템의 고도화와 유지 관리 업무를 전담하게 함으로써 소비자로부터 높은 신뢰를 얻고 있다.

한편 기존의 농협이나 민간 유통업체에 납품하려면 상품성이 높은 농작물을 대량 생산해야 한다. 고령의 농민이나 소규모로 농사 짓는 영세 농민에게 이처럼 엄격한 기준은 상당한 부담으로 작용하고 있으며, 그로 인해 판로가 매우 제한적이어서 소득 향상을 기대하기 어려운 문제를 안고 있다. 그러나 도로역은 불과 몇 개에 불과한 과일, 채소 등의 소량 농산물도 납품할 수 있으며, 농민이 직접 납품하기 어려운 사정이 있는 경우에는 도로역 직원이나 다른 농민이 농산물을 수거해서 대신 납품하는 방식도 가능하다. 따라서 유통업체의 납품 기일이나 기준에 맞추기 위해 무리할 필요 없이 농민의 여건에 따라 언제든지 농산물을 출하할 수 있다.

이는 고령자 비율이 높은 농촌의 과소 지역에 새로운 가능성을 시사하는 대목이라고 볼 수 있다. 고령이나 영세한 농민들도 자신의 여건에 맞게 농사를 지속할 수 있도록 판로를 제공했다는 데 큰 의의가 있다. 농협이나 민간 유통업체의 경우 일정 규모 이상의 농산물만 매입하므로 대규모 농작이 어려운 고령층 농민은 판로를 찾는 데 어려움을 겪는 것이 현실이다. 농민들에게 현금을 지원해주는 일시적인 농업지원정책보다 이처럼 농민들이 자신의 본업인 농사를 지속할 수 있도록 안정적인 지역 사회 시스템을 구축하는 것이 더욱 근본적인 '농촌형 사회 안전망'을 구축하는 길이

---

3   실질 구매자 수는 도로역의 계산대를 이용한 사람만을 집계한 것이다. 구매자와 동행한 사람이나 계산대를 이용하지 않고 도로역의 휴게 시설만을 이용한 사람까지 포함하면 도로역 방문객 수는 이보다 더 많을 것으로 추정된다.

라고 평가할 수 있을 것이다.

　가라리는 지자체와 도로역뿐 아니라 지역 주민들의 노력도 두드러진 사례라고 평가할 수 있다. 가라리 직매장의 전신인 우치코시장이 운영되던 시기부터 조직된 '가라리 직매장 출하자 운영 협의회からり直賣所出荷者運營協議會, 이하 출하자협의회[4]'가 대표적이다. 도로역의 운영은 '㈜우치코 프레시파크 가라리内子フレッシュパークからり'에서 담당하지만, 직매장의 납품에 관한 사안은 전적으로 출하자협의회의 소관이기 때문에 직매장에 물건을 납품하려면 협의회 가입이 필수 조건이다. 출하자협의회는 납품 업무, 품질 관리, 점포의 환경 관리 등을 담당하며, 주민들의 자치기구이기 때문에 회원 간의 커뮤니티 기능뿐 아니라 일반 지역 주민이나 도로역 방문객과의 정기적 교류 행사를 통해 도로역을 단순한 농산물 판매 시설이 아니라 지역 사회의 교류 거점으로 활용하고 있다.

　가라리의 내부 자료에 따르면 도로역 전체 매출에서 직매장이 차지하는 비중은 60퍼센트에 달하지만, 직매장 매출의 84.4퍼센트를 출하자에게 배분하며, 가라리에서 직영하는 레스토랑, 빵집, 아이스크림 가게, 햄과 소시지 가게 등의 수익금으로 도로역을 운영하고 있다. 전체 직원 70명 중에서 65명이 우치코정에 거주하는 주민이며, 가라리에 농산물을 납품하면 안정적인 수입을 보장 받을 수 있다는 소문이 전해지면서 다른 지역에서 우치코정으로 전입해온 농민이 50여 명에 달했다. 가라리가 직영하는 빵집 등에서 일하는 직원들도 인근 도시에서 우치코로 전입했을 정도로 지역 사회에서 도로역이 미치는 파급 효과는 상당한 것으로 파악되었다. 무엇보다도 가라리에서 판매하는 친환경 농산물을 구매하기 위해서 인근 도시 지역에서 도로역을 방문한 사람들이 농산물만 구매하고 돌아가는 것이 아니라 도로역 인근의 식당, 관광지, 상가 등을 방문하는 경우가 많아 지역 경제 활성화에도 실질적으로 기여했다. 전술한 전략적 6차 산업의 모델이 가라리에서도 작동했음을 확인할 수 있었다.

3.2. 농축산물 가공식품 생산 거점:
기나하이야 시로카와きなはい屋しろかわ

기나하이야 시로카와 도로역은 에히메현과 고치현高知県 사이의 산간 지역을 통과하는 국도 197호선에 위치하며, 세이요西予시 시로카와城川지소(구 시로카와정)의 길 건너편에 입지하고 있다. 도로역의 부지 자체는 1980년대에 구로세카와강黒瀬川의 하천 직강화 과정에서 새로 만들어진 땅이다. 조성 이후 한동안 논으로 이용되던 토지에 1994년 당시 시로카와정이 특산품 센터를 설립했고, 1997년부터 현재의 도로역으로 운영되고 있다. 관계자 설명에 따르면 이곳의 1일 평균 방문객 수는 약 2,000여 명에 달하며, 그중 1/3 정도는 지역 주민이라고 한다. 이는 도로역이 시가지와 가까운 곳에 있고, 인근에 식료품이나 생필품을 구매할 수 있는 변변한 편의점이나 상가가 없어서 국도 이용자뿐 아니라 지역 주민

4　2019년 기준 회원 수는 401명이며, 그해에 실제로 물건을 납품한 회원은 385명이었다.

에게도 도로역은 일상적으로 방문하는 편의점과 같은 중요한 상업 시설로 인식되고 있었다.

한편 도로역에서 북쪽으로 약 200미터 떨어진 곳에 '시로카와 자연농장'이라는 농산물 가공공장이 있다. 이 지역에서 생산되는 밤, 토마토, 유자 등을 가공하여 도로역에 대부분 납품하고, 일부는 인근 도시의 백화점이나 공항에 납품하고 있었다. 이 자연농장과 도로역 모두 제3섹터 회사인 '㈜시로카와 팩토리城川ファクトリー'가 운영하고 있다. 1994년 구 시로카와정에서 설립했던 '시로카와정 산업개발공사'가 2004년 헤이세이 대통합 때 제3섹터로 변경되었다. 두 시설 이외에도 축산물 가공공장인 '시로카와 목장', 온천 시설 '구아테르메 호센보クアテルメ宝泉坊', 숙박 시설 '호센보 롯지宝泉坊ロッジ' 등을 운영하고 있다. 즉 지역 농민이 생산한 농축산물을 이용해서 산지에서 식품으로 가공(2차 산업)하고, 이를 다시 산지에서 직접 판매하거나 소비할 수 있는 서비스업(3차 산업)까지 하나의 기업에서 모두 운영하는 형태다. 이는 농민이 생산한 농축산물을 중간 유통단계 없이 산지에서 직접 가공·판매하기 때문에 일반 유통업체에서 판매되는 상품과는 품질과 가격 측면에서 차별화된 경쟁력을 갖출 수가 있고, 도로역이라는 안정적인 판로가 확보되어 있으므로 농민들은 농사에만 집중하여 양질의 농산물을 생산할 수 있는 체계를 구축하는 것이다. 이 때문에 소비자도 이 지역의 농산물과 가공식품에 대한 신뢰도가 높아 다른 지역에서 통신 판매로 많이 주문하는 것을 현장에서도 확인할 수 있었다.

이처럼 시로카와 팩토리의 '농촌 맞춤형 기업 운영 방식'이 가

장 큰 특징이라고 할 수 있다. 이 기업에 종사하는 직원 상당수가 지역 농민들로 구성되어 있었다. 이곳에서 생산하는 주요 특산품은 밤으로 만든 화과자인 구리킨톤栗きんとん과 밤만주를 비롯해서 제빵용 밤 페이스트, 지역 특산물 유자를 이용하여 만든 유자 콜라와 유자 후추 등이 있다. 이것들을 생산하는 가공 공정에 농민들이 직접 노동자로 참여하고 있었다. 이 공장의 종사자 수는 주요 작물의 수확 시기에 맞추어 유연하게 달라진다. 최대 30여 명에 이르는 종사자는 모두 시로카와 지역 주민이다. 농작물을 납품하는 농민이 농한기에 공장에서 파트 타임으로 일을 하는 경우가 많다. 이 지역에서 밤을 재배하는 총 100여 명 농민 중에서 일부는 이 공장에서 파트 타임으로 일하면서 자신이 납품한 밤을 직접 가공하는 일도 맡고 있다. 농산물을 재배해서 납품하는 것으로 농민의 역할이 끝나는 것이 아니라 농산물의 가공·판매까지 전 과정에 참여함으로써 농작물과 가공식품에 대한 책임감, 지역 특산물에 대한 자부심 등을 높이고 농업을 지속할 수 있는 동기 부여와 의욕을 고취하고, 무엇보다도 가장 중요한 의미는 새로운 소득원의 창출일 것이다.

한편 축산물 가공공장인 시로카와 목장에서는 시로카와 지역을 비롯한 에히메현 내에서 사육되는 돼지를 가공하여 특산품인 수제 햄과 소시지를 생산하고 있다. 1983년부터 시로카와정에서 지역의 농산물을 이용한 특산품을 개발하기 위한 노력을 시작했고, 1991년에 이르러 '식육食肉 가공센터'를 설립하고 자체적인 기술자를 채용하여 독일인 기술자로부터 직접 기술을 전수 받거나 관련 업계에 파견을 보내면서 시로카와 고유의 수제 햄과 소시지 개발에 성공했다. 정통 유럽식 수제 햄을 생산하기 위해 유럽산 향신료를 직수입하거나 냉동육을 전혀 사용하지 않는 등 엄선된 재료와 제조 비법으로 다른 제품과는 차별화된 품질을 유지하기 위해 많은 노력을 해왔다. 이 공장에서 돼지를 가공해서 햄과 소시지를 만드는 일은 모두 지역 주민이 담당하고 있으며, 목장의 설립 당시부터 시로카와정의 지역 안배 차원에서 농장과 도로역, 목장, 온천 등의 시설을 각기 다른 위치에 설립하여 지역 전체가 균형 있게 발전할 수 있도록 고려했다.

요컨대 시로카와 농가에서 생산한 농축산물을 시로카와 자연농장과 목장으로 납품하면 농민들이 다시 목장과 농장에 가서 농축산물을 가공하여 특산품을 생산하고, 이를 도로역이나 온천, 숙박 시설에서 판매하고 소비하는 체계를 구축하고 있다. 이 모든 것이 시로카와 지역 내에서 이루어지고 있으며, 매출 대부분은 지역 주민에게 임금, 물품 대금 등의 형태로 배분되고 있다. 이는 1980~1990년대부터 시로카와 주민의 고용 안정과 농가의 소득 향상 방안을 지역 사회가 고민하기 시작했고, 오랜 기간 민관이 협력하여 만들어낸 결과물이라고 평가할 수 있다.

3.3. 사이클투어 거점: 다타라 시마나미 공원多々羅しまなみ公園

다타라 시마나미 공원 도로역(이하 다타라 도로역)은 세토내해의 오미시마大三島 섬에 있다. 행정 구역상으로는 이마바리시今治市에 속한다. 다타라는 입지부터 일반적인 도로역과 차이점이 있다. 혼

슈와 시코쿠를 연결하는 니시세토 자동차도西瀬戸自動車道, 일명 시마나미해도(しまなみ海道)에 위치한다는 점이다. 즉 일반적으로 통행료가 무료인 국도나 지방도에 위치한 도로역과 달리 유료 도로인 고속도로 나들목 초입에 있어서 오미시마 주민은 도로역 이용에 어려움이 없지만, 고속도로 이용자나 인근 섬 주민들은 나들목에서 통행료를 지급해야 도로역을 이용할 수 있는 구조이기 때문에 접근성 측면에서는 유리한 입지 조건이라고 보기 어렵다.

　그러나 이곳은 지자체의 보조금을 전혀 받지 않고 운영될 정도로 양호한 경영 실적을 보여주고 있다. 다타라 도로역 매니저는 그 주요 원인으로 사이클 투어리즘cycle tourism의 영향을 꼽았다. 사이클 투어리즘은 말 그대로 자전거로 여행하는 것을 말한다. 시코쿠 지방뿐 아니라 최근 일본 전 지역에서 새로운 지역 활성화 방안으로 주목 받고 있다. 다타라 도로역이 위치한 시마나미해도는 '사이클리스트cyclist의 성지'로 불리며 국제적인 자전거족의 성지 순례 코스 중 하나로 손꼽히는 곳이다. 히로시마현 오노미치시尾道市와 에히메현 이마바리시 사이의 세토내해를 가로지르는 시마나미해도를 따라 조성된 자전거길은 최단 코스가 70~80킬로미터에 달한다. 하루 만에 완주가 가능한 거리이지만, 1박 2일에 걸쳐서 자전거길 주변의 다른 장소도 방문하면서 완주하거나 구간별로 나눠서 투어하는 경우가 많다. 그림3에서 보는 바와 같이 다타라 도로역은 시마나미해도의 중간 지점에 위치하고 있어서 자전거 여행객에게는 매우 중요한 거점이다.

　도로역에서는 자전거 여행객을 위한 다양한 편의 시설과 서

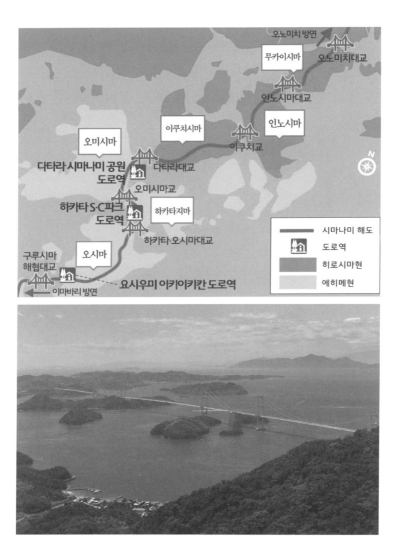

그림3 시마나미해도의 전체 경로(위)와 구리시마 해협대교의 모습(아래)

비스를 제공하고 있다. NPO법인 '시클로투어리즘 시마나미シクロ ツーリズムしまなみ'[5]가 자전거도로의 주요 지점에 자전거를 위한 휴게소라고 할 수 있는 '사이클 오아시스サイクルオアシス'가 설치되어 있다. 에히메현에서 지역 진흥 사업의 일환으로 지원한 사업이다. 도로역이 자동차 이용자를 위한 휴게소라면, 사이클 오아시스는 자전거 이용자를 위한 시설인 셈이다. 에히메현의 여러 자전거 여행 코스에 있는 도로역은 대부분 사이클 오아시스가 함께 설치되어 있다. 이곳에는 식수, 공기 주입기, 자전거 경정비, 사이클 전용 거치대, 자전거 코스 정보, 샤워장, 휴게실 등 자전거 여행객을 위한 다양한 편의 시설이 갖춰져 있다. 또한 대여용 자전거도 비치되어 있다. 시마나미해도를 따라 총 13곳에 설치된 렌탈사이클터미널의 어느 곳에서도 대여와 반납을 할 수 있어 누구나 현지에서 자전거 여행을 자유롭게 즐길 수 있도록 시스템이 갖추어져 있다.

다타라 도로역 매니저의 설명에 따르면 주말이나 방학 시즌에 가족 단위 또는 단체 사이클 여행객들이 도로역을 많이 찾기도 하지만, 가장 큰 비중을 차지하는 것은 서양 관광객이라고 한다. 많은 관광객이 해안도로와 해상 다리를 건너 다타라 도로역까지

---

5 2009년에 설립된 '시클로투어리즘 시마나미(CycloTourisme Shimanami: CTS)'는 오감을 이용하여 지역을 온몸으로 체감하면서 즐기는 자전거 여행을 통해 지속가능한 지역만들기를 지향하는 민간비영리단체이다. 사이클 오아시스와 자전거 코스의 정비, 사이클 트레인 운행, 가이드 투어나 각종 행사 기획·운영, 숙박시설 운영, 가이드 북 제작 등 사이클 투어리즘 관련 다양한 활동을 전개하고 있다.

오는 것은 자전거를 타면서 직접 체감하게 되는 바닷바람과 냄새, 바다와 섬이 만들어내는 풍경 등 이 지역에서만 느낄 수 있는 자연적인 매력이 첫 번째 요인으로 손꼽히고 있다. 그뿐 아니라 도로역의 각종 편의 시설과 상점, 야영장을 비롯한 다양한 숙박 시설, 온천, 해수욕장, 전망대, 역사민속자료관, 크루즈 선착장, 인공 낚시터 등 사이클투어 외에도 즐길 수 있는 지역의 관광 자원이 다타라 도로역 일대에 집중되어 있어서 많은 관광객이 방문하고 있으며, 다타라 도로역은 사실상 오미시마 섬 전체의 관문 역할을 수행하고 있다고 볼 수 있다.

다타라 도로역 부지는 원래 농경지였던 곳을 도로역으로 개발한 것이다. 일반적으로 제3섹터나 지자체 등 공공단체에서 도로역을 설립·운영하는 것에 비해 이곳은 민간회사인 '주식회사 시마나미'에서 운영하고 있다. 이 업체는 시마나미해도에만 총 3개의 도로역을 운영하고 있다. 다타라 도로역 외에도 하카타 S·C파크伯方S·Cパーク, 요시우미 이키이키칸よしうみいきいき館을 함께 운영하고 있다그림3. 처음에는 이마바리시에서 도로역 사업을 기획했고 당시에는 지자체 보조금도 지원 받았지만, 현재는 보조금 없이 순수하게 민간 자본으로만 운영하고 있다. 다타라의 종업원 수는 40여 명으로 대부분 오미시마를 비롯한 인근 섬 주민이고, 에히메현의 다른 도로역에 비해 직원 수가 비교적 많은 수준이다. 이는 내부 시설이나 점포를 임대하지 않고 직접 운영하기 때문이다. 도로역이 섬에 입지하는 특성상, 농산물 위주로 상품이 구성된 다른 도로역의 직매장과 달리 다타라의 식당이나 특산물 매장에서는 해

산물 위주의 메뉴와 상품이다. 섬에서 재배되는 감귤을 비롯한 과일을 일부 판매하고는 있지만, 섬 주민들이 잡아 온 해산물 위주로 판매하고 있다.

3.4. 지역 커뮤니티 거점: 히요시 유메산치日吉夢産地

히요시 유메산치 도로역은 320번 국도변의 구 히요시촌日吉村 상점가와 인접한 곳에 있다. 구 히요시촌에서 설립한 직거래 매장이 도로역의 전신이다. 1994년에 설립된 도로역을 운영하는 회사는 민관협력사업으로 설립되었고, 현재 제1주주는 기호쿠정鬼北町이다. 직원은 24명으로 구 히요시촌의 주민뿐 아니라 인근 유스하라정梼原町, 마쓰노정松野町, 세이요시 시로카와 지역 주민도 포함되어 있다. 도로역 매니저 설명에 따르면 일일 방문 고객은 평일 200~300명, 휴일 500명 수준이다. 지역 주민과 도로역 이용자(타지역) 비율이 반반 정도라고 한다. 구 히요시촌의 중심 상점가 맞은편에 자리 잡고 있어서 지역 주민이 많이 방문하는 편이다. 상점가에도 슈퍼마켓은 있지만, 도로역이 그보다 많은 종류의 물건을 판매하고 있어서 주민들은 도로역을 일상에서 자주 방문하는 '마트'로 인식하고 있었다.

히요시 유메산치는 중심 시가지와 가깝다는 이점을 활용하여 기존 지역 상권에서 부족했던 서비스업 기능을 보완하는 전략을 전개했다. 예컨대 기존 상점가에 빵집이 없었는데 2009년부터 도로역에서 직접 빵을 만들 수 있는 시설을 구비하고 독자적인 기술을 개발하여 이곳에서만 맛볼 수 있는 빵을 생산하고 있다. 특히 히요시 지역에는 많은 사람이 모일 수 있는 연회장과 같은 시설이 없다는 점에 착안하여 약 100여 명을 수용할 수 있는 식당을 도로역 내부에서 운영하면서, 식당을 연회장으로 대여하고 있다. 이에 따라 크고 작은 지역의 행사들이 도로역의 식당에서 개최하는 것이 자연스러운 일이 되었으며, 전체 인구가 1,100여 명 (2021년 기준)에 불과한 히요시 지역의 '마을회관' 같은 역할을 수행하고 있다.

도로역의 식당 시설을 활용하여 주민들과 교류하는 정기 이벤트도 다양하게 개최하고 있었다. '1,000엔 뷔페'가 대표적이다. 식당이 만든 음식을 1,000엔에 판매하는 것이 아니라 지역 주민들이 각자 만든 음식을 모아서 도로역 식당에서 뷔페를 여는 것이다. 고객은 1,000엔만 내면 향토음식을 마음껏 먹을 수 있으며, 음식을 만들어 온 주민에게는 도로역 측에서 소정의 사례비를 지급하는 방식으로 진행된다. 월 2회 열리는 이 행사에 200~300명 정도가 꾸준히 참여할 정도로 지역의 대표적 주민 교류 행사로 자리잡았다고 한다.

지역 주민에게 도로역의 식당 못지않게 중요한 시설이 도로역 주차장에 설치된 야외 무대다. 관광객들은 야외 무대 옆에 있는 5미터 높이의 도깨비 모자상인 '유키히메柚鬼媛' 앞에서 인증사진을 찍는 핫스폿으로 알고 있지만, 지역 주민에게 연간 7~8회의 행사가 개최되는 야외 무대와 도로역의 주차장은 지역 주민 교류의 핫스폿이라고 할 수 있다. 예를 들어 지역의 대표 행사인 '부자에몬 후루사토 마쓰리武左衛門ふる里まつり'[6]는 30년 이상 지속된 지

역의 가장 큰 축제다. 과거에는 인근 초등학교 운동장에서 거행되었지만, 도로역이 개업한 이후 이곳으로 행사장을 옮겨왔다.

이처럼 도로역이 과소 지역에서 경제적 측면에만 기여하는 상업 시설이 아니라 지역 사회의 커뮤니티 거점으로 기능함으로써 과소 지역의 새로운 중심지로 자리매김하고 있다. 그 외에도 도로역이 많은 사람을 수용할 수 있는 시설이기 때문에 구 히요시촌 시절부터 재난 피난처로 지정되어 '휴식 기능', '정보 발신 기능', '지역 연계 기능' 이외에 최근 도로역의 주요 기능으로 주목 받는 방재 기능도 수행하고 있다.

4. 도로역을 이용한 새로운 장소 만들기

이 글에서 살펴본 도로역은 과거 유휴 부동산이거나 농지였던 부지에 새롭게 설립된 것이 대부분이었다. 외부 자본이나 기업 유치 없이 지역 사회의 노력만으로 도로역을 운영하고 지역을 대표하는 새로운 장소로 자리매김하는 모습을 현지 조사과정에서 확인할 수 있었다. 이 글에서 소개한 4개의 도로역 사례도 친환경 농산물 판매 거점, 농축산물 가공식품 생산 거점, 사이클 투어 거점, 지

---

6   간세이(寬政) 2년(1790년) 어용상인의 종이 전매권 독점에 항거하여 히요시촌의 농민 부자에몬(武左衛門)이 주민 7,500명 이상을 포섭하여 일으킨 봉기를 부자에몬 잇키(武左衛門一揆)라고 한다. 이를 기념하기 위한 축제를 말한다.

역 커뮤니티 거점으로 새로운 장소성을 각각 확립하고 있었다. 이러한 장소성은 도로역만의 특성에 따라 형성된 것이 아니라 지역의 산업, 관광 자원, 주민, 지역 사회 등 지역의 다양한 주체와 자원이 도로역으로 집약되어 만들어진 것이라고 볼 수 있다. 즉 각각의 과소 지역이 지닌 지역성을 무리하게 가공하거나 재해석해서 인위적이고 부자연스러운 장소 만들기를 하지 않고, 지역의 사람·자연·경제·문화·사회 등을 하나의 지역 네트워크로 연결하고 외부 세계와 이어주는 매개체로 도로역이라는 장소가 기능하고 있다고 볼 수 있다. 이는 도시를 중심으로 형성된 소비 사회의 네트워크와는 달리 도로역을 중심으로 형성된 지역 네트워크는 농촌의 생산자를 중심으로 만들어진 네트워크라고 할 수 있으며, 그 지역 네트워크의 허브 역할을 수행하는 장소가 도로역인 것이다.

도로역은 지역 사회와 연계되는 복합 연계 공간으로, 이전에는 단지 지나가버리던 외지 운전자들에게 지역이 친숙하게 다가가게 하는 '매개적 공간'의 의미를 가지고 있었다. 기존의 고속도로 휴게소는 지역과 사실상 단절된 공간이었다. 왜냐하면 지역 주민은 톨게이트를 통과해서 고속도로를 이용하지 않는 이상 휴게소를 이용할 수가 없고, 휴게소를 운영하는 주체나 매장의 점주가 타지인인 경우가 많으며 휴게소에 공급되는 식자재나 공산품 등 역시 해당 지역에서 생산된 것을 이용하는 경우가 드물기 때문에 휴게소가 새롭게 입지를 하더라도 해당 지역에 미치는 파급 효과는 매우 제한적일 수밖에 없다. 그러나 도로역은 대부분 국도나 지방도에 위치하고 있어서 지역 주민도 자유롭게 이용할 수 있으며,

지역에서 생산되는 농산물이나 가공품 등을 도로역의 주요 상품으로 판매하고 있어 지역 경제와 매우 밀접한 관계를 맺고 있다. 즉, 도로역이라는 장소는 지역 내부 네트워크와 외부 네트워크가 서로 연결되는 접점인 것이다.

　상품의 대량 매입, 대량 판매에 집중하는 도시의 유통업체와 달리 도로역은 농촌 주민들의 실정에 맞는 지역 맞춤형 운영 전략과 생산에서 가공, 판매에 이르는 전 과정을 지역 주민이 참여하고 수입이 지역으로 환원되는 방식의 로컬푸드 직매장을 운영하고 있다. 이처럼 도로역의 기본 운영 전략은 전략적 6차 산업 모델에 기반하고 있으며, 도로역에서 창출되는 경제적 성과는 지역 내부로 다시 선순환되는 구조를 가지고 있다. 이는 과소 지역의 지속 가능성을 제고할 수 있는 새로운 가능성을 제공하고 있다고 볼 수 있다. 한편 도로역은 농산물, 특산품만 판매하는 단순한 직매장이 아니라 휴게 기능, 정보 발신 기능, 지역 연계 기능, 지역 산업 진흥, 방재 기능 등 지역 주민과 외지 방문객에게 필요한 시설과 기능이 복합적으로 융합된 '과소 지역의 새로운 생활·경제 중심지' 성격을 띠고 있다. 과거 근대 도시가 '철도역'을 중심으로 새로운 상업 지역을 만들었던 것처럼 농촌의 과소 지역에서는 '도로역'을 중심으로 지역의 공간 구조, 산업 체계, 지역 사회 등이 재편되는 과정이라고 볼 수 있다.

참고 문헌

山本久義, 『戦略的6次産業と「道の駅」』, 泉文堂, 2015.

関満博・酒本宏, 『道の駅: 地域産業振興と交流の拠点』, 新評論, 2016.

藤澤研二, 「ブームの「道の駅」は「地方創生」の1つの拠点に成り得るか?:
　　　経営主体の力量と運営を支援する仕組みがポイント」, 『江戸川大学紀要』,
　　　第26巻, 江戸川大学, 2016.

이호상, 「일본 지방 중소도시의 유료주차장 확산과 중심시가지의 공동화:
　　　가가와현(香川県) 다카마쓰시(高松市)를 사례로」, 『한국도시지리학회지』,
　　　제22권1호, 한국도시지리학회, 2019.

道の駅公式ホームページ, https://www.michi-no-eki.jp/(2020년 8월 7일 검색).

国土交通省, https://www.mlit.go.jp/road/Michi-no-Eki/third_stage_index.html
　　　(2021년 4월 27일 검색).

広島県観光連盟, https://www.hiroshima-kankou.com/feature/island/
　　　shimanami(2021년 5월 20일 검색).

シクロツーリズムしまなみ, http://www.cyclo-shimanami.com/about/
　　　(2020년 11월 15일 검색).

2부

장소자산의 재현과 상상

문학 도시 '하이토俳都'
마쓰야마松山의 창출과 계승

문순희

1. 역사와 문화의 관광 자원화

지방 경제 활성화를 위해 지역에서 발생한 역사적 사건 혹은 지역 고유의 문화와 관련이 있는 장소를 찾아내고 특별한 의미를 부여한 후 해당 장소나 건축물을 관광자원으로 자산화하는 작업은 오랫동안 많은 지자체에서 실행해왔다. 국가가 역사나 문화적 요소를 가진 공간을 자산으로 인식하기 시작한 것은 근대 이후의 일이며 20세기 초 관광 여행이 유행하면서 많은 장소가 관광자원으로 자산화되었다.

예컨대 일본 주고쿠中國 지방과 시코쿠 사이에 있는 바다를 '세토내해'라고 부르고 문화적인 공간의 가치를 발견한 것은 에도 시대 말기이다. 이때 바다 전체를 하나의 '내해'로 보는 개념이 발생했다. 이후 세토내해의 경관은 근대 관광의 유행과 함께 이 지역을 안내하는 안내서에 아름다운 여행지로 소개되었다. 세토내해는 1934년 일본에서 처음으로 국립공원의 하나로 지정되었다. 당시 발간된 세토내해 안내서에는 자연 경관과 더불어 전적과 같은 역사 유적지, 사찰, 그리고 마을의 전래 이야기 등 인문학적 경관 등이 명승지에 포함되었다. 이때 만들어진 세토내해의 지리적 심상은 대체로 섬과 항구, 온화한 기후, 온천, 전통 산업 등이었다(橋爪紳也, 2014). 이와 같이 1930년대 안내서에 나타난 지리적 심상은 현재와 비교해도 크게 차이가 없으며 지금까지 관광 자원으로 이용되고 있다.

이 글은 근대에 형성된 경관 체계 속에 만들어진 문화적인 장소자산이 현재도 여전히 관광 자원으로 이용된다는 점에 주목하여, 일본의 지방 도시인 에히메현 마쓰야마가 일본 운문 문학의 장르인 '하이쿠俳句'의 '하이토俳都'라는 이미지를 구축하는 과정을 통시적으로 살펴보고자 한다. 구체적으로 근대 하이쿠의 발생지로 알려진 마쓰야마가 역사적으로 어떻게 문학 도시의 위상을 가지게 되었는지 근대 마쓰야마에서 발간된 시대별 안내서를 통해 확인해보기로 한다. 지역을 소개하는 안내서에는 도시의 특정 부분을 보여주는 부분에서 저자 또는 출판자의 의도와 목적이 구체적으로 나타나 있다. 특히 지역에서 간행한 안내서의 경우 도시 경관의 연속성과 불연속성이 더 잘 나타나있다.

현재 마쓰야마는 마쓰야마성松山城을 랜드마크로 한 조카마치城下町 도시, 도고道後 온천이 있는 온천 마을, 하이쿠 시인 마사

그림1 JR마쓰야마역 앞 시키의 하이쿠 구비
(마쓰야마시 공식 관광WEB사이트)

오카 시키正岡子規 이하 시키의 출생지이자 근대 하이쿠의 발생지, 나쓰메 소세키夏目漱石 이하 소세키의 소설 『도련님坊っちゃん』과 시바 료타로司馬遼太郎의 소설 『언덕 위의 구름坂の上の雲』의 배경이 된 역사 도시이자 문학 도시로 유명하다. 실제로 마쓰야마에서는 하이쿠, 시키, 소세키, 소설 『도련님』과 관련된 장소가 관광 자원으로 활용되고 있다. 특히 근대 하이쿠의 발생지를 기념하기 위해 에히메현 내에 천 개가 넘는 하이쿠 비석이 세워져 있다.그림1 이러한 문화적인 자산이 도시민의 정체성과 마쓰야마라는 장소성을 결정 짓는데 중요한 역할을 하고 있음은 말할 것도 없다. 마쓰야마에서

현재도 지속되는 문학 도시로서의 정체성이 어떻게 구체화되고 전후에 어떻게 그 전통이 계승되어왔는지 그 과정을 검토하는 것이 본 글의 목적이며, 근대 지역 문화의 형성 과정을 살펴보는 사례 연구이기도 하다.

2. 근대 역사도시와 마쓰야마

우리 시는 일본에서 가장 오래된 도고온천, 관광객과 시민의 휴식처 도고호쇼엔道後放生園, 마쓰야마성과 니노마루 사적정원二之丸史跡庭園, 인간 마사오카 시키의 생애와 업적을 소개한 시키기념박물관子規記念博物館 외에도 탁월한 자연과 경관, 그리고 많은 사적, 문화재, 하이쿠 비석을 비롯한 전통 있는 지방 문화를 관광 자원으로 하고 있습니다(마쓰야마시 홈페이지 2023. 3. 16. 검색).

위 글은 마쓰야마시의 홈페이지 관광·국제교류과의 안내 화면에 나오는 소개글이다. 이 글에 보이는 것처럼 '전통 있는傳統ある' 지방 문화는 마쓰야마뿐 아니라 일본의 지방 도시나 마을에서 관광지를 소개할 때 중요한 키워드로 사용된다. 말하자면 '전통 있는' 사회에서 발달한 문화는 지방 특색을 구축하는 데 중요한 요소가 되고 있다.

시코쿠에 위치한 마쓰야마는 일본 내에서도 역사, 그리고 문화와 관련된 유적을 관광 자원으로 사용하는 대표적인 지방 도시이자 역사·문학 도시다. 현재 에히메현의 현청 소재지인 마쓰야마시는 에도 시대 마쓰야마번松山藩으로 15만석의 조카마치였다. 1871년 폐번치현廃藩置県 이후 이 지역에 있던 8개의 크고 작은 번이 여러 번에 걸쳐 통합되면서 에히메현이 되었다. 일본의 많은 도시가 그러하듯이 에히메현은 과거 에도 시대의 번들이 통합되면서 형성되었기 때문에 해당 지역 내 주민들이 가진 향토 인식은 조금씩 상이하다. 이런 일본의 지역 특성을 고려했을 때, 지방 조카마치가 현청 소재지가 된 마쓰야마는 한 도시의 전통적인 향토 인식과 그 변화 과정을 잘 보여줄 수 있다.

현재 일본에서는 오랜 역사 도시인 교토京都와 나라奈良를 '고도古都', 상업 도시인 오사카를 '상도商都', 군사 도시인 히로시마를 '군도軍都'와 같이 불러 도시의 특성이나 역사를 강조한다. 이와 같이 다양한 특징을 가진 도시 중 '고도古都'라고 불리는 교토나 '조카마치'로 유명한 가나자와金澤 같은 경우에는 도시의 경관 자체를 문화재로 보호한다. 이 도시에서는 오래된 건축물과 거리를 보존하여 역사의 한 장면을 시각적으로 보여주고 있다. 시각적인 것 외에도 거리에는 역사 체험이 가능한 공간들이 조성되어 있다.

이와 같이 일본에서 전통 도시로 소개되는 지역은 대체로 역사 속 특정 시기의 시대상을 선택하고 특색을 부여한 것이다. 말하자면 일본의 역사 도시는 각 지역이 가지는 독자적인 지방색에 '역사적 시대'를 배분하고, 지역 고유의 '역사'에 가치를 부여한 것이다. 고도 교토와 신도 이세와 같은 일본의 주요 역사 도시는 국가 주도적 정책 아래 개발되었다(高木博志編, 2013). 국가의 주도로 개발된 역사 도시는 국내외 여행객이 방문하는 관광지가 되었다. 각 도시에서 판매한 기념 엽서나 여행 안내서에 찍힌 여러 장의 대표적 이미지는 해당 도시의 경관을 상징했다.

19세기 말부터 국가가 주도적으로 정책을 펼쳐 역사 도시를 구축했던 주요 도시와 달리 지방 도시가 역사 경관을 보존하고 관광자원으로 이용하게 되는 것은 그보다 늦은 시기로 보인다. 그러나 지방 소재 조카마치에서도 일찍이 '전통 있는' 도시의 정체성을 인식했던 상황이 확인된다. 이를 보여주는 대표 사례가 공진회共進會를 비롯해 각 지방에서 개최한 박람회다. 대표 박람회인 내국권업박람회內國勸業博覽會는 정부의 권업정책 아래 신기술이나 신상품을 널리 보급하는 것을 목적으로 했다. 박람회에는 신기술을 전시하는 전시장 외에도 각 지역에서 생산한 상품을 진열하는 특상품 진열소가 별도로 마련되어 있었고 특상품 진열소에는 각 지역의 주요 생산품이 소개되었다. 여기서 전시된 '특상품'은 지역 이미지를 대신하는 역할을 수행했다. 이처럼 국가가 주관하는 내국권업박람회 외에도 각 지역이 주도적으로 지역의 특산물을 홍보하기 위해 물산박람회를 개최했던 것이다.

마쓰야마에서도 일찍이 1878년 마쓰야마 물산박람회物産博覽會를 개최했다. 이때 박람회 개최지로 마쓰야마성 공원이 선택되었다. 단지 많은 인원을 수용할 수 있는 장소라는 측면만을 고려해서 개최지를 선택한 것이 아니라며, 개최지 선정 과정에서 해당 지역을 상징하는 건물이나 장소를 적극적으로 선택했던 것이다. 오로지 수용 가능한 공간만을 생각했다면 성지 외에도 사찰이나 신사라는 공간도 있었다. 당시 대부분의 성지는 육군성이 관리하면서 이후의 활용 방안이 결정되지 않고 있었기 때문에 오히려 대여 절차가 훨씬 복잡했다. 그런 성지를 일부러 박람회의 개최지로 선택한 배경에는 과거 폐쇄된 공간인 성곽과 천수각天守閣이라고 하는 권위적 상징 공간을 개방함으로써 근대 사회로서의 변혁을 공간 체험으로 지각하는 것과 동시에 성지 내를 궁금해하는 시민들의 욕구를 이용하여 박람회의 수용 효과를 노린 것으로 보인다(野中勝利, 2006).

　마쓰야마성의 경우 다른 성곽과 달리 1873년 폐성령廢城令이 내려지면서 일시적으로 내무성內務省 소관이 되었지만, 이듬해 내무성이 에히메현에 마쓰야마성을 무상으로 돌려주면서 슈라쿠엔聚樂園이라는 이름으로 공원화되어 개방되었다.[1] 조카마치를 상징하는 천수각은 에도 말기부터 메이지 초기의 전란으로 대부분이 소실되었다. 천수각이 남아 있는 마쓰야마에서는 일찍부터 이를 공원화하고, 전통 있는 역사를 간직한 지역의 상징적 건축물이자 렌드마크로 활용하고자 했던 것으로 보인다. 말하자면 성지라는 역사적 공간을 이른 시기에 시민에게 개방함으로써 지역을 상징하는 공간으로 만들었다. 이러한 지자체의 시도는 역사 도시라는 이미지를 확립하는 데 많은 기여를 했던 것으로 보인다.

3. 안내서로 본 문학 도시 '하이토' 마쓰야마의 창출 과정

3.1. 1900년~1910년대

마쓰야마는 예로부터 이름난 도고온천의 온천 마을을 근교에 두고 있었다. 도고온천은 에도 시대 마쓰야마 번주가 시설을 확충할 정도로 오랫동안 지역에서 소중한 자산으로 인식되었다. 폐번치현 이후 1894년에 도고온천 본관을 개축할 정도로 우선적으로 관리해야 할 지역 자산으로 간주했다. 20세기 초에 출간한 안내서에는 도고온천을 설명하는 내용을 부가적으로 기록할 정도이다. 하지만 마쓰야마에 관해서는 도고온천의 근교 도시 외에 따로 기록한 내용은 없었다. 마쓰야마가 자체적으로 안내서를 간행하고 지역 특색을 표출하기 시작한 것은 1900년대 후반으로 보인다. 근대 이후 마쓰야먀에서 간행된 지역(여행) 안내서는 다음 표 1과 같다.[2]

마쓰야마에서 간행한 안내서는 다카하마 교시高濱虛子, 이하 교시가 저술을 담당했던 『마쓰야마·도고 안내松山道後案內』(1904)가 최초로 확인된다. 그러나 아쉽게도 본서의 실물은 확인되지 않는다. 그러나 교시의 연표에서 이 책을 메이지 37년(1904) 하이쇼

1　처음 마쓰야마성이 공원화되었을 때 혼마루(本丸)와 함께 이노마루성지(二之丸城趾)도 공원화되었다. 그러나 이후 이노마루성지는 1877년 육군성이 매수하였으며, 혼마루도 1887년에 육군성 소관이 되면서 공원은 폐지되었다. 『史跡松山城跡保存活用計画』, 第2章 第3節 歷史的環境.

연번	서명	발행 연도	편저자	발행처	기타
1	『마쓰야마·도고 안내 松山道後案內』	1904	다카하마 교시 高濱虛子 외	하이쇼도 俳書堂	*미확인
2	『마쓰야마 안내 부 도고·다카하마·미즈·군츄 松山案內 附 道後 高濱 三津 郡中』	1909	히가시 소수이 東草水 편저 다카하마 교시 高濱虛子 교열	마쓰야시 권업협회 松山市勤業協會	하이쿠 10구
3	『마쓰야마 안내 부 도고·다카하마·미즈·군츄 松山案內 附 道後 高濱 三津 郡中』	1913	마쓰야마시 권업협회 松山市勤業協會	마쓰야마시 권업협회 松山市勤業協會	하이쿠 25구
4	『이요철도 안내 부 마쓰야마·도고 안내 伊豫鐵道案內 附 松山道後の栞』	1913	아이하라 와이치로 相原和一郞	이요철도 주식회사 伊豫鐵道 株式會社	하이쿠 24구
5	『마쓰야마 まつやま』	1918	마쓰야마 상공회 松山商工会	마쓰야마 상공회 松山商工会	없음

표 1 1900년~1910년대 마쓰야마에서 간행된 안내서 목록

도排書堂에서 간행했다는 내용이 확인되고, 같은 시기 교시가 마쓰야마의 하이쿠 시인 무라카미 세이게쓰村上霽月, 이하 세이게쓰에게 보낸 편지에서 안내서 집필을 준비한 사실을 알 수 있다. 이 편지에는 교시가 철도 안내서의 출판을 계획한 이요철도회사에서 마쓰야마와 철도 주변 명소에 관한 하이쿠를 수집해달라는 의뢰를 받았고, 이 의뢰를 받으면서 주변 지인들에게 각 명소와 산물 등을

읊은 하이쿠가 있으면 알려달라고 부탁하는 내용이 적혀 있다. 즉 이요철도회사에서 하이쿠의 수집 혹은 안내서의 집필을 의뢰 받은 교시가 주변 인물에게 하이쿠를 수집하는 데 협력해달라고 편지를 보낸 것이다. 이때 교시는 구체적으로 아누미신사阿沼美神社, 도운신사東雲神社, 호류사法龍寺 등의 사찰과 아마야마天山, 호시가오카星ヶ岡, 와키가후치湧ヶ渕, 마사키 성지松前城趾, 의로운 농부 사쿠베의 묘義農作兵衛の墓, 온천湯の町 등의 명소 또는 유적, 벚꽃十六日櫻, 부상나무扶桑木, 도베 도기砥部陶器, 대나무 공예를 비롯한 특산물 등 94항목을 직접 제시하고, 철도 연선 부근의 명소와 그에 대한 설명을 보내달라고 부탁했다(『復刻松山案內』해제, 1975).

교시가 제작했던 것으로 추정되는 안내서의 실물이 확인되지 않아 당시 실제로 철도 안내서가 간행되었는지는 알 수 없지만, 이 시기 마쓰야마 주변 명소 유적과 특산물을 주제로 읊은 하이쿠의 수집과 이들 명소에 대한 기본적 설명의 틀은 잡혔던 것으로 추정된다. 현재 확인되는 가장 빠른 마쓰야마 안내서는 1909년에 히가시 소수이東草水가 저술과 편찬을 맡고 교시가 교열을 한『마쓰야마 안내松山案內附道後高濱三津郡中』이며, 이어서 1913년에 이를 보증 개편한 안내서가 있다. 두 안내서는 시정, 시가의 설명에서

---

2   본고에서 다루는 1909년판과 1913년판 『松山案內-附道後高濱三津郡中』는, 1975년에 교시 헤키고도 탄생백년제 실행위원회에서 영인하고 간행한 『復刻 松山案內(明治四二年版)-補遺松山案-(大正二年版)伊豫-道案內(拔萃)』,(松山市教育委員會)를 자료로 함.

설비, 교통기관, 상업, 재정, 교육, 관청, 회사, 사원, 명소의 순으로 여타 지방에서 간행된 안내서와 비교했을 때 구성 내용에 특별히 눈에 띄는 점은 없다. 하지만 명승지나 특산물을 설명하는 기술에 일부 하이쿠를 게재했다는 점에서 다른 지역 안내서와 차이가 있다. 이와 더불어 보증 개편판이 출판된 같은 해인 1913년 이요철도주식회사에서 『이요철도안내伊豫鐵道案內』라는 안내서가 출판되었다. 이 시기 출판된 마쓰야마 안내서 세 편의 특징을 정리하면 다음과 같다.

첫째 안내서를 집필하고 교정을 본 저자들이 주로 마쓰야마를 대표하는 문인이라는 점이다. 1909년판의 집필 편집과 교정을 각각 맡은 소수이와 교시는 마쓰야마 출신의 문인이다. 소수이는 마쓰야마 출신 시인으로 고등학교 졸업 후 도쿄東京의 대학으로 진학해 졸업 후에 출판사인 실업지일본사實業之日本社에서 문필 활동을 했던 인물이다. 교시는 일본에서 널리 알려진 마쓰야마 출신의 하이쿠 시인이다. 그가 하이쿠의 세계에 들어가게 된 것은 중학교 때 시키를 만난 일이 계기가 되었다고 한다. 실제로 교시라는 배호俳號도 시키가 지어준 만큼 막대한 영향을 받았다. 그가 처음 이요철도회사에서 의뢰를 받았던 1900년대 초반에는 교시는 도쿄로 상경한 이후로, 1902년에 시키가 사망한 지 얼마 지나지 않은 시점이었다. 마쓰야마를 떠나 도쿄에서 활약하던 교시에게 1909년에 일부러 안내서의 교열을 부탁한 것은 시키의 제자이면서도 소수이와 교류가 있었기 때문으로 보인다.

둘째 안내서 곳곳에 하이쿠 작품이 소개된다는 점이 독특하다고 할 수 있다. 1909년의 안내서에는 마쓰야마성松山城, 엔코지圓光寺, 이와테사石手寺, 도고공원道後公園, 다카하마高濱, 바이진지하마梅津寺濱, 다이산사太山寺, 아침시장朝市, 히라이역平井驛, 데아이역出合驛를 소개하는 글에 이어 각각 시키의 하이쿠가 하나씩 10구 실려 있으며, 1913년판에는 시키 외에도 교시와 가와히가시 헤키고도河東碧梧桐, 이하 헤키고도의 하이쿠가 총 25구, 이요철도주식회사에서 출판한『이요철도안내』에도 시키, 교시, 헤키고도, 세이게쓰의 작품 24구가 실려 있다.

　1909년에 실린 하이쿠가 시키의 작품 일색이었던 것과 달리 1913년 보증 개정판에는 다른 시인의 하이쿠가 추가적으로 실렸다. 그 배경을 자세히 알 수 없지만, 1909년판은 1902년에 사망한 시키에 대한 애도의 마음으로 시키의 작품을 안내서에 남기는 시도를 했다고 조심스럽게 추정해볼 수 있다. 한편으로 1913년에서는 협회가 보증 개편했기 때문에 시대적 배경을 고려해 당시 활동했던 하이쿠 시인의 작품을 추가하면서 하이쿠 구성에 차이가 생긴 것으로 보인다. 1913년판에는 기존 1909년판에 게재된 시키의 하이쿠 중 일부를 제외하고 교시, 헤키고도 등 다른 하이쿠 시인들의 작품을 보충했다. 주목할 만한 점은 보증 개정판은 새롭게 내용을 추가하는 부분을 제외하고 기존에 서술된 내용을 수정하지 않았던 반면, 하이쿠 작품만을 수정했다는 것이다. 그만큼 안내서에 게재할 하이쿠에 관해 신경을 썼다는 것을 말해준다.

　1913년에 간행된 두 안내서는 마사오카 시키라는 한 고인의 하이쿠가 아닌 당시 도쿄에서 활동하는 마쓰야마 출신 유명 시인의 하이쿠를 게재하여 시키 이와키 여러 유명 하이쿠 시인을 배출하는 하이쿠 성지라는 점을 강조했다. 이때 일반적인 와카和歌가 아닌 오로지 하이쿠만을 게재했다는 점에서 마쓰야마의 지역성을 단지 문학 도시가 아니라 하이쿠로 대표되는 근대 문예의 발생지로 소개하려는 시도가 있었다고 볼 수 있다.

이처럼 마쓰야마 출신으로 도쿄에서 문필 활동하는 교시를 비롯해 당시 문인으로 활약했던 인물이 직접 안내서를 집필하고 시내 명소와 관련된 하이쿠를 소개함으로써 마쓰야마의 안내서는 지리적인 내용과 단순한 서술로 구성된 여타 안내서와 달리 마쓰야마를 문학색이 뛰어난 특색 있는 도시로 그려냈다.

그러나 그 이후 1918년에 마쓰야마상공회松山商工會에서 출판된『마쓰야마まつやま』는 마쓰야마성과 도고온천을 중심으로 기술하고 있으며 기존에 간행된 안내서처럼 하이쿠를 중간에 게재하지 않고, 오히려 조카마치라는 역사 도시의 이미지를 강조했다. 상공회라는 출판 주체의 성격도 그 배경에 있지만, 그보다 대중적인 안내서를 추구했기 때문으로 보인다.

3.2. 1920년~1930년대

1918년 마쓰야마상공회에서 출판된『마쓰야마』이후 1920~1930년대 마쓰야마에서 간행된 안내서는 필자가 조사한 바로는 확인할 수 없었다. 대신 이 시기 철도성鐵道省이나 오사카상선大阪商船 등 마쓰야마 외 타 지역에서 간행된 안내서 몇 종류를 확인할 수 있다.

그림2 오사카상선에서 제작한 안내서 『도고와 마쓰야마(道後と松山)』(1931)

그림2의 안내서는 1931년 오사카상선에서 제작된 리플렛 형
태의 안내서다. 표지에는 마쓰야마성이 그려져 있으며 조감도는
성을 중심으로 주변 명승지를 표시했다. 뒷면은 오사카 상선이 운
영하는 배를 타고 세토나이카이를 지나 도고온천과 마쓰야마를

여행하는 것을 권유하는 내용으로, 다카하마항을 비롯해 도고온천, 이시테지, 마쓰야마성 등 17곳의 명승지가 소개되어 있다. 표지의 『도고와 마쓰야마道後と松山』라는 제목에서도 알 수 있듯 마쓰야마에 대해 도고온천 주변 관광지의 하나로, '에히메현의 현청 소재지이자 이요 상공업의 중심지'라고 소개할 뿐이다. 안내서에 실린 사진을 보면 대체로 세토내해를 상징하는 바다 풍경을 담고 있다. 그 외에도 1933년 철도성에서 간행된 『경관을 찾아서景観を尋ねて』라는 안내서 속에는 『마쓰야마와 도고松山と道後』라는 제목으로, "마쓰야마성을 중심으로 발전한 조카마치로, '조카마치다운' 느긋함이 있다"고 표현하고 있다. 여기서는 도고온천을 소세키가 마쓰야마 중학교 교사였을 때 자주 다닌 곳으로 소설『도련님』에도 등장한다고 소개한다. 오사카상선이나 철도성에서는 선박과 철도 이용을 목적으로 안내서를 제작했기 때문에 시키가 아닌 전국적으로 대중적이고 명성이 더 높은 소세키를 언급한 것이다. 1930년대 초반 관광 여행이 대중화되어 갔던 시기에 매스미디어를 통해 전국적으로 보급된 마쓰야마의 지리적 심상은 마쓰야마성을 렌드마크로 삼는 조카마치 도시이자 도고온천이 있는 온천 마을이었다.

3.3. 1940년대

본격적으로 마쓰야마를 문학 도시 '하이토'로 표상하기 시작한 것은 1940년대 전후로 보인다. 1940년 에히메현 관광협회에서 출판한 『관광의 에히메観光の愛媛』는 과거 안내서 서술의 전통성을

계승하듯 명승지 사진과 이에 대한 설명과 함께 하이쿠를 대거 게재했다. 본 안내서의 저자에 대해서는 가시마세이鹿島生라는 필명으로 편집 후기를 짧게 서술하고 있을 뿐 필자에 대해서는 자세히 알 수 없다.

이 안내서의 첫 페이지에는 「헨로 행遍路行」이라는 제목을 붙인 사진과 함께 시키의 하이쿠가 실려 있다. 이어서 〈마쓰야마〉, 〈마쓰야마성〉 등의 사진과 함께 하이쿠가 하나씩 소개된다. 이처럼 장소와 관련된 하이쿠를 기재하는 방식의 안내서는 1910년대 제작된 안내서와 흡사하다. 기존에 발간된 지역 안내서의 특징을 답습하면서 사진이라는 새로운 시각적 요소를 더해 지역을 확장하면서 다양한 명소를 소개하고 있다. 또한 이 책 말미에는 「하이쿠와 이요俳句と伊豫」라는 제목으로 시키, 쿄시 헤키코도, 세이게쓰를 비롯해 소세키의 하이쿠까지 다양한 시인의 하이쿠 114구를 마쓰야마 내 27개의 명소별로 나열하고, "이요는 하이쿠의 성지, 그리고 하이쿠는 이요의 풍토병일 수 있다."고 기술했다.

안내서 속 명승지를 보면 기존과 다른 인문학적 명소가 새롭게 포함되어 있다. 마사오카 시키가 거주한 시키당子規堂이 바로 그것이다. 시키당은 시키의 사후에 그가 17세까지 살았던 집을 가문의 묘를 관리해주는 사찰인 쇼슈사正宗寺 경내로 옮겨 1925년에 복원했다. 이후 1933년 화재로 소실되었다가 재건되었는데 마쓰야마의 명소로 소개된 것은 재건 이후로 보인다. 안내서에는 시키당을 "배성俳聖 시키의 유품을 전하는 시키당은 마쓰야마시 스에히로정末光町 쇼슈사의 경내에 있는 매발탑埋髮塔과 함께 하이토 마쓰야마를 상징한다."고 소개한다. 매발탑이란 1904년에 쇼슈지의 주지 스님이 시키의 3주기를 맞이하여 절 내에 있는 마사오카 가문의 묘 옆에 시키의 머리카락을 매장하고 세운 비석이다. 쇼슈사 내 매발탑과 시키당은 시키의 주변 인물들에 의해 만들어진 기념 장소인 셈이다. 이 안내서에 소개된 1일 관광 모델코스는 마쓰야마성 → 시키와 소세키의 관련 유적 → 시키의 매발탑 → 이시테가와 공원 → 이시테사 → 도고온천의 순서로 시키와 소세키의 유적을 마쓰야마 시내의 주요 관광 명소로 안내하고 있다. 한 가지 이 책에서 주목할 점은 안내서에 '하이토'라는 명칭을 사용한다는 점이다. 누가 어느 시기에 하이토라는 용어를 썼는지 알 수 없지만, 늦어도 1940년에는 하이토라는 명칭을 사용했음이 확실하다. 이렇게 봤을 때 마쓰야마가 본격적으로 시키나 소세키와 같은 문인들의 흔적을 관광 자원으로 활용하면서 문학 도시 '하이토' 혹은 '하이쿠의 성지'로 소개하기 시작한 시기는 1940년대 전후가 아닐까 싶다.

1900년대로부터 마쓰야마 출신 문인들에 의해 집필된 문학적 안내서의 전통을 이어받으면서 마쓰야마를 하이쿠의 도시로 표상하려는 지역 문인의 노력이 문학 도시 마쓰야마의 이미지 형성과 확대에 영향을 주었다. 말하자면 문학 도시라는 성격은 하이쿠를 수집하고 유적을 정비하는 등 해당 지역의 노력과 관심으로 단계적으로 만들어진 것으로 봐야 할 것이다.

4. 전후 문학 도시 마쓰야마의 계승과 확대

1940년대 하이쿠의 성지이자 문학 도시 이미지를 구축했던 마쓰야마는 1945년 여러 번의 공습을 받아 시내가 초토화되었다. 미군의 공습으로 시 전체의 가옥 수 55퍼센트에 해당하는 1만 4300호가 불탔다. 이때 시키당도 소실된다. 그러나 1946년 시키당은 곧바로 재건되었고, 1948년에는 에히메현의 '기념물·사적'으로 지정된다. 시키당은 에히메현의 지정문화재 중에 가장 빠른 시기에 해당한다. 근대 이후 문화재로는 최초다. 에도 시대 하이쿠 시인 구리타 죠도栗田樗堂가 살았던 고신암庚申庵, 가마쿠라 시대 승려 잇펜쇼닌一遍上人의 탄생지도 시키당이 사적史蹟으로 지정된 다음 해에 지정되었으며, 마쓰야마성 2대 성주인 마쓰다이라 사다유키松平定行의 영묘靈廟도 그것보다 늦게 사적으로 지정되었다(新藤茂雄, 1964). 이러한 상황들을 봤을 때, 전후 마쓰야마시에서는 시키당을 가장 우선적으로 관리 보호해야 할 문화적인 자산으로 인식했던 것으로 보인다.

근대 문학에 있어 시키가 미쳤던 영향력과 평가를 생각하면 마쓰야마에서 시키의 우상화는 일찍부터 시작되었다. 시키는 사후 30년도 되지 않는 시점에서 지역 안내서에 이미 배성으로 소개되었다. 일반적으로 일본 문학사에서 배성이라고 하면 에도 시대 하이쿠 시인 마쓰오 바쇼松尾芭蕉를 지칭한다. 전후 마사오카 시키가 문학가로 재평가 받기까지 일정 시간이 걸렸다. 1950년대 이후 『일본문학전집』을 대형 출판사에서 출판하기 시작하면서 시키는 근대 문학을 대표하는 문인으로 알려지게 된다(남상욱, 2019). 문학의 평가와 달리 전후 시키당이 우선적으로 복구되고 마쓰야마가 하이토의 역사성을 유지할 수 있었던 이유는 그 중심에 교시와 야나기하라 교쿠도柳原極堂, 이하 교쿠도 등의 시키와 가깝게 지낸 문인들이 있었기 때문으로 보인다.

1951년 마쓰야마에서 시키 50년제가 개최되었다. 이때 교시와 『호토토기스』를 창간한 교쿠도 등이 직접 행사에 참여했다. 1910년대 마쓰야마 시내의 명소를 읊은 하이쿠를 수집한 교시는 마쓰야마를 떠난 지 수십 년이 지난 이후에도 50년제에 참석하여 직접 강연을 펼치는 등 전후에도 시키를 마쓰야마의 배성으로 만드는 데 일조했다.

한편으로 교쿠도는 마쓰야마에 살면서 직접적으로 시키의 우상화를 주도했다. 시키와 마쓰야마중학교 동창이자 시키한테 하이쿠를 배운 하이쿠 시인으로, 시키의 사후에 그의 기념비를 세우고 시키당을 건립, 하이쿠 작품들을 수집하는 일에 앞장섰다. 마쓰야마에서 신문 기자, 시의원, 신문사 사장을 역임한 그의 경력을 봤을 때, 전후 하이토 마쓰야마의 이미지를 확대해 나가는데 그가 단순한 작가 이상의 영향력을 발휘했을 것이라 짐작된다. 메이지 시대 활동했던 하이단과 작가가 다수 있었음에도 시키가 이끌었던 마쓰야마 중심의 하이단이 유독 크게 전파된 것은 그의 스승과 제자 간의 중요시하는 장르라는 배경 때문이라는 의견도 있다(青木亮人, 2004). 이처럼 하이쿠의 성지, 시키의 고향이라는 이미지는 전후에도 시키의 제자, 그리고 지자체의 노력으로 이어졌다.

교시, 교쿠도의 사후 마쓰야마에서는 1967년 '시키, 소세키, 교쿠도 탄생 백년제'를 개최했다. 1973년에는 '쿄시·헤키고도 생탄 백년제'를 개최하는 등 지역 출신 하이쿠 시인들과 관련된 행사를 정기적으로 개최했다. 1967년 백년제에서는 전국 하이쿠 대회를 개최하고 이를 계기로 다음 해 하이쿠를 자유롭게 투고하는 하이쿠 포스트俳句ポスト를 마쓰야마성에 처음으로 설치하기도 했다(『愛媛県史』〈文学〉, 1984). 이처럼 지속적으로 시민들이 행사에 참여할 수 있도록 유도하면서 하이쿠의 성지이자 문학 도시로서의 마쓰야마의 역사성을 지역 주민들에게 알렸다.

1981년에는 시키기념박물관子規記念博物館을 개관했다. 『마쓰야마시사松山市史』에 따르면 당시 시키 기념관 건설을 현과 시가 동시에 계획하던 중 결과적으로 현이 시에 양보하는 형태로 1979년 3월에 착공했다고 한다(『松山市史第4巻』, 1995). 문학 박물관으로 개관한 시키기념박물관은 시키와 관련된 전시 외에도 하이쿠 교실, 시민 하이쿠 대회 등 주민 참여형 행사를 적극 개최하면서 시키의 고향 마쓰야마, 그리고 하이토로서의 장소성을 계승하는 중심적인 역할을 하고 있다.

1990년대에도 마쓰야마시에서는 하이쿠 포스트를 지속적으로 증설했다. 최근에는 기존의 하이쿠 포스트라는 명칭을 하이토 마쓰야마 하이쿠 포스트俳都松山俳句ポスト로 변경하고 3개월에 한 번 수상자를 발표하고 있으며, 시대에 맞게 하이쿠 포스트의 온라인 투고 사이트도 운영하고 있다. 그 외에도 전국 고등학생들의 학교 대항 하이쿠 대회인 하이쿠 고시엔俳句甲子園을 1998년부

그림3 마쓰야마 시내 시장 안에서 열린 하이쿠코시엔 대회 모습
(愛媛新聞ONLINE, 2022.8.20.)

터 진행하고 있다. 2022년에는 제25회가 개최되었다. 이처럼 마쓰야마에서는 현재도 시민들이 직접 참여하고 하이쿠를 작사하는 행사를 창출하고, 이를 지자체에서 지속적으로 지원하고 있다.

결론적으로 '하이토' 마쓰야마의 역사는 마쓰야마 출신 문인들에 의해 창출된 이후 전후에도 지속적으로 재생산되었다. 무엇보다 하이쿠를 과거의 작품으로 감상하는 데 머물지 않고 하이쿠 창작과 관련된 교육과 행사를 지속적으로 개최함으로써 과거의 유물이 아닌 시대와 함께 나아가는 하이토를 실행한다는 점에서 단순한 전통의 계승이 아닌 확대로 말할 수 있다.

참고 문헌

松山商工會編,『まつやま』, 松山商工會, 1918.

大阪商船,『道後と松山』, 1931.

鐵道省,『景観を尋ねて』, 1933.

愛媛県觀光協會,『觀光の愛媛』, 1940.

新藤茂雄,『中四國の文化財と觀光』, 全國民藝品交流研究所, 1964.

虚子碧梧桐生誕百年祭實行委員會,『復刻松山案内(明治四二年版)-補遺松山案内
       (大正二年版)伊豫鉄道案内(抜萃)』), 松山市敎育委員會, 1975.

愛媛県,『愛媛県史』, 地誌 II 第六節觀光・文化施設, 1984.

西田正憲,「明治後期における瀬戸內海の近代的風景の發見と定着」),『ランドスケー
       プ研究』58(2), 日本造園学会, 1994.

松山市史編集委員會,『松山市史第三卷』, 松山市, 1995.

松山市史編集委員會,『松山市史第四卷』, 松山市, 1995.

ハルオ・シラネ, 鈴木登美編,『創造された古典』, 新曜社, 1999.

青木亮人,「明治俳壇と日露戦争--旧派、秋声会、日本派を中心に」,『同志社国文学』
       (61), 同志社大学国文学会, 2004.

野中勝利,「明治初期に城址で開催された博覧会に関する研究」,『都市計劃論文集』 41(3), 日本都市計劃學會, 2006.

高木博志編,『近代日本の歴史都市-古都と城下町』, 思文閣出版, 2013.

橋爪紳也,『瀬戸内海モダニズム』, 周遊芸術新聞社, 2014.

남상욱,「문학의 장소, 장소의 문학 – '시키기념박물관'과 '언덕 위의 구름 뮤지엄'을 중심으로 – 」,『일본문화연구』69, 동아시아일본학회, 2019.

松本市 홈페이지: https://www.city.matsuyama.ehime.jp/.

언덕 위의 구름 뮤지엄과
문학의 장소화

남상욱

1. 문학관이라는 장소

대구에서 활동하는 시인이자 잡지 『대구문화』의 기자로 매달 한 번씩 대구를 기반으로 하는 시인들을 초청해 토크쇼를 벌이는 이선욱은 그 행사에 이른바 '문학하는' 사람을 제외하면 일반 시민을 찾아보기 힘든 사실을 고백하며, 지역 문학의 '어둠'을 토로한 바 있다.[1]

사회적 이슈를 함께 하거나 혹은 디지털 매체의 다양화에 따른 문학의 위기에 대응하기 위해 여러 가지 이벤트를 개최하더라도 지역 문학에 '불가피하게 찾아오는 어떤 어스름'. 위 글에서 시인은 정치적 혹은 보편적 문제에 참여하는 것으로도 해결할 수 없는 근원적 '삶의 무거움'이라는 단어로 설명하지만, 한편으로 지역 문학 역시, 전자통신 기술 발달에 따른 활자 매체 성장의 둔화, 인구 감소에 따른 지역 사회의 성장 둔화, 젊은 연령층들의 수도 권으로의 이탈이라는 사회적 조건에 영향을 받을 수밖에 없는 것은 아닐까.

그렇다고 이러한 문제의 해결 방안으로 이상화, 현진건, 이육사 같은 근대 문인이 대구 출신이라는 이유로 국립현대문학관 유치 사업을 추진하는 것이 과연 바람직할까. 그렇게 반문하며 지금 지역에 뿌리를 내리고 활동하는 작가들을 위한 장을 활성화하는 것이 더욱 중요하다고 주장하는 이선욱의 말은 문학을 통해 어떤 식으로든 지역을 활성화하려는 문학관 사업과 '어두운' 지역의 삶과 정서를 문학의 장으로 끌어오려는 문학적 활동 사이의 갈등을 드러내고 있다. 그렇다면 이러한 문제는 일본에서 어떤 식으로 나타나고 있을까.

이 글에서는 이러한 문제의식을 바탕으로 에히메현 마쓰야마시의 문학관에 주목하고자 한다. 일본 열도를 구성하는 네 개의 큰 섬 중 하나인 시코쿠 북서부에 위치한 에히메현은 시코쿠에서 유일하게 인구가 100만을 넘는 도시이다. 하지만 인구 감소에 따른 지역 소멸의 위기로부터 완전히 벗어나 있다고 볼 수 없는 만큼, 다양한 지역 활성화 정책이 현재 추진되고 있다. 그중에서 마쓰야마시는 문학을 통한 지역 활성화에 가장 적극적인 지자체로

---

1 이선욱, 「지역문학의 저녁」, 『계간 창작과 비평』 178호, 2017, 356쪽.

유명하다. 거기에는 마쓰야마시가 근대 문학을 대표하는 나쓰메 소세키夏目漱石와 근대 하이쿠를 대표하는 마사오카 시키正岡子規와 관련있을 뿐 아니라 1968년부터 1972년까지『산케이신문産経新聞』석간에 연재되어 많은 일본 국민에게 사랑 받았고, NHK 드라마로 방영되었던 시바 료타로司馬遼太郎의『언덕 위의 구름』의 무대라는 이유가 깔려 있다. 마쓰야마시는 이러한 문학 작품을 지역의 장소자산으로 활용한 마을 만들기를 적극적으로 추진하고 있다. 마사오카 시키를 기념하는 시키기념박물관松山市立子規記念博物館과 시바 료타로의『언덕 위의 구름』을 기념하기 위해 세운 '언덕 위의 구름 뮤지엄'은 그 대표 사례로 볼 수 있다.

그렇다면 마쓰야마시는 문학을 어떻게 문학관이라는 장소로 가시화했을까. 그리고 그에 따른 문제점은 없는 것일까? 이 글에서는 마쓰야마시의 대표 문학관인 시키기념박물관과 언덕 위의 구름 뮤지엄을 중심으로, 문학과 장소의 상호 관계성에 대해 살펴보고자 한다.

2. 문학관과 문학의 장소화
- 시키기념박물관을 중심으로

그런데 어떤 지역에 왜 하필 문학관이 필요할까. 예컨대 박물관 건립이 '미'를 통해 내셔널 아이덴티티를 구축하고자 하는 근대적 제도의 일환이라고 설명하는 가라타니 고진柄谷行人에 따른다면[2] 이른바 '국민 작가'의 원고나 유품, 초판 등을 전시하는 문학관 역시 '국민'을 만드는 장치라고 말할 수 있을지 모르겠다. 하지만 일본의 경우 반드시 그렇지도 않다.

1952년에 만들어진 문부성설치법에 준해 1952년에 설립된 근대미술관(현 도쿄국립근대미술관)과 달리 도쿄 메구로쿠에 위치하는 일본근대문학관은 국가가 아닌 공익재단법인 일본근대문학관이 1963년에 개관하여 현재까지 운영하고 있다. 비단 일본근대문학관만이 아니라 전국에 산재된 대부분의 문학관은 국가가 아닌 현이나 시, 구 단위의 지방 자치단체나 법인, 개인 등에 의해 운영되는 것이 실상이다.[3]

이렇게 국가에 의한 문학관 건립이 보기드문 것은 무엇보다 미술품과 다른 근대 문학의 성격에 기인한다. 물질적 형태에 있어 복제물로 근대 문학은 육필 원고보다 활자화한 책이 우월하며, 독자에게 활자를 통한 정신적 활동을 강조한다는 점에서 미술관이나 박물관처럼 그 예술 작품의 물질적 오리지널티를 강조하는 문화와 다르다(亀井秀雄, 2005). 또한 문학이 반드시 '국민' 혹은 지역 단위 공동체라는 단일한 내셔널 아이덴티티 형성에 기여하는 것만이 아니라는 점, 특히 전후 들어 문학성이 높다고 평가하는 작

---

2   柄谷行人(1995),「美術館としての-史—岡倉天心とフェノロサ」, ハルオ·シラネ(編),『創造された古典—カノン形成·国民国家·日本文学』, 新曜社, pp.302~321.

3   예컨대 2017년 9월 24일 개관한 소세키산방기념관(漱石山房記念館) 역시 신주쿠구에 의해서 만들어져 운영되고 있다.

품일수록 내셔널 아이덴티티뿐 아니라 전통에 근거한 어떤 지역성에 비판적이었다는 점 역시 국가 주도의 문학관 설립이 쉽지 않았던 이유 중 하나일 것이다.

　무엇보다도 문학을 둘러싼 환경이 미술관과 다르다는 점도 간과할 수 없다. 문학은 근대 이후 대량 인쇄된 책의 형태로 학교와 도서관, 서점을 통해 만날 수 있다. 학교가 내셔널 아이덴티티를 구축하는 동안 문학은 교과서를 통해 강제하는 하나의 제도적 장이었고, 서점은 문학이 하나의 상품으로 독자라는 구매자와 만나는 일종의 마켓이며, 도서관은 안 팔리는 책을 처분하는 마켓과 달리 책을 보존하고 그것을 필요로 하는 사람들에게 접할 수 있도록 만드는 문서고文書庫의 기능을 수행한다. 미술관이나 박물관이 수행하는 기능을 주로 근대 이후의 책과 관련해 도서관이 담당해 온 것이다.[4]

　국회도서관을 비롯한 여러 대학과 지자체에서 국가 단위의 문서고가 이미 존재하는 상황에서 굳이 국가가 나서 문학관을 설립할 이유는 없다. 국가가 적극적으로 개입하지 않는 가운데 문학관은 1960년대부터 각 지자체와 개인에 의해 경쟁적으로 건립되어 2009년까지 일본 전국에 약 764개가 만들어졌다.[5] 이는 일본에서 '문학관'이라는 형식을 통한 문학의 장소화가 국가의 문화정책보다는 지자체 주도의 마을 만들기와 더 긴밀한 관계를 맺을 수밖에 없었던 이유이기도 하다.

　실제로 마쓰야마 최초의 본격 문학관인 시키기념박물관도 그러한 배경에서 탄생하게 된다. 1981년 4월 2일에 개관한 시키기

넘박물관 역시 고도 경제 성장이 끝나가던 1975년 마쓰야마 시장으로 당선된 나카무라 도키오中村時雄가 기존의 공업화 노선 대신 훗날 하코모노 행정箱物行政이라고 일컬어지게 되는 사회·문화 시설 건설로 정책을 전환하는 과정에서 기획해 만든 것이다. 1970년대 후반 더는 산업화와 공업화를 추진하기 어려워진 지자체들은 경쟁적으로 자신들의 지역성을 지역의 문화 관련 시설 건설을 통해 구현하고자 했다.

물론 마사오카 시키(이하 '시키'로 표기)의 문학을 기념하는 시설은 이 시기에 처음 만들어진 것은 아니다. 시키가 죽고 나서 원래 미나토 마치에 있던 마사오카 가문의 저택 목재를, 가문의 묘를 관리하는 절인 쇼쥬사正宗寺 경내로 옮겨, 시키가 17세까지 살았던 집을 복원한 시키당子規堂이 1925년에 지어진다. 이후 1933년 화재로 소실되었다고 재건되지만, 1945년 마쓰야마 대공습으로 또 한번 소실되었다. 현재의 시키당은 1946년 재건한 것으로, 1948년에 이미 에히메현의 '기념물·사적'으로 지정되었다. 근대 문학에 있어 시키가 미쳤던 영향력에 비한다면, 시키당은 절 경내에 지어진 만큼 작고 아담하며 어두운 사이즈라 하이쿠 애호가들에게는 불만이 있을 수 있겠지만, 미군의 무차별 공습 때문에 시

---

4 예컨대 모리 오가이(森鴎外)나 나쓰메 소세키가 소장했던 양서들이, 도쿄대학과 도후쿠대학 도서관에서 보관되는 것이 그 대표적 예다.

5 文学館研究会(2017), 「文学館一覧」, http://literarymuseum.net/lm-list.html (2018년 8월 10일 검색).

전체의 가옥 수 55퍼센트에 해당하는 1만 4300호가 불탄 당시 상황을 고려해본다면 이듬해 바로 재건한 것만으로 시키에 대한 지역민의 사랑이 어떠했는지 미루어 짐작할 수 있다.

당시 마쓰야마시 입장에서는 시키도보다 공습의 피해를 면한 마쓰야마성과 도고온천본관道後温泉本館을 마쓰야마의 장소자산으로 삼는 것이 더욱 유리했다. 1894년 당시 유행했던 근대 일본식 건축近代和風建築 양식으로 건설된 도고온천본관은 같은 해 마쓰야마 중학교에 영어 교사로 부임한 나쓰메 소세키가 애착을 가졌던 곳으로, 『도련님』(1906)에서 "다른 곳은 무엇을 봐도 도쿄의 발밑도 미치지 못하지만, 온천만은 훌륭하다."고 언급된 것으로 유명하다. [6]

도고온천본관은 공습의 피해를 빗겨나 파괴되지 않았다. 마쓰야마에 진주한 미군이 1946년 일부 접수해 일반 입욕이 금지되었다가 1949년에 반환되었다. 이듬해인 1950년 쇼와 천황이 이곳을 방문하면서 마쓰야마를 국제적 온천 도시로 육성하겠다는 '마쓰야마 국제관광온천문화 도시건설법안松山国際観光温泉文化都市建設法案'이 같은 해 12월 국회에서 가결되었다. 그리고 1951년 주민투표에서 이를 가결·통과되었다(松山市, 2014). 이 법안은 "세계 항구 평화의 이념을 달성함과 함께 관광온천자원의 개발에 의해 경제 부흥을 기여하기 위해"라는 명확한 목적을 가지고 있다. 이러한 관광문화자원을 통한 경제 부흥의 시도는 마쓰야마에만 국한된 것이 아니라 예컨대 1950년 7월 국회에서 가결된 '교토 국제문화관광 도시건설법안'京都国際文化観光都市建設法처럼 1949년부터 1951년까지 15개 도시에 제정한 특별도시건설법 중 하나다.

특별도시건설법은 1946년 특별도시계획법에 근거해 전쟁 피해를 받은 도시를 재건하는 '재해부흥도시계획'에 따른 과도한 도시계획의 재정 부담을 피하기 위해, 1949년 국회가 '재해부흥도시계획의 재검토에 관한 기본방침'을 제시한 이후 이에 대응하기 위해 지자체가 국회에 제안한 법으로, 사실상 지방자치법이라고 할 수 있다. 지자체가 지역을 부흥하기 위해 지역 경제에 즉시 도움이 될 수 있는 지역의 문화자산을 정하고, 이곳에 선제적으로 지자체의 예산을 투입할 수 있도록 하는 근거를 만듦으로써 적은 예산을 둘러싼 지역 구성원 간의 갈등을 회피할 수 있게 된 것이다. 마쓰야마만이 아니라 벳부와 이토, 아타미 등 유명 온천이 있는 지역이 모두 이러한 특별도시건설법을 제정해 온천을 통해 지역 경제를 활성화한 것이다.

이는 경제적으로 힘들었던 전후 직후, 문학이 지역 경제를 활성화할 수 있는 장소자산으로 인식되지 못했음을 보여준다. 문학 담론장이라는 관점에서 봤을 때도, 전후 들어 시키가 본격적으로 재평가 받기까지는 일정 시간이 걸릴 수밖에 없었다.

전후 직후 일본에서는 메이지 이후부터 1945년까지의 제국 일본을 부정하는 것이 급선무였다. 이는 문학에서도 마찬가지였다. 얼마전까지 '근대'의 피안에 있었던 '옛날'을 끄집어내 찬미하

---

6   夏目漱石, 『定本漱石全集 全2巻』, 岩波書店, 2017, p.278.

던, 이른바 일본낭만파적 문학이 과학적 합리성을 겸비한 프롤레타리아 문학 진영에 의해 부정되었고, 한편으로 민주주의라는 새로운 정치 체제에 부합하는 새로운 '개인'을 창출하고자 하는 움직임이 자유주의(보수주의) 진영을 통해 나타났다. 진영 논리에 따라 제국일본에 대한 평가가 엇갈릴 수밖에 없던 상황에서 제국 성립기인 1867년부터 1902년까지 살았던 시키의 문학적 업적을 평가하는 것이 그리 쉬운 일은 아니었을 것이다. 특히 시키는 대동아-태평양 전쟁 동안 제국일본의 국가 이데올로기를 대표하는 시인으로 이미지화되고 있었던 만큼 그의 문학적 재평가는 조심스러울 수밖에 없었다.[7]

이러한 시키의 이미지는 전후 민주주의 이념 속에서 대형출판사가 새로운『일본문학전집』을 발간하기 시작한 50년대부터 서서히 바뀌기 시작한다. 각종 문학전집에서 시키는 한편으로 전통적 하이쿠를 계승한 근대 하이쿠의 창시자로, 다른 한편으로 '사생'의 태도의 중요성을 설파해 일본 근대 문학의 중요한 역할을 한 비평가로 문학전집에 수록된 것이다. 이렇게 시키가 일본 근대 문학을 대표하는 문인으로 일본 전역에 알려지게 된 것은 고도 경제 성장에 부응해 대형 출판사들이 문학전집을 대량으로 유포하기 시작하면서 근대 문학을 통시적으로 접근할 수 있는 기반이 갖춰진 이후라고 볼 수 있다.

하지만 마쓰야마시에 시키기념박물관에 만들어지게 되는 데 무엇보다도 결정적인 역할을 한 것은 시바 료타로의 역할이 컸다. 예컨대 한 문학전집에서 하이쿠 시인이자 불문학자인 히라

이 쇼빈平井照敏은 오오카 마코토大岡信와의 대담에서 다음과 같이
말한다.

> 유신 때, 마쓰야마번은 사마쿠파佐幕派라 조정의 적이 되
> 었죠. 그 때문에 맛보았던 울분과, 시키나 아키야마 사
> 네유키秋山真之, 아키야마 요시후루秋山好古 등의 출현과
> 관계가 있지 않을까요. 사네유키는 동해해전日本海海戰을
> 승리로 이끌었고, 형 요시후루는 봉천회전奉天會戰을 승
> 리로 이끌었죠. 시키를 포함해 메이지라는 시대를 크게
> 열었던 역할을 수행하고 있습니다. 그 시키의 인맥은 도
> 쿄 유학을 통해 급우인 미나카타 쿠마구스南方熊楠나 나
> 쓰메 소세키에게로 넓혀지고 있습니다. 마침내 신문『日
> 本』의 사장 쿠가 가쓰난陸羯南도 알게 되죠. 메이지 일본
> 의 제도를 외적으로도 내적으로 쌓아올려가는 데 도움
> 이 된 인물들이 시키 주변에 잔뜩 나옵니다.[8]

일반적으로 일본 문학사 교과서에서 시키는 근대 소설과 현대 시
다음에 위치한 단가短歌와 하이쿠俳句에 등장하는 만큼 근대 문학

---

7   久保田正文, 「瞭らかな誤り--正岡子規の評価について」, 『近代文学』 4(10), 1949,
pp.51~52.

8   安東次男·大岡信(編), 『鑑賞日本現代文学第33巻 : 現代俳句』, 角川書店, 1990,
p.6.

의 우선 순위에서 밀린다. 그가 강조한 '있는 그대로ありのまま', 즉 '사생寫生'이라는 관점은 시 문학만이 아니라 일본 문화를 이해하는 데 있어 매우 중요한 가치 체계인 것은 분명하다. 하지만 바쇼나 무손 같은 전근대기의 하이쿠 시인들과 비교해봤을 때 혹은 적어도 근대 문학사라는 관점에서 봤을 때 자연주의 문학이나 사실주의 문학보다 중요하다고 볼 수 있을지는 미지수이다. 따라서 위의 인용에서처럼 문학 담론장에서조차 시키의 중요성은 그 자신보다 그의 인적 네트워크가 표상하는 메이지明治라는 역사적 장에 의해 뒷받침되었다.

　이렇게 시키의 삶을 문학자 소세키와의 관련성보다 메이지 시대에 군인으로 활약했던 아키야마 형제와의 관련성 속에서 바라보는 관점은 시바 료타로의 『언덕 위의 구름』을 통해 재발견되어 확산되었다. 메이지 100주년인 1968년부터 1972년까지 『산케이신문』 석간에 연재된 이 작품은 마쓰야마 출신인 시키와 메이지의 전쟁 영웅인 아키야마 형제를 주인공으로 내세워 메이지의 역사를 다룬 역사 소설이다. 아직 메이지에 대한 역사적 평가가 조심스러웠던 상황에서 동아시아 침략전쟁인 청일전쟁과 러일전쟁의 역사적 사건을 소설이라는 형식을 통해 국민적 기억의 장으로 소환했다는 점에서 당시 독자들의 뜨거운 관심을 받았고, 현재까지 1,475만부라는 엄청난 판매량이 보여주듯 적지 않은 수의 일본인에게 읽히게 된다. 이러한 소설의 성공으로 시키는 짧은 생애를 살았던 시인으로서만이 아니라 러일전쟁이라는 국가의 영광에 이바지한 인물로 표상되었던 것이다. 그리고 이 소설의 연재가 끝난 후인 1970년대 중반부터 시키기념박물관은 본격적으로 논의되기 시작하였고, 마침내 1981년에 건설되었다.

이렇게 시키기념박물관은 지자체들의 정책적 전환과 문학인에 대한 문학사적 평가가 맞물려서 만들어졌고, 이를 계기로 마쓰야마시는 자체적으로 시키와 소세키를 중심으로 하는 문학 도시로서 표상하는 데 주저하지 않게 되었다.

3. 『언덕 위의 구름』을 활용한 마을 만들기
- 장소의 문학화

시키기념박물관이 건립된 지 20여 년이 지난 2000년대 초, 마쓰야마시는 시바 료타로의 『언덕 위의 구름』을 전면에 내세운 마을 만들기를 추진하게 된다. 이른바 『언덕 위의 구름』을 축으로 한 21세기 마을 만들기'가 바로 그것이다.[9] 시의 설명에 따르면 이렇게 소설을 활용한 마을 만들기는 일본에서 처음 있는 시도라고 한다. 그렇다면 문학을 활용한 이러한 시도는 왜 필요했던 것일까.

마쓰야마시의 문학을 활용한 마을 만들기 사업은 2000년 지방분권일괄법이 시행됨에 따라 약 130여 년에 걸친 중앙집권적

---

9 松山市, 「『坂の上の雲』, のまちづくり」, 2012, https://www.city.matsuyama.ehime.jp/shisei/machizukuri/sakanoue/sakakumo_machidukuri.html (2018년 8월 10일 검색).

그림1 『언덕 위의 구름』을 축으로 한
21세기 마을 만들기
- 소설을 살린 "마쓰야마만의"의 마
을 만들기

제도 하에 지방의 도시화가 종식되고, 지방분권에 의한 지역의 자
주적인 마을 만들기 시대가 본격화되는 시대적 분위기와 맞물려
있다. 이러한 변화에 발맞춰 마쓰야마시도 제5차 마쓰야마시 종
합계획(2003~2012년)을 수립하게 된다. 여기에 마을 만들기 기
본 이념으로 『언덕 위의 구름』이 구체적으로 제시된다.

　　그림1에서 보듯 마쓰야마시의 설명에 따르면 『언덕 위의 구름』
마을 만들기란 "소설 『언덕 위의 구름』의 세 주인공이 품었던 높은
뜻과 한눈 팔지 않는 노력, 꿈이나 희망을 마을 만들기에 집어 넣

그림2 동경과 자랑 일본 제일의 마을 마쓰야마 - 제4차 마쓰야마종합계획/ 기본 구상

는 것"이자 "새로운 것을 만드는 것만 아니라 지역에서 오래전부터 있었던 기존의 지역 자원을 최대한 활용하여 주인공들처럼 꿈이나 희망을 가지면서 관민일체가 되어 '이야기'가 느껴지는 마을을 지향하는" 것이라고 한다. 구체적으로는 소설과 관련된 사적이나 지역 고유의 귀중한 자원들을 "하나의 작품으로 비유해 시 전체를 '지붕 없는 박물관'으로 간주해 회유성回遊性이 높은 이야기가 있는 마을"을 만드는, 이른바 '필드 뮤지엄'의 형태를 지향한다고 한다.¹⁰ 결국 그것은 시바 료타로의『언덕 위의 구름』의 정신을

"21세기 마을 만들기의 귀중한 시사로서 받아들이는" 것이라고 한다. 그렇다면 왜 하필『언덕 위의 구름』이 마쓰야마 도시 계획의 중심이 되었던 것일까.

「사례 125『언덕 위의 구름』마을 만들기」에 따르면『언덕 위의 구름』을 활용한 마을 재생은 1999년 당시 나카무라 도키히로中村時広 시장이 처음 제안한 것이라고 한다. 1999년 시장으로 당선된 나카무라는 곧바로 민간위원 중심의 위원회를 조직했다. 이듬해인 2000년 3월 마쓰야마시는 공식적으로 「『언덕 위의 구름』을 축으로 한 21세기 마을 만들기 기본 구상」을 확정했다. 이 구상에 근거해 2002년 마쓰야마시는『언덕 위의 구름』마을 만들기 추진협의회를 설치하고, 그 밑에 '센터존 정비전문위회'와 『언덕 위의 구름』기념관 등 설치전문위원회'를 두어 사업을 구체적으로 추진해나가기 시작한다. 이처럼『언덕 위의 구름』을 중심으로 한 마쓰야마시의 도시 계획은 나카무라 시장의 아이디어에 의해 시작되어 추진된 행정주도의 정책이라고 할 수 있다.[11]

그렇다면 왜 나카무라 시장은 그토록『언덕 위의 구름』에 집착한 것일까. 시바 료타로의 주요 작품들은 1960년대부터 TV 드라마로 만들어졌다.『언덕 위의 구름』만은 "단기간의 영상으로는 작품이 그린 일본인의 삶이나 정신이 실현될 수 없다."는 이유로 시바가 드라마화를 허락하지 않았던 작품이기도 했다. 나카무라 시장은 그러한 "시바의 정신"을 마을 만들기의 정신으로 살리겠다고 시바 부인을 직접 설득해 2000년 그 이름에 대한 사용 허락을 얻게 되었다고 한다. 그렇다면 그가 집착한 "시바의 정신"이란 대체 무엇일까.

그는 2003년 시민들에게 보내는 메시지에서 『언덕 위의 구름』 마을 만들기'의 목적을 크게 두 가지로 설명한다. 하나는 "국가나, 지역, 개인에 관계없이 모두 꿈과 이상이나 목표를 가지자. 그것만 보인다면 인간은 그것을 향해 열심히 살 수 있다, 그것이 인생을 충실한 것으로 만들어줄 거야."라는 소설 속의 메시지를 지역 주민과 공유할 것, 다른 하나는 "이야기를 맛볼 수 있는 관광지로서 마쓰야마를 추구해 더 많은 사람이 방문할 수 있는 매력을 갖추어" 지역 활성화에 기여하는 것이다.

고도 성장이 끝나고 저성장 사회로 진입했던 90년대 이후 일본에서는 꿈과 이상이나 목표가 사라졌다는 담론이 심심치 않게 등장했다. 사회학자 미타 무네스케見田宗介가 말했듯 90년대 일본에서는 이제까지 일본인을 지배했던 이상理想이나 꿈夢만이 아니라 허구虛構마저 붕괴했고, 그것이 사라진 공백이 여기저기에서 보이기 시작한 것이다.[12] 물론 마쓰야마시는 다른 지방 도시보다 인구 급감 등의 심각한 위기에 직면하지 않았다. 하지만, 지자체

10　松山市總合政策部,『坂の上の雲』のまち松山フィールドミュージアムマップ』, 2018, https://www.city.matsuyama.ehime.jp/shisei/machizukuri/sakanoue/field_museum.html(2018. 8.10. 검색).

11　松山市, 「事例125 『坂の上の雲』のまちづくり」, 2006, pp.3~5. http://www.mlit.go.jp/crd/city/mint/htm_doc/db/125matsuyama.html(2018.8.10. 검색).

간의 무한 경쟁이 시작된 2000년대 초부터 관광객 수와 중심 상가 매출이 줄어들기 시작했고, 대형 체인점이 폐업하기까지 한다.

이상이 사라진 시대에 나카무라는 1960년대 시바 료타로의 허구를 통해 마쓰야마시의 원도심을 재생하고자 하는 것이다. 실제로 나카무라는 시민들에게 보내는 메시지에서 이른바 "시바의 정신"이 일종의 허구임을, 시바 료타료의『언덕 위의 구름』후기 인용을 통해 드러내고 있다.

> 구름이라는 건 잡은 순간에 사라져 버린다. 하지만 그것으로 끝은 아니다. 한번 구름을 잡은 후, 멈춰서 문득 위를 올려다보면 또다시 다음 언덕길이 계속되고 있다. 미래영겁 추구해가는 것이 '언덕 위의 구름'. 그 구름이란 것은 개개인이 가진 것으로, 커도 좋고 작아도 좋으며, 규모의 대소나 알맹이가 아니라 각자가 발견한다는 것이 중요한 것이다(松山市, 2006).

나카무라에게는 그림 2에서 보는 것과 같이 '일본 제일의 마을'이라는 구름을 잡는다고 하는 '허구'의 필요성을 시민들이 공유하지 않고서는 지역 활성화는 이루어질 수 없는 것으로 보였다. 이를 위해서는 무엇보다 먼저『언덕 위의 구름』이라는 허구의 세계를 마쓰야마에 맞춰 재해석할 필요가 있었다. 그렇게 해서 나온 것이 바로「『언덕 위의 구름』을 축으로 한 21세기 마을 만들기 4개의 기념 이념」이다.

이 개념을 만든 위원회의 설명에 따르면 그들은 "이 이야기로부터 4개의 감동과 용기를 받았"으며 "이것을 마을 만들기에 반영한 〈마쓰야마다운松山らしい〉 마을 만들기 비전은 독창성을 발휘하게 될 터"라 한다. 그들이 소설 해석을 통해 추출해낸 4개의 기념 이념 중에서 특히 흥미로운 것은 소설 속 주인공들에 대한 해석으로, 군인이었던 아키야마 요시후루와 사네유키, 마사오카 시키가 "지식·정보를 모으고·비교하는 것으로써 독자의 가치관을 창조"했고, 이는 이른바 '정신주의'가 아니라 "리얼리즘과 합리성"을 보여준다고 하는 대목이다. '언덕 위의 구름'을 잡고자 한 비합리적인 목표를 매우 실증적이며 합리적으로 수행했다고 하는 얘기다. 그렇다면 이러한 요설이 아무렇지도 않게 막대한 예산이 투입되는 공공사업의 기념 이념으로 버젓이 등장하는 것이 '마쓰야마다움'일까.

그것은 애초에 시바 료타로의 세계관을 마을 만들기의 '정신'으로 삼은 것에 기인하는 문제일 수도 있겠지만, 좀 더 넓게 본다면 지역성을 문학, 즉 내러티브를 통해 재구축하려는 과정에서 필연적으로 수반되는 문제일 수 있다. 왜냐하면 아무리 다양한 인물이 출현하는 문학 작품이더라도 그것은 결국 작가의 필터에 의해 창출된 인물들이기 때문이다. 『언덕 위의 구름』후기에서 시바는 꿈이 "커도 좋고 작아도 좋으며, 규모의 대소나 알맹이가 아니"라

---

12   見田宗介, 『社会学入門-人間と社会の未来』, 岩波書店, 2006, 전자책, No.878~1176/2679.

도 좋다고 했지만, 실은 이 작품은 아키야마 요시후루와 사네유키, 마사오카 시키 같은, 제국일본에 실질적으로 기여한 남성들의 '야망'을 다루고 있을 뿐인 것이다. 이는 나카무라가 이상이 사라진 시대에 필요한 새로운 이상을 만드는 데 실패하고, 1960년대가 만들어낸 '허구'를 소환할 수밖에 없을 정도로 실은 창의성을 결여한 사실을 우회적으로 보여준다.

한편 나카무라 도키히로 시장은 1975년 마쓰야마 시장에 당선되어 시키기념박물관 건설을 추진한 나카무라 도키오中村時雄의 아들이다. 그가 추진한 이른바 하코모노행정, 즉 문학관이나 미술관 같은 뮤지엄 건설을 통한 지역 활성화는 당시 매우 혁신적 사례로 많은 지자체의 롤모델이 되었다. 나카무라 도키오의 정치적 기반을 상속 받아 시장에 당선한 아들 도키히로가, 아버지의 하코모노행정을 넘어서기 위해 뚜껑이 없는 필드 뮤지엄을 구상한 것은 나름대로 창의적인 측면이 없다고는 할 수 없다. 하지만 그것은 '언덕 위의 구름 미술관'이라는 또 하나의 하코모노를 건설하는 것이었다는 점에서 아버지의 틀 안에 머물러 있을 뿐이다.

4. 문학의 장소화로서 '언덕 위의 구름 뮤지엄'의 이면 : 후경화되는 '문학'과 전경화되는 '제국일본'

그렇다면 '언덕 위의 구름 뮤지엄'의 내부는 과연 어떻게 되어 있을까. 약 30억 엔을 들여 안도 타다오安藤忠雄의 설계 하에 2004년

12월에 착공해 2006년에 준공, 2007년에 개관한 이 뮤지엄은 필드 뮤지엄 구상의 중핵 시설로 주로 다음의 세 가지 기능을 담당하도록 기획되었다. 첫째 주인공들에 관련된 자료 등을 통해 소설에 그려진 시대를 느끼도록 하는 전시 기능, 둘째 소설의 필드 뮤지엄의 소개하는 정보발신 기능, 마지막으로 마을 만들기 지원기능이 바로 그것이다. 세 번째 기능인 마을 만들기 지원을 제외한 두 기능은 일반적인 문학관에서 해오던 일에서 크게 벗어나지 않는 것처럼 보이기 쉽지만, 실은 문학관의 관점에서 봤을 때 매우 특이한 것은 바로 이 두 항목이다.

일반적으로 문학관은 작가의 육필 원고나 초판본, 작품집, 편지와 사진, 일기, 당시 보도 자료 등의 오리지널한 자료를 비롯해 작가의 소장 장서, 책상, 필기구, 안경과 같은 유품 등으로 복원된 서재 등을 주요 전시 자료로 삼고, 이를 토대로 학예사 등이 재구성한 해설과 연보 등을 통해 일반 관람자의 작가와 작품에 대한 이해를 높이는 것을 목적으로 한다. 반면 '언덕 위의 구름 뮤지엄'은 이 소설의 작가가 아니라 문학 작품의 등장인물과 관련된 자료가 주로 전시 대상이 되고 있다는 점이 특징이다.[13] 이렇게 작가가 아닌 작품을 중심으로 문학기념관을 만드는 경우는 일본 안에서 거의 유래를 찾아볼 수 없다.

사실 대부분의 문학관(혹은 기념관)은 근대 문학사에 등장하는 주요 작가명이나 지역명을 따는 경우가 일반적이다. 작가의 기념관이라고 하더라도 지역성과 강하게 연결되어 있다. 예컨대 조정민은 "작가의 출생 → 그가 남긴 작품 → 작품 속의 '고향(지역)'

의 발견 → 그리고 다시 고향(지역)이 낳은 작가로"로 이어지는 "이러한 순환적 구조를 가시화한 것이 바로 문학관"이라고 지적하며, "작가와 지역의 연결고리"를 단단하게 만드는 문학관의 실태를 강하게 비판한 바 있다.[14]

이러한 조정민의 문제의식은 안도 타다오의 노출 콘크리트 건축 양식으로 지었을 뿐 아니라 작가와 지역의 연결고리가 단절되어 있는 '언덕 위의 구름 뮤지엄'에 대해 고찰하는 데 있어 매우 유용한 참조점이 된다. 왜냐하면 시바가 아니라 특정 문학 작품을 중심에 두는 이 문학관은 적어도 표면적으로는 대부분의 작가 기념 위주의 문학관이 빠지기 쉬운 일종의 '자료 페티시즘'이라는 함정에 빠지지 않고, 새로운 형태의 문학관을 시도하는 것처럼 보이기 때문이다. 그런 점에서 봤을 때, 그림 4에서 보듯 시바 료타로의 육필 원고보다는 신문 연재 당시의 형태를 전시하는 행위는 기존의 문학관의 한계를 넘어서려는 시도로서 긍정적으로 볼 수 있을지도 모른다.

하지만 이러한 행위를 통해 지역 문학이 도쿄 중심이라는 헤게모니로부터 벗어났는가 하면, 실은 그렇지 않다. 거기에는 마쓰야마 출신의 등장인물을 내세운 『언덕 위의 구름』이라는 소설 그 자체가 실은 제국일본이라고 하는 거대 담론 지향적인 관점 속에서 마쓰야마의 지역성을 재구성하고 있다고 하는 근본적인 이유가 자리잡고 있기 때문이다.

이 소설의 주요 등장인물은 모두 '메이지 일본(=제국일본)'이라는 거대 서사에 큰 역할을 했던 인물이다. 육군에 입대해 청일

그림3 언덕 위의 구름 뮤지엄 내부 :『산케이신문』에 연재된『언덕 위의 구름』연재 분량을 재현하고 있음

13   참고로『언덕 위의 구름』을 쓴 시바 료타로 문학을 기념하는 시바료타로기념관
      은 2001년 히가시오사카시 시타코사카(大阪府東大阪市下小阪)에 있는 그의 자
      택 부지 안에 세워졌고, 그의 자필 원고와 장소의 대부분을 이곳에서 볼 수 있다.

14   조정민,「발견된 '지역'과 만들어진 '문학관', 그 이후를 사유하다 - 일본 홋카이도
      시립오타루 문학관의 시사점 -」,『동북아문화연구』제27집, 2011, 563~564쪽.

전쟁과 러일전쟁에 참전하고 1916년부터 조선주둔군 사령관이 된 아키야마 요시후루와, 그의 동생으로 해군에 입대해 러일 전쟁 당시 작전참모로 활약했던 아키야마 사네유키, 그리고 그의 친구로 도쿄제국대학을 중퇴한 이후 신문기자 생활을 하다가 고향으로 돌아와 근대 하이쿠 성립에 큰 영향을 미친 마사오카 시키, 이들은 모두 메이지 일본이라는 국가의 '영광'에 이바지한 인물임이 틀림없다.

더 큰 문제는 이 세 인물 중에 문학자인 시키는 『언덕 위의 구름』 전체 분량 중 중간도 되지 않은 부분에서 죽어버리게 되면서 거의 3/4에 육박하는 분량이, 러일전쟁에 참여한 두 군인 형제의 이야기로 채워지게 된다는 점이다. 그런 관점에서 봤을 때, '언덕 위의 구름 뮤지엄'은 표면적으로는 문학을 강조한 듯이 보이지만, 실은 문학자 시키의 이름을 빌어 군인의 이야기를 주요 테마로 삼는 전쟁기념관이라고 해도 과언은 아닐 것이다.

실제로 2007년부터 시작된 기획전시 프로그램을 보면 '러일전쟁과 내셔널리즘'이 네 차례, '근대 국가 제도의 형성'이 세 차례씩 전시되었다. 전자는 주로 아키야마 형제를 통해 러일전쟁을, 후자는 시키를 통해 도쿄제국대학의 기능을 보여주고 있다. 필자가 직접 확인한 2018년도 기획전에서는 아키야마 사네유키 관련 자료가 전시되고 있었다. 여기에는 러일전쟁 시 일본군 연합함대사령관장이었던 도고 헤이하치로東鄕平八郎가 직접 쓴 「智謀如湧」 휘호부터 전시에 쓰였던 작전 지휘판, 나침반 등이 포함되어 있다. 물론 이러한 것들은 어디까지나 시바 료타로의 소설 속에 등장하는 소재라는 명목으로 전시되었다. 이는 시바 료타로의 『언덕 위의 구름』이 실은 마쓰야마가 낳은 불세출의 전쟁 영웅을 시市의 이름으로 현창顯彰하는 데 좋은 알리바이로 쓰였음을 단적으로 보여주는 예라고 할 수 있다. 언덕 위의 구름 뮤지엄이 착공된 것이 러일전쟁이 100주년을 맞이하는 2004년임을 상기해본다면 이 뮤지엄은 문학의 이름을 빌린 '러일전쟁 기념관'이라고 해도 무방하다.

원래 『언덕 위의 구름』은 1960년대 중반, 전후 20주년인가, 메이지 100주년인가를 둘러싸고 벌어진 역사 인식 논쟁 속에서 1968년의 일본을 메이지 100주년으로 보고자 하는 역사적 관점에서 전개되는 작품이었고, 그러한 역사관 속에 드러나는 조선 또는 아시아 인식에 치명적인 문제점이 있음은 이미 지적되었다.[15] 조선의 무능력과 제국주의의 필연성에 대한 구태의연한 설명은 말할 필요도 없거니와 문학자 시키 역시 그러한 역사관에서 조형되고 있다. 즉 『언덕 위의 구름』 속의 시키는 아키야마 사네유키로 하여금 자신이 문학적 재능이 없음을 깨닫게 해 결국 제국대학 예비학교의 길을 포기하고 해군병학교에 입교하도록 만드는 조력자이자 전쟁에 참여하는 친구를 둔 문학자로 전쟁 긍정의 마음을 하이쿠로 쓰고, 이를 정당화하는 일환으로 귀족 중심의 와카를 상대화하고 사생寫生 중심의 하이쿠론을 만든 존재로 표상하고 있을 뿐이다.

15　나카츠카 아키라, 『시바 료타로의 역사관』, 박현옥 옮김, 모시는사람들, 2014, pp.61~68.

고모리 요이치小森陽一도 지적했듯 시키가 종군 기자로 참전해 전쟁을 직접 보고 싶어 했다는 것은 사실이다. 하지만 시바의 말처럼 시키의 '사생주의'가 전쟁이라는 인간과 문명의 폭력성을 눈으로 직접 확인하고 싶다는 욕망과 직접적인 관련이 있는지는 의문의 여지가 있다. 설령 전쟁을 고양하는 시를 지으며 종군 기자가 되길 원했다 하더라도 객혈 때문에 귀국해 고향으로 돌아온 후 대부분을 병자로 누워지낼 수밖에 없었던 그의 작품 세계 속에 전쟁의 흔적은 극히 일부에 지나지 않는다. 오히려 고모리는 오에 겐자부로의 시키 해설을 인용하면서 시키의 하이쿠 모임이 "민주주의적인 토론의 장"이었다고 보기도 한다.[16] 설사 시바가 만든 시키 이미지가 일정 부분은 '사실'에 근거하고 있다 하더라도 시바는 그것을 마치 문학의 역할이 제국일본이라는 국가의 '사명'에 충실하는 데 있는 것처럼 만듦으로써 제국일본을 비판하고자 한 전후 지식인의 관점에 정면으로 도전하는 것이다.

물론 시바 료타로의 『언덕 위의 구름』의 존재 없이 시키와 나쓰메 소세키의 숨결이 살아 있는 문학 도시로 마쓰야마를 만들기는 쉽지 않았을 것이다. 하지만 동시에 역설적이게도 『언덕 위의 구름』의 세계관을 마쓰야마시 전체로 투영하고자 하는 '『언덕 위의 구름』 필드 뮤지엄 구상'을 통한 『언덕 위의 구름』 마을 만들기'는 문학 도시의 중심적인 존재로 시키를 후경화하는 모순을 지니게 된다. 왜냐하면 그림 4에서 보듯 그 구상에 따르면 언덕 위의 구름 뮤지엄을 중심으로 마쓰야마성, 아키야마 형제 탄생지, 시키도 등의 사적과 시설이 있는 지역이 '센터 존'으로, 시키기념박물

그림4 마쓰야마성 주변 센터 존과 서브 존

관과 도고온천이 있는 지구는 '서브 센터 존'으로 지정되고 있기
때문이다.

그림 5에서 보듯 마쓰야마성 주변 센터 존에는 여전히 시키의
흔적이 많이 편재되어 있다. 하지만 동시에 아키야마 형제 탄생지
와 마쓰야마 보병22연대 비석 등도 발견할 수 있다. 사실 운하 안
의 넓은 공원은 보병22연대의 주둔지였다. 바로 그러한 '일본군'의

16　　小森陽一, 『子規と漱石 -友情が育んだ写実の近代』, 集英社, 2016, p.92.

그림5 아키야마 형제 출생지가 포함된 센터 존 정보

존재 때문에 태평양 전쟁 당시 미군 공습으로 시 전체의 가옥 55퍼센트에 해당하는 1만 4300호가 불타게 되었다는 사실은 물론 언덕 위의 구름 필드 뮤지엄에서 언급하지 않는다. 아키야마 형제의 영광이 훗날 마쓰야마가 잿더미가 되는 전쟁의 역사로 이어지고 있음에도 말이다.

5. 관리 바깥의 문학

문학관을 통한 지역 활성화는 2000년대 중반까지 피크를 이루다가 2000년대 후반 — 정확하게는 2008년— 감소 추세로 돌아섰다. 실제로 「언덕 위의 구름 뮤지엄 월보」에 의하면 개관한 해인 2007년 입장객 수가 약 14만명이지만, 10년 뒤인 2017년에는 약 12만명으로 소폭 감소한다. 언덕 위의 구름 뮤지엄을 통한 관광 활성화는 실패한 것으로 보는 시각조차 존재한다.[17]

하지만 더 큰 문제는 『언덕 위의 구름』'마을 만들기'가 명실상부한 문학 도시인 마쓰야마의 진정한 가치를 지우고 있다는 점이다. 주지하다시피 에히메현 우치코 출신으로 노벨 문학상을 수상한 오에 겐자부로는 1950년 마쓰야마히가시 중학교에 편입했고, 여기서 훗날 영화감독이자 배우, CM 크리에이터로 활약했던 이타미 주조와 사귀게 된다. 오에는 『언덕 위의 구름』이 연재되기 일 년 전인 1967년, 시코쿠의 작은 마을에서 일어난 농민반란을 100년 후에 재현하고자 하는 동생과 안보투쟁에 지쳐 낙향한 형과의 대립을 그린 『만엔 원년의 풋볼万延元年のフットボール』을 발표한 것을 시작으로, 에히메 지역을 배경으로 하는 작품들을 계속해서 썼다. 에히메현 숲의 기억과 마을, 과거와 현대의 갈등을 다양한 관점에서 재조명하는 오에의 문학이야말로 19세기에서 20세기에 걸친

17　市川虎彦, 『保守優位県の都市政治』, 晃洋書房, 2011, pp.29~30.

에히메의 빛나는 문학적 성취임에도 오에의 흔적은 시의 마을 만들기 정책에서 전혀 보이지 않는다.

이렇게 보편적 인권을 옹호하는 전후 민주주의자로 알려진 오에의 '정신'을 애써 부인하는 '문학도시' 마쓰야마는 나카무라가 구상했던 관광을 통한 지역 활성화와 국제화의 흐름에 역행할 뿐 아니라 진정한 문학적 가치를 구현한 문학의 장소화에도 실패한 사례로 본다 하더라도 큰 무리가 없다.

하지만 그렇다고 문학 공간으로서 마쓰야마의 장소 가치가 완전히 소실되었다고 볼 수는 없다. 그것은 오에 겐자부로 기념관이 건설될 여지가 있기 때문만도, 굳이 관의 지원을 빌리지 않고서라도 자발적으로 만들어진 이타미주조기념관伊丹十三記念館[18] 같은 존재가 있기 때문만도 아니다. 가장 큰 이유는 오에의 작품 속에서 마쓰야마를 비롯한 에히메의 주요 장소들이 일본 근현대사를 압축한 소우주로서 여전히 살아 숨쉬기 때문일 것이다. 마쓰야마시가 큰 세계를 담을 그릇을 마련할 때까지는 아직 더 많은 시간이 필요할 것으로 판단된다.

18　이타미와 연이 깊었던 제과회사가 택지를 제공하고, 아내인 배우 미야모토 노부코가 건설 비용을 내서 2007년에 개관한 이 기념관은, 지자체와 무관한 문화예술의 장소화가 어떻게 가능한지를 보여주는 하나의 사례로서 주목할 필요가 있다. 이에 대해서는 향후 과제로 삼고자 한다.

참고 문헌

조정민, 「발견된 '지역'과 만들어진 '문학관', 그 이후를 사유하다 - 일본 홋카이도 시립오타루 문학관의 시사점 -」, 『동북아문화연구』 제27집, 2011.

임현진·강명구(편), 『동아시아 대중문화소비의 새로운 흐름』, 나남, 2013.

나카츠카 아키라, 박현옥(역), 『시바 료타로의 역사관』, 모시는사람들, 2014.

이선욱, 「지역문학의 저녁」 『계간 창작과 비평』 178호, 2017.

久保田正文, 「瞭らかな誤り--正岡子規の評価について」, 『近代文学』 4(10), 1949.

安東次男·大岡信(編), 『鑑賞日本現代文学第33巻 : 現代俳句』, 角川書店, 1990.

柄谷行人, 「美術館としての歴史―岡倉天心とフェノロサ」, ハルオ·シラネ(編) 『創造された古典―カノン形成·国民国家·日本文学』, 新曜社, 1995.

松山市史編纂委員會, 『松山市史 第4巻』, 松山市, 1995.

司馬遼太郎, 『 坂の上の雲 (2)』, 文藝春秋, 1999.

亀井秀雄, 「文学館を考える―その外延と内包―」 『市立小樽文學館報』 28号, 2005.

松山市, 「事例125『坂の上の雲』のまちづくり」, 2006.(2018년 8월 10일 검색)

見田宗介, 『社会学入門 - 人間と社会の未来』, 岩波書店, 전자책, 2006. No.878~1176/2679.

市川虎彦,『保守優位県の都市政治』晃洋書房, 2011.

松山市,「『坂の上の雲』のまちづくり」, 2012.(2018년 8월 10일 검색).

全国文学館協議会,『全国文学館ガイド』, 小学館, 2013.

松山市,「松山の歴史」, 2014. (2018년 8월 10일 검색).

小森陽一,『子規と漱石 －友情が育んだ写実の近代』, 集英社, 2016.

夏目漱石,『定本漱石全集 全2巻』, 岩波書店, 2017.

文学館研究会,「文学館一覧」, 2017.

田坂憲二,『日本文学全集の時代―戦後出版文化史を読む』, 慶應義塾大学出版会, 2018.

松山市総合政策部,『坂の上の雲』のまち松山　フィールドミュージアムマップ』, 2018.(2018년 8월 10일 검색).

영화 속 노스텔지어의 장소, 세토내해

이석

1. 들어가면서

일본에서 지방은 노스텔지어의 감정을 불러일으키는 장소로 자주 언급된다. 급격한 근대화 이후 고향에서 상경한 수많은 이에게 지방은 고향이나 어린 시절을 연상시키는 역할을 담당했던 것이다. 한편 최근에는 '지방 소멸'이나 '지방 위기'라는 말이 공공연히 들릴 정도로 쇠락해 '잃어버린 과거'나 '연민을 자아내는 대상'으로 표상되기도 한다. 그러나 과거처럼 현재에도 지방이 똑같이 노스텔지어를 불러일으킨다고 하더라도 그 성격이 동일하다고 보기는 어렵다. 시대에 따라 지방에 관한 노스텔지어는 계속 변해 왔기에 그 양상을 분석하면 오늘날 지방에 관해 어떤 이미지가 구축되는지 알 수 있다.

이에 본 장에서는 2000년대 최고의 인기를 얻었던 영화 〈세상의 중심에서 사랑을 외치다世界の中心で、愛をさけぶ〉(이하 〈세카츄〉)가 어떻게 세토내해를 묘사하여 관객 사이에 노스탤지어를 자극하는지 살펴보기로 한다. 과거부터 세토내해는 일본의 전통적인 원풍경을 상징하는 지역으로 알려져 있다. 그런데 영화 〈세카츄〉는 과거와는 다른 방식으로 세토내해를 관객들에게 보여주며 이전에는 없던 독특한 감정을 불러일으키고 있다. 그 가운데에서도 본 장은 〈세카츄〉의 하이라이트에 등장하는 폐건물에 주목하여 그 장소가 어떤 감정을 자아내는지 분석하도록 하겠다. 이는 2000년대에 새롭게 등장하는 지방 이미지를 고찰하는 데 중요한 실마리를 줄 것으로 예상하기 때문이다.

2. 세토내해의 내셔널한 풍경

영화 〈세카츄〉를 본격적으로 분석하기에 앞서 영화의 주요 배경이 되는 세토내해가 과거에는 어떻게 표상되었는지 살펴보자. 〈세카츄〉의 영화 속 공간이 과거와 다르게 변용되었다는 사실을 확인하기 위해서는 이전 세토내해의 이미지가 어떠한지 이해할 필요가 있다. 지리적으로 보자면 세토내해는 일본의 혼슈, 규슈, 시코쿠로 둘러싸여 바깥쪽 바다(필리핀해, 태평양, 동중국해)로부터 분리된 폐쇄적 구조를 지닌다. 일본어로 세토瀬戸는 해협을 의미하기에 세토내해란 결국 해협의 안쪽에 있는 바다를 의미한다. 그런데 일본

에서 세토내해는 '온화함穩やか'과 '평안함安らぎ'을 대표하는 풍경으로 알려져 있으며 '일본의 원초적 풍경原風景', '일본인의 마음 속 고향'이나 '유년기를 연상하는 아름다운 경치'와 같은 수식어로 묘사되는 경우가 많다.

그러나 선행연구에 따르면 세토내해를 '아름다운 목가적 풍경'으로 묘사하기 시작한 역사는 오래되지 않았다. '세토내해'라는 용어는 메이지 초기에 'The Inland Sea'의 번역어로 처음 등장했는데 이 지역을 방문한 서양인들이 내해內海를 의미하는 'inland sea'에 정관사 'the'를 붙여 세토내해를 지칭한 것에 그 기원이 있다(西田正憲, 2007). 근대 이전에는 산요도山陽道나 난카이도南海道와 같이 지역을 나눠 부른 적은 있어도 전체 지역을 하나의 지명으로 통칭하는 습관이 없었던 것이다.[1] 그런데 서양인들이 이 지역을 'The Inland Sea' 혹은 'Inner Sea', 'Lake Sea', 'Japanese Mediterranean'라고 부르고부터 일본인도 처음으로 세토내해 지역을 하나의 지역 단위로 바라보게 되었다.[2]

이때 세토내해 지역의 이미지를 결정짓는 데 큰 역할을 한 것은 메이지 시대에 일본을 방문한 서양인들이었다. 서양인들은 세토내해가 유럽의 지중해와 닮았다는 의견을 피력했고 이를 경청한 일본 정부와 지식인들은 지중해와 세토내해를 자주 비교하게 되었다. 이에 세토내해는 지중해보다 '작고 아담한 바다'로 보였고 거칠고 넓기보다는 정적이고 온화한 이미지로 인식되었다.[3] 선행연구에 따르면 전근대에 세토내해는 여울과 섬이 많은 해역에 불과했다. 하지만 서양인들이 유럽 문화의 발원지인 지중해에 자주 비유하고부터 평화로운 낙원이나 일본 문명의 기원으로 세토내해가 표상되기 시작한다(西田正憲, 1999).

이와 같은 세토내해의 이미지는 오늘날에도 이어져 대중문화에서 반복해서 재현되고 있다. 그중에서도 가장 유명한 작품은 고야나기 루미코小柳ルミ子의 노래 〈세토의 신부瀬戸の花嫁〉(1972)라고 할 수 있다. 〈세토의 신부〉는 제목에 지명을 넣고 가사에 세토내해의 풍경을 묘사하는 등 지역색을 전면에 내세우며 선풍적인 인기를 누렸다.[4] 이러한 〈세토의 신부〉에서는 섬 마을에 시집 가는

---

1   근세에 세토내해는 물살이 센 여울인 나다(灘)에 따라 하리마나다(播磨灘), 빈고나다(備後灘), 아키나다(安芸灘), 이요나다(伊予灘), 히우치나다(燧灘) 등으로 나눠 부를 뿐 하나의 지역 단위로 세토내해를 바라보는 관점은 부재했다.

2   선행연구에 따르면 1903년에 오사카에서 열리는 박람회(内國勧業博覧會)를 준비하는 회의 기록에서는 일본으로 여행 온 외국인의 관점에서 세토내해를 "대해(大海)"가 아니라 "일본의 연못(日本の池)"처럼 "작은 것(小さいもの)"으로 보는 것이 중요하다는 의견이 등장한다(西田正憲(2007: 54), 橋爪紳也(2014: 26)).

3   사실 세토내해는 동서 450킬로미터의 길이에 2만2천 제곱킬로미터의 면적을 지니고 727개의 섬(둘레 0.1킬로미터 이상)이 있으며 총 3천만 명이 생활하는 10개 현(県)에 접하고 있다. 따라서 외부로부터의 시선을 빌리지 않는다면 이 지역을 역동적이고 광활한 바다로 그릴 수도 있다.

4   〈세토의 신부(瀬戸の花嫁)〉의 가사는 다음과 같다. "세토는 날이 저물어 저녁 파도 잔물결(瀬戸は日暮れて 夕波小波) /당신의 섬으로 시집 가요 (あなたの島へ お嫁にゆくの)/ 너무 어리다고 모두가 걱정하지만 사랑이 있으니까 괜찮아요(若いと 誰もが 心配するけれど 愛があるから 大丈夫なの) … 세토는 저녁놀 내일도 맑음 두 사람의 새 출발을 축하해주네요(瀬戸は夕焼け 明日も晴れる 二人の門出 祝っているわ)"

어린 신부의 마음을 서정적이고 낭만적인 멜로디로 연주하고 있다. 특히 어린 신부의 "사랑"을 바다의 "잔물결"과 하늘의 "저녁놀", 맑은 날씨, "당신의 섬"과 함께 노래해 세토내해의 목가적인 풍경을 그린다. "세토는 저녁놀 내일도 맑음"으로 묘사되는 풍경은 많은 일본인의 심금을 울려 〈세토의 신부〉는 70년대를 대표하는 곡으로까지 성공하게 된다.

그러나 간과해서는 안 되는 점은 그 배경에 JR 국철의 캠페인 사업이 있었다는 점이다. 1970년대에 JR 국철은 오사카박람회 이후 급감하는 여행객 수를 다시 늘리고자 대대적으로 'Discover Japan' 캠페인을 실시했다. 이 캠페인은 일본에서 처음으로 국철이 일반 기업이나 TV 프로그램과 컬래버레이션 사업을 벌이며 대성공을 거둔 사례라고 할 수 있다(近藤正高, 2010). 이 캠페인은 '아름다운 일본과 나美しい日本と私'를 부제로 걸며 일본 지방을 아름답게 묘사해 여성 여행객들이 철도로 지방을 여행하도록 만들었다. 〈세토의 신부〉는 바로 이런 'Discover Japan' 캠페인을 의식해서 만들어진 곡으로[5] 노래가 그리는 낭만적이면서도 향토적인 풍경은 'Discover Japan'이 추구하는 노선과 일치해 큰 반향을 불러일으켰다. 〈세토의 신부〉의 작사가는 "본래의 아름다운 세토내해를 묘사해 일본이 갖는 고향에 대한 그리움과 가족애를 그리자"는 심정에서 곡을 만들었다고 하는데 이러한 풍경이야말로 'Discover Japan'이 홍보하고자 하는 지방의 이미지였다고 말할 수 있다.[6]

위와 같은 과정을 거쳐 세토내해는 내셔널한 노스탤지어를 자극하는 지역으로 대중에게 널리 알려졌다. 그런데 시간이 지나 2004년에 개봉한 영화 〈세카츄〉에서는 세토내해를 작품 무대로 삼으면서도 〈세토의 신부〉가 그리는 것과 같은 전통적 정조를 띄지 않는다. 그럼에도 작품 전체에는 애틋한 노스탤지어의 분위기가 느껴지는데 그 실체가 무엇인지 지적하기란 쉽지 않다. 그렇기에 다음 장에서는 영화 〈세카츄〉가 그리는 세토내해의 풍경과 여기로부터 연상되는 노스탤지어라는 감정에 관해 살펴보기로 하자.

3. 클리셰와 워크맨이 구축하는 세토내해 표상

영화 〈세카츄〉는 85억 엔의 수익을 올려 2004년에 개봉한 일본 영화 중 흥행 1위를 차지하며 당시 일본 대중문화에 커다란 파장을 불러일으켰다. 이 영화는 가타야마 교이치片山恭一가 쓴 동명의 원작 소설을 각색해 제작했는데 원작 소설 역시 영화의 인기에 힘입어 2004년에는 300만 부 이상의 판매량을 기록했다.[7] 이 소설

---

5 고야나기 루미코의 소속사는 1971년에 'Discover Japan'의 노선에 맞추어 발표한 고야나기 루미코의 〈내가 사는 조카마치 (私の城下町)〉가 큰 성공을 거두자 고야나기 루미코의 후속곡도 마찬가지로 'Discover Japan'의 노선을 따른다는 전략을 세웠다. 그 후속곡이 바로 〈세토의 신부〉다.

6 지금도 〈세토의 신부〉는 세토내해에 근접한 JR시코쿠와 JR니시니혼의 철도역에서 열차의 출발을 알리는 멜로디로서 계속해서 사용되고 있다.

에서는 백혈병에 걸려 어린 나이에 세상을 떠난 소녀와 그녀를 순수하게 사랑하는 소년의 이야기를 애잔하게 그리고 있다.

이 원작 소설과 영화의 가장 큰 차이는 그 무대 배경에 나타난다. 원작은 작가의 고향인 에히메현 우와지마시宇和島市라는 시코쿠의 남쪽 소도시를 주요 배경으로 하고 있지만,[8] 영화는 가가와현 다카마쓰시 아지정庵治町이라는 어촌을 무대로 이야기를 전개하고 있다. 여기서 새로운 배경으로 설정된 아지정이 세토내해의 중앙부, 시코쿠 최북단 곳에 위치해 삼면이 바다로 둘러싸여 있다는 점에 특히 주목할 필요가 있다. 왜냐하면 이렇게 무대 배경이 다르기에 원작 소설에서는 잘 묘사되지 않는 세토내해의 풍경이 영화에서 시종일관 등장하기 때문이다.

선행연구에 따르면 〈세카츄〉는 세토내해에 관한 기존 향수를 자아내기보다는 1980년대의 초호황기에 대한 노스탤지어를 그리고 있다. 요모타 이누히코는 〈ALWAYS 3번가의 석양ALWAYS 三丁目の夕日〉(2005)이나 〈도쿄 타워東京タワー―オカンとボクと、時々、オトン〉(2007)와 같이 고도 성장기를 그리워하는 영화가 2000년대에 큰 인기를 끌었다고 지적하며 이와 같은 맥락 속에서 〈세카츄〉가 흥행할 수 있었다고 분석한다(四方田犬彦, 2014). 다시 말해 버블 경제가 이미 붕괴된 2000년대에 일본 대중은 정체된 현실에서 벗어나 감미로운 노스탤지어에 젖고자 영화를 시청했다는 것이다. 이 주장에 따르면 〈세카츄〉가 그리는 청소년기의 순애보도 결국 일본의 대중이 심각한 사회문제를 회피하고 미화된 과거로 퇴행하고자 만든 이야기다. 요모타는 이러한 영화를 멜로드라마로 구

분하고 멜로드라마의 문제점은 과거를 지나치게 미화해 실제 역사를 알 수 없게 만드는 데 있다고 주장한다(四方田犬彦, 2014). 이와 같은 요모타의 분석은 〈세카츄〉에 대한 학계의 평가를 대표한다고 말할 수 있다. 김영심은 오랜 불황 때문에 실의에 빠진 일본인에게 〈세카츄〉는 80년대를 추억하게 만들어 "고단한 현실을 잊고 달콤한 과거를 상기해주는 청량제나 초콜릿과 같은 역할"(김영심, 2006:199)을 수행한다고 지적한다. 그래서 "멜로물의 교과서적인 작품"(김영심, 2006)으로서 〈세카츄〉를 정의한다.

본 장에서는 위와 같은 〈세카츄〉에 관한 해석에 반박하기에 앞서 〈세카츄〉가 갖는 과도한 통속성과 정형성에 주목하고자 한다. 사실 〈세카츄〉는 지나칠 만큼 상투적이고 진부하다. 통속 로맨스에서 반복 재생되던 'Boy Meets Girl'의 전개[9], 백혈병 소녀로 설정된 주인공[10], 빛바랜 노란색 톤으로 과거 회상 장면을 보여주는 연출, 누구에게나 익숙한 80년대 히트곡의 배경 음악 등 어느 것 하나 신선한 요소가 없다. 일견 특이해 보이는 영화 타이틀도 사실 1990년대부터 인기를 끌던 세카이계セカイ系 애니메이션

7　이것으로 무라카미 하루키의 『노르웨이의 숲』 상권을 넘어서 『세상의 중심에서 사랑을 외치다』는 일본 국내 소설 중 최대 발행 부수를 자랑하게 되었다.

8　작품에서는 정확한 지명이 등장하지 않고 '어느 지방도시'라고만 표기되어 있으나 에히메현 우와지마시를 연상하는 풍경 묘사가 많이 등장한다.

9　소년과 소녀가 우연히 만나 처음에는 티격태격하다가 결국에는 지고지순한 사랑을 나누게 된다는 로맨스물의 정형적인 플롯이다.

으로부터 차용한 것이다.[11] 영화 초반부터 〈세카츄〉는 과도할 정도로 정형화된 클리셰들을 나열하는 것이다.

그리고 이 모든 클리셰를 조합하기 위한 공간적 배경으로 세토내해가 선택된다. 과거의 미디어에서 반복 재생되던 통속 로맨스물의 클리셰들은 세토내해와 조화를 이루며 〈세카츄〉에서 아름다운 풍경을 연출한다. 그 결과 관객들은 영화 촬영장이었던 세토내해의 섬마을을 '순애의 성지純愛の聖地'라 호칭하고 아지정까지 찾아오게 된다. 실제로 영화가 큰 성공을 거두자 아지정에서는 영화 세트로 가설된 사진관을 복원하며 이곳을 '순애의 성지 아지, 관광교류관純愛の聖地庵治·観光交流館'으로 운영하기 시작한다. 이곳의 관광교류관 홈페이지를 보면 "바다와 산, 그리고 시가지 처음 와도 반갑다", "바다와 산으로 둘러싸인 촬영지와 80년대를 연상하게 하는 어딘가 그리운 시가지"라는 문구로 관광객을 유치하고 있다. 이 광고 문구를 통해서도 이곳을 찾는 관광객이 '어딘가 그리운 장소'로 〈세카츄〉의 촬영지를 방문하는 것을 확인할 수 있다.

그러나 〈세카츄〉는 세토내해를 그리면서도 과거의 〈세토의 신부〉와는 다른 방향으로 노스탤지어를 자극한다. 전술했다시피 〈세토의 신부〉는 "아름다운 일본"이나 "일본이 갖는 고향에 대한 그리움과 가족애"를 표현하기 위해 세토내해를 노래했다. JR 국철이 벌이는 'Discover Japan' 캠페인 사업의 일환으로 이 노래가 제작되었다는 사실이 증명하듯 '일본의 원풍경', 다시 말해 내셔널리즘의 고전적 풍경으로서 세토내해가 그려진 것이다. 그러기에 〈세토의 신부〉가 노래하는 그리움에는 내셔널리즘의 색채가 짙다.

그렇지만 〈세카츄〉가 보여주는 세토내해는 '일본의 원풍경'이라기보다는 통속 로맨스의 클리셰들로 구축된 인위적인 풍경에 가깝다. 〈세토의 신부〉는 저녁 파도, 잔물결, 저녁놀과 같은 자연물로 풍경을 묘사하지만, 〈세카츄〉로 '순애의 성지'가 된 아지정이 내세우는 풍경은 영화 세트로 급조된 사진관이다. 이 사진관은 소설 원작에 등장하지 않으며 편의에 따라 해체되었다가 복원된 가공의 건물이다. 사실 사진관뿐 아니라 영화에서 그리는 애틋한 순애의 서사도 본래 아지정과는 아무 관계가 없다. 그럼에도 관광객들은 아지정을 방문해 단순히 영화를 되돌아보는 것에 멈추지 않고 "어딘가 그리운どこか懐かしい 감정"까지 떠올리는 것이다. 선행연구에서는 이것을 80년대 초호황기에 대한 그리움이라고 쉽게 단정 짓지만, 영화에 등장하는 작은 섬마을에서 물질적 풍요와 윤택함을 찾기란 쉽지 않다.[12] 게다가 영화가 개봉한 2004년의 시점

---

10 1975년에서 1976년까지 방영된 드라마 〈赤い疑惑〉에서는 야마구치 모모에가 백혈병에 걸린 소녀 역을 맡아 큰 인기를 누렸다. 1998년 개봉된 〈友情 Friendship〉에서도 〈세카츄〉와 마찬가지로 급성 백혈병에 걸린 소녀 주인공을 위해 여행을 떠나는 이야기가 등장한다.

11 '세카이계'란 국가나 사회, 공동체가 결여된 상태에서 1인칭 주인공과 여주인공이 세계의 종말에 직면하는 이야기를 그린다. 그 대표작 중 하나가 〈신세기 에반게리온〉인데 1996년 3월 27일에 방영된 〈신세기 에반게리온〉 최종화의 제목은 〈세계의 중심에서 사랑을 외친 짐승(世界の中心でアイを叫んだけもの)〉으로 〈세카츄〉의 타이틀과 흡사하다. 그뿐 아니라 〈신세기 에반게리온〉의 영향을 받아 1990년대 후반에서 2000년대까지 유행한 세카이계 애니메이션들은 '세계'나 '중심'이란 말을 즐겨 사용했다.

에서 10대, 20대의 젊은 관객들이 불과 십여 년 전의 80년대 역사에 대해 강렬한 향수를 느꼈다는 점도 선뜻 이해되지 않는다. 그러나 '순애'라는 키워드에 집중하게 되면 〈세카츄〉의 촬영장인 아지초가 형상화하는 감정의 성격이 명확해진다. 다시 말해 〈세카츄〉의 노스탤지어란 80년대 전반에 관한 그리움이라기보다 관객이 기존에 수없이 봐왔던 여타의 로맨스물을 향해서 느끼는 감정이라 정의할 수 있다. 실제 경험과 역사 혹은 자연이나 전통이 아니라 수많은 미디어와 문화 상품에 관한 기억에서 관객들의 "어딘가 그리운 감정"이 탄생한 것이다.

이런 맥락에서 보면 세토내해라는 지리적 공간도 문화 상품에 대한 기억을 불러일으키기 위한 장소로 구축한 것에 지나지 않는다. 영화가 인기를 끌자 아지정에서는 사진관과 더불어 '순애의 길純愛ロード'이라는 공원을 급조해 젊은 관광객들이 이 길을 걸으며 감회에 젖도록 만든다. 그리고 '순애의 길'을 걷는 관광객들은 이 장소가 자아내는 감정을 노스탤지어라는 단어로 표현하고 있다. 이와 같이 젊은 세대가 인공적 풍경에 위화감을 느끼기는커녕 오히려 노스탤지어를 느끼는 이유는 그만큼 그들이 문화 산업의 미디어와 상품에 몰입하고 있기 때문이다. '순애의 성지'인 아지초를 찾는 관광객들에게는 실제 지리나 자연, 전통, 역사보다 과거의 문화 상품이 더 애절하고 친근한 대상인 것이다.

이는 영화 〈세카츄〉가 어떤 대상을 클로즈업하는지 분석하면 더 명확하게 드러난다. 요모타 비평에서 알 수 있듯 〈세카츄〉는 과거에 대한 향수를 자극한다는 점에서 〈ALWAYS 3번가의 석양〉과 같은 부류의 영화로 평가 받아 왔다. 그러나 〈세카츄〉와 〈ALWAYS 3번가의 석양〉의 주안점은 서로 다르다. 〈ALWAYS 3번가의 석양〉은 쇼와 30년대(1955~1964)의 인정 넘치는 공동체를 묘사하는 데 가장 많은 노력을 할애하고 있다. 물론 〈ALWAYS 3번가의 석양〉에도 쇼와 30년대를 대표하는 물품인 TV나 냉장고 등이 등장한다. 하지만 이는 어디까지나 마을 공동체가 서로 유대하고 공감한다는 것을 새삼 강조하기 위해 사용된다. 예를 들어 〈ALWAYS 3번가의 석양〉에서는 프로레슬링 경기를 보기 위해 마을 사람들이 한 대의 TV 앞에 모여 같이 환호성을 올리며 응원에 열중하는 장면이 있다. 이 장면에서 TV는 쇼와 30년대에 사람들이 같이 열광하고 웃고 떠들던 경험을 소환하기 위한 장치로서 기능한다. 우노 쓰네히로가 지적하듯 〈ALWAYS 3번가의 석양〉의 관객들이 가장 희구했던 대상은 구성원들이 서로를 인지하고 승인하는 과거 일본의 인간관계라고 할 수 있다(宇野常寛, 2011).

그러나 〈세카츄〉는 인간관계나 공동체가 아니라 과거의 상품에 초점을 맞춘다는 점에서 〈ALWAYS 3번가의 석양〉과 다르다. 워크맨을 사러 쇼핑몰에 찾아가는 장면부터 영화에서 끊임없이 클로즈업하는 대상은 소니의 카세트 워크맨으로, 영화는 시종일관 이 상품에 대한 이야기를 관객들에게 들려주고 있다. 〈세카츄〉는 소니 워크맨이 1980년대 당시 얼마에 팔렸고 어떻게 이용

---

12 2019년 7월에 아지초를 직접 방문했지만, 이 작고 한산한 어촌에서 80년대 일본의 호황기를 연상하게 하는 풍경은 발견되지 않았다.

되었으며 또 오늘날에는 어떤 취급을 받는지 자세히 묘사한다. 소니 워크맨이라는 상표가 뚜렷이 보일 정도로 영화에서는 화면 가득히 이 상품을 여러 번 비춘다. 게다가 마을 사람들을 한 데 모은 〈ALWAYS 3번가의 석양〉의 TV와는 달리 〈세카츄〉의 소니 워크맨은 작품 배경이 되는 작은 어촌과는 어떤 연관성도 지니지 않는다. 〈세카츄〉에서 소니 워크맨은 공동체나 집단 서사와는 무관하게 상품 그 자체의 매력으로 관객들의 시선을 끄는 것이다.

여기서 세토내해라는 배경은 소니 워크맨을 돋보이게 하는 데 목적이 있다. 영화에서는 소니 워크맨의 이어폰을 끼고 세토내해를 망망히 바라보는 남자 주인공의 모습을 자주 카메라에 담는다. 끝없이 펼쳐지는 세토내해는 워크맨에 더욱 주목하도록 만든다. 아무도 없는 고요한 바다 앞에서 영화는 워크맨 속 소리만이 존재하는 듯한 착각을 불러일으키는 것이다. 이와 같은 연출법은 영화 곳곳에 등장한다. 영화의 마지막 장면에서 남자 주인공은 호주의 벌판 한가운데에서 두 눈을 감고 소니 워크맨을 듣는데 이는 엔딩 크레딧에 연주되는 영화 주제가인 히라이 겐의 〈눈을 감고瞳をとじて〉와 좋은 호응을 이룬다. 두 눈을 감는 행위와 마찬가지로 황량한 벌판이라는 배경은 소니 워크맨에서 나는 소리에 집중하기 위한 장치다. 이는 아무도 없는 대자연 앞에서 모델이 두 눈을 감고 헤드폰을 듣는 워크맨의 광고들과 놀랄 만큼 일치하는 것이다.

이러한 관점에서 보면 세토내해나 호주의 황무지나 모두 소니 워크맨을 전경화하기 위해 이용된 수단에 지나지 않는다고 할 수 있다. 여기서 워크맨의 소리에 몰입하는 것을 방해하는 세토내해나 호주 황무지의 특수성은 사상된다. 전술했듯 세토내해는 잔잔하고 평탄한 물결을 지녀 〈세토의 신부〉와 같은 작품을 통해 일본인의 온후하고 평화로운 모습을 나타내는 풍경으로 표상되었다. 그러나 〈세카츄〉는 기존의 내셔널리즘이나 지역성을 철저히 배제한 채 세토내해를 호주의 황무지와 같은 위상에 놓고 소니 워크맨의 뒷배경으로 활용하는 것이다.

〈세카츄〉에서는 호주 원주민들의 전설을 인용하며 허허벌판에 위치한 고원 일대를 "세상의 중심"이라고 부르고 있다. 황무지에 선 남자 주인공은 두 눈을 감고 워크맨에 집중하고 있다. 이때 〈세카츄〉가 담아내는 정서는 남자 주인공이 칠흑 같은 세토의 밤 바다를 앞에 두고 워크맨을 들을 때의 감정과 별로 다를 바 없다. 즉 〈세카츄〉에서는 주변이 황폐한 호주의 고원을 보여주며 이를 "세상의 중심"이라고 정의하고 있지만, 세토내해와 별로 차별되지 않는 지역색을 보여준다. 그보다 영화에서 중요한 역할을 담당하는 것은 바로 영화의 감정선을 드러내는 소니 워크맨이다. 〈세카츄〉에서 관객들이 어떤 그리움을 느꼈다면 그 노스탤지어란 마을 공동체나 특정 장소가 아니라 소니 워크맨이라는 상품에서 파생된 심리라고 할 수 있다.

이상에서 살펴보았듯 〈세카츄〉의 노스탤지어는 자연, 역사, 공동체보다는 클리셰나 상품에 관한 것임을 알 수 있다. 보통 〈세카츄〉는 초호황기인 1980년대에 관한 향수를 불러일으킨다고 평가하지만, 선행연구는 그 노스탤지어의 대상이 풍족한 소비생활이나 밝은 사회 분위기가 아니라 상품 그 자체라는 것을 간과하고 있다. 게다가 〈세카츄〉의 관객들은 과거에 상품을 소비했던 경험이나 그때 느꼈던 행복이 아니라 상품이 갖는 통상적이고 진부한 이미지에서 노스탤지어를 느끼고 있다. 〈세카츄〉는 상품의 사용가치보다는 교환가치에, 상품의 기의(시니피에)보다는 기표(시니피앙)에 더 포커스를 맞추었기에 큰 성공을 거둘 수 있었다. 그러기에 〈세카츄〉에서는 1980년대를 그리면서도 공동체나 사회 분위기에 대해서는 일체 언급하지 않는 대신 수많은 문화 상품의 클리셰를 차용하고 소니 워크맨을 끊임없이 클로즈업하고 있는 것이다.

미국 문화학자 프레드릭 제임슨은 〈세카츄〉에서 나타나는 것과 비슷한 성격의 노스탤지어에 대해 언급한 적이 있다(Fredric Jameson, 1992). 제임슨에 따르면 교환가치가 사용가치를 압도하는 현대 사회에서는 오리지널과 역사, 리얼이 재현representation의 대상으로서 매력을 잃게 되고 오히려 과거의 스타일dead style이나 사진 이미지photographic image를 모방하거나 패러디하려는 경향이 더 강해진다. 제임슨은 이와 같이 오리지널, 역사와 리얼이 아니라 철지난 스타일이나 표면적인 이미지를 동경하고 욕망하는 심리를 노스탤지어라고 정의하고 현대 문화의 주요 특징으로 손꼽고 있다. 이와 같은 이론은 〈세카츄〉의 노스탤지어를 잘 설명하고 있다고 생각한다.

이러한 특징을 지닌 노스탤지어를 더 잘 이해하기 위해 다음 장에서는 영화 속 폐건물에 주목하고자 한다. 영화의 하일라이트 부분에 모습을 드러낸 폐건물은 〈세카츄〉에서 가장 애틋하고 아련한 공간으로 그려지며 노스텔지어를 형상화하고 있다. 다음 장에서는 왜 〈세카츄〉가 주요 로케이션지로 폐건물을 선정하고 노스텔지어를 담았는지 2000년대의 문화적 맥락에서 살펴보기로 하겠다.

4. 2000년대 폐허 붐과 노스텔지어

영화 〈세카츄〉에서 소녀는 소년과 함께 처음이자 마지막으로 여행을 떠나는데 그 장소는 세토내해 한 가운데에 떠 있는 꿈의 섬夢島이라는 무인도였다. 여기에는 버려진 건물이 하나 있어 어린 두 연인은 그곳에서 하룻밤을 지낸다. 이 건물은 넓은 응접실에 공중화장실, 빈 술병이 가득한 바를 구비해 원래는 작은 호텔이나 리조트로 쓰였음을 알 수 있다. 그런데 영화에서는 온갖 쓰레기와 잡동사니가 뒹굴고 곳곳에 먼지가 끼고 녹이 슨 폐건물의 모습을 어느 장소보다도 아름답게 묘사하고 있다. 다시 말해 영화는 소년과 소녀의 사랑이 최고조에 오르는 순간을 폐건물의 쓰레기더미로 표현하는 것이다.

원작 소설에서는 이 '꿈의 섬'이 어떤 경위로 만들어졌는지 다음과 같이 그 역사를 서술하고 있다.

오오키의 집에서 일 킬로미터 떨어진 앞바다에 유메시

마라는 작은 섬이 떠 있다. 십 년 전 쯤, 한 기선회사가 섬을 개발해서 해수욕장이나 유원지, 호텔로 이루어진 종합레저시설 같은 것을 만들려고 계획했다. 그런데 은 행의 경영상황 악화로 자금 지원을 받을 수 없게 된 기 선회사는 계획을 일시 중지했고, 곧 도산했기 때문에 개 발 계획 자체가 완전히 중단되어 버렸다(카타야마 교이 치, 2003).

여기에서는 1987년 일본 정부가 시행했던 리조트법의 전형 적인 실패 사례를 보여주고 있다. 80년대에 경제 상황을 과신했 던 일본 정부는 규제를 일거에 완화했고 각 지방에서 리조트 개발 붐이 일어난다. 그러나 거품 경제가 붕괴하자 개발업자들은 철수 했고 정부도 이를 방관해 결과적으로는 아무도 이용하지 않는 폐 건물들만 지역 사회에 남게 되었다. 세토내해에서도 1990년에 에 히메현의 '에히메 세토나이 리조트 개발구상えひめ瀬戸内リゾート開発 構想'과 가가와현의 '세토나이 산리조트 구상瀬戸内·サンリゾート構想'과 같은 정책을 펼쳤으나 각각 2006년과 2007년에 폐지된다.

그러나 이는 어디까지나 2000년대의 상황이지, 영화가 시간 적 배경으로 삼는 초호황기인 1980년대의 일반적인 모습은 아니 었다.[13] 만약 1980년대를 충실히 재현한다면 한참 개발되는 건축 현장을 보여줘야 하는데 〈세카츄〉는 오히려 붕괴되기 직전의 폐 건물을 그리는 것이다. 게다가 이를 미적 대상으로 삼고 어딘지 모 를 아련함과 애틋함까지 담고 있다. 예를 들면 〈세카츄〉에서는 햇

살과 조명을 이용해 폐건물의 쓰레기 더미를 불투명한 빛으로 감싸며 신비로운 분위기를 자아내고 있다. 이는 〈세카츄〉의 감독이 과거에 조감독을 맡았던 영화 〈러브레터〉(1995)의 추억 회상 장면에서 반복해서 사용한 기법으로 몽롱하고 희미한 빛깔로 관객들의 노스텔지어를 자극하는 효과를 거둔다. 과거에 '일본의 원초적 풍경'이나 고향 이미지로서 표상되던 세토내해가 영화 〈세카츄〉에서는 폐허 풍경으로 관객의 노스텔지어를 불러일으키는 것이다.

재미있는 점은 이러한 폐건물과 같은 공간이 〈세카츄〉뿐 아니라 당시 흥행했던 다른 영화에도 등장한다는 사실이다. 그 대표 사례로 똑같이 2004년에 개봉해 〈세카츄〉에 이어 높은 흥행 수익을 기록한 〈지금 만나러 갑니다いま、会いにゆきます〉를 들 수 있다. 〈지금 만나러 갑니다〉는 나가노현의 삼림 속에 버려진 공장에 이미 세상을 떠난 어머니가 출현하는 장면에서 시작된다. 영화는 녹이 슨 톱니바퀴와 온갖 잡동사니들이 수풀과 어울려 독특한 분위기를 자아내는 풍경을 아름답게 비추며 사랑하는 어머니가 마법처럼 나타나고 사라지는 공간으로 폐공장을 선택한다. 여기서 폐공장은 어머니라는 존재가 지니는 상징성과 오버랩되며 그리운 대상으로 표상되고 있다.

이와 같이 2000년대 개봉한 영화에서 폐건물이나 폐공장이

---

13 정우리·이호상(2018)에 따르면 정부의 리조트개발법(1987)으로 1980년대에 세토내해의 나오시마에 리조트를 세우는 사업이 더욱 활성화되었다. 나오시마는 영화의 촬영지인 아지초에서 거리가 매우 가깝다.

자주 등장하게 되는데 여기에는 문화적 배경이 있다. 선행연구(飯田侑里, 2016; 小澤京子, 2020)에 따르면 1980년대 후반부터 폐쇄된 시설이나 버려진 건물에 관한 사진집이 등장하기 시작해 2000년대에는 폐가 사진들이 인기를 끄는 '폐허 붐廃墟ブーム'이 발생한다.[14] 특히 2000년대 초반에는 폐허를 방문할 때 필요한 장비나 주의사항, 위험 난이도 등을 설명해주는 매뉴얼 책[15]이 출판되어 폐허를 직접 방문하는 관광객들까지 다수 나타난다(飯田侑里, 2016). 이처럼 2000년대 초반에 폐건물과 관련된 이미지가 화제를 모으고 폐허를 찾는 관광객들도 증가하는 가운데 2004년에 개봉한 〈세카츄〉와 〈지금 만나러 갑니다〉는 폐건물과 폐공장을 촬영지로 선정한 것이다. 이런 관점에서 보면 〈세카츄〉와 〈지금 만나러 갑니다〉의 대흥행도 당시 일어났던 폐허 붐과 동일한 맥락에서 이해할 수 있다.

그렇다면 이러한 2000년대에 발생했던 폐허 붐을 어떻게 해석하면 좋을까. 여기서는 그 시대적 특성을 고찰하기 위해 다른 시대의 폐허 유행을 비교 대상으로 참조해보겠다. 지난 역사를 되돌아보면 18세기 유럽에서는 폐허ruins 취미나 폐허 미학이 유행했다는 사실을 확인할 수 있다. 18세기 영국에서는 귀족이나 지주들이 과거 수도원의 잔해를 이용하거나 무너져가는 중세 건물을 건축해 자신의 정원을 꾸몄다. 이렇게 만들어진 정원은 고딕 리바이벌Gothic Revival 운동과 연계하며 중세 고딕 양식에 대한 노스탤지어를 자아냈다(민주식, 2014). 또한 프랑스에서는 1767년 위베르 로베르의 폐허 그림에 대해 계몽주의 철학자 디드로가 '숭

고한 폐허les sublimes ruines'라고 지칭한 것에서부터 폐허 미학이 유명해진다. 여기에서는 고대 로마 유적에 관한 동경이 뚜렷이 나타나 프랑스 사회에 '고전 취향'을 널리 확산시켰다(신상철, 2014). 이와 같이 18세기 정원과 건축, 회화에 보이는 미학은 픽처레스크picturesque나 숭고미sublime라고 불리게 된다. 이 미학들은 형식적 조화와 규칙, 안정을 추구하는 고전 예술과 달리 파괴, 죽음, 갑작스런 변화, 부조화, 낯섦을 강조해 감상자로 하여금 현재를 낯설게 돌아보게 한다(신상철, 2014; 민주식, 2015; 김진섭·김진선, 2016). 따라서 중세 고딕 양식이나 고대 로마 유적에 관한 노스탤지어가 담겨 있다고 하더라도 18세기 유럽의 폐허 취미에는 감상자의 현재 위치를 확인하고자 하는 역사의식이 반영되어 있다.

　　반면 2000년대 일본의 폐허 붐은 18세기 미학과 다른 양상을 보인다. 예를 들면 오자와 교코는 1980년대 복고풍 유행レトロブーム의 연장선상에서 2000년대 폐허 붐을 논하며 그 과정에서 "미

14　飯田侑里(2016)는 "폐허 붐이란 버려진 호텔이나 유원지, 병원, 학교, 일반 가옥 등 고도 경제 성장기 이후의 폐허를 탐색하고 사진을 모아 그 사진을 인터넷에 공개하거나 사진집을 출판하는 사람들이 일으킨 현상"이라고 정의하고 있다.

15　예를 들어 매뉴얼 책인 栗原亨『廃墟の歩き方 探索篇』(2002)은 상업적으로도 큰 성공을 거두어 폐허 붐의 새로운 계기를 마련했다고 평가 받는다. 이 책은 다른 폐허 사진집과 다르게 폐허를 방문할 때 주의할 법률 사항, 매너, 안전 대책, 각종 장비, 폐허 감상 포인트 등을 자세히 설명해준다(栗原亨, 2002). 또한 각 폐건물과 폐가를 '보존 상태, 위험도, 폐허 연령, 장르'로 보기 좋게 분류해 관광객들에게 편의를 제공하고 있다.

적으로 무해한 소비 대상으로 '숭고'한 대상이 '상품화'되어 버렸다(小澤京子, 2020)."고 평가한다. 다시 말해 2000년대 폐허 붐은 현재를 '낯설게異化' 돌아보게 만드는 숭고미가 아니라 탈역사적으로 상품화된 감상만을 전경화한다는 것이다. 이러한 평가는 역사를 미화하는 멜로드라마로서 〈세카츄〉를 비판하는 선행연구와 궤를 같이한다.

그러나 이와 같이 비판하기 앞서 과거의 상품으로 가득 찬 영화 속 폐허의 이미지를 자세히 고찰할 필요가 있다. 오자와에 따르면 1980년대에는 콘크리트 벽이 무너져 배관과 철근이 노출된 폐공장의 사진이 많은 반면, 1980년대 이후의 폐허 사진들에는 버려진 물건들로 실내가 범람하는 풍경이 자주 등장한다(小澤京子, 2020). 이는 폐허 관광의 기폭제 역할을 한 매뉴얼 책을 통해서도 확인된다. 매뉴얼 책에서는 폐가의 물건을 함부로 가져오지 말라고 주의를 주면서도 팜플렛, 성냥, 빈 병, 빈 깡통은 예외라고 말하고 있다(栗原亨, 2002). 즉 폐허를 방문한 관광객들은 당시 방 안의 물건들에 높은 관심을 보였기에 매뉴얼 책은 관광객이 소지해도 되는 물품들을 열거한 것이다. 또한 매뉴얼 책에서는 폐허 탐험의 즐거움을 느낄 수 있는 장소로 텅 빈 공간보다는 아직도 가구, 전자제품, 생활용품 등이 많이 남아 있는 폐가를 추천해주고 있다(栗原亨, 2002). 2000년대 초반 폐허는 빈 공간이 아니라 물품들이 쓰레기 더미처럼 가득 쌓여 있는 이미지로 표상되었던 것이다.

사실 영화 〈세카츄〉에 등장하는 폐건물도 고물과 잡동사니로 가득 차 있다. 〈세카츄〉의 남녀 주인공들은 폐건물에 도착하자

마자 그곳에 있는 물품들부터 자세히 조사하기 시작한다. 남녀 주인공들은 자신이 찾은 물품들을 서로에게 보여주며 거기에 담긴 추억들을 엿본다. 그 과정에서 고장 난 카메라를 발견하고 필름까지 현상하게 된다. 이렇게 현상한 사진 가운데 "세상의 중심"이라 불리는 호주의 황무지 사진이 나오고 이 사진 속 풍경은 주인공들의 동경과 그리움을 한없이 자극한다. 다시 말해 영화에 등장하는 폐허는 빈 공간이 아니라 노스탤지어를 자아내는 옛 상품들로 가득 찬 공간이었던 것이다. 영화 속에서 클로즈업된 빈 병들에는 'Suntory Whisky'나 'Nikka' 상표가 노출되며 폐건물이 예전 상품에 대한 기억으로 가득함을 보여준다.

그러나 주인공들이 생면부지의 누군가가 찍은 사진을 동경한 것에서 알 수 있듯 10대 주인공들은 예전 상품들을 실제로 사용했기에 폐허를 그리워하는 것이 아니다. 10대의 소년 소녀에게 과거의 술병들과 고물이 된 구식 카메라는 한 번도 사용한 적이 없는 낯선 대상이었다. 그런데도 주인공들이 빈병과 카메라에 지대한 관심을 보인 이유는 그들이 상품의 사용가치/기의가 아니라 교환가치/기표에 이끌렸기 때문이다. 즉 폐건물을 방문한 주인공들은 병에 담긴 술이나 카메라에 담긴 자신의 추억이 아니라 빈병의 상표나 구식 카메라라는 기호 자체를 추구하고 있다. 그렇기 때문에 그들은 빈 병들을 폐건물의 쓰레기 더미에서 힘들게 발굴하고 실용적 가치가 없는 부서진 카메라에 과도하게 집착하는 것이다. 따지고 보면 영화 〈세카츄〉에 등장하는 폐건물 자체가 이미 사용가치/기의를 상실하고 형해화된, 다시 말해 교환가치/기표만이 남은

상품이자 기호라고 할 수 있다.[16]

그렇다면 이러한 폐허로부터 어떤 역사성을 읽어낼 수 있을까. 전술했듯이 18세기 유럽에서 인기를 끌었던 폐허는 중세나 로마 시대와 같은 특정 시기에 관심을 갖게 만들어 당시 사회와 어떤 차이가 있는지 선명하게 보여줬다. 이러한 폐허들과 달리 영화 〈세카츄〉의 폐건물은 어떤 역사의식을 불러일으키는지 구체적인 영화 장면의 분석을 통해 살펴보기로 하자.

영화 속에서 주인공들은 TV와 같은 가전제품이 나뒹구는 바닥에 모닥불을 켜고 자신들의 이름에 대한 이야기를 나눈다. 이 때 여자 주인공은 자신의 이름亜紀이 공룡이 번성했던 백악기白亜紀에서 유래했다고 고백한다. 이에 남자 주인공朔太郎은 아버지가 문학자 하기와라 사쿠타로萩原朔太郎의 팬이어서 자신의 이름을 지었으나 하기와라 사쿠타로가 누군지 잘 모른다고 대답한다. 주지하다시피 하기와라 사쿠타로(1886~1942)는 일본의 교과서에도 작품이 자주 실려 근대 문학을 대표하는 국민 시인이다. 그런데 남자 주인공은 물론 공부를 잘하는 우등생으로 설정된 여자 주인공조차 하기와라 사쿠타로가 누군지 전혀 모르는 상황이 펼쳐진다. 마지막으로 여자 주인공은 자신과 남자 주인공의 이름을 창문에 쓰고 카메라는 그 이름들을 오랫동안 클로즈업한다.

지금 이 공간에서는 시간축이 헝클어져 TV로 상징되는 현대와 여자 주인공 이름이 가리키는 몇 천만 년 전의 백악기, 하기와라 사쿠타로의 근대가 공존하고 있다. 그러나 고물 TV는 먼지에 덮여 방치되어 있고 여자 주인공의 이름은 상상하기도 힘든 아득한 과거를 지칭하고 남자 주인공의 이름이 어떤 의미를 지니는지 아무도 모른다. 각 상품과 기호는 사용가치와 기의를 상실한 채 기표들로서 그 공간에 부유하고 있을 뿐이다. 영화에서는 주인공들의 이름을 오래 비추며 애절한 배경 음악을 연주해 그 기표들로부터 노스탤지어를 자아내고 있다.

이와 같은 폐건물의 풍경에서 그 역사적 가치를 묻기는 쉽지 않다. 고대 로마 유적과 중세 수도원에 관한 노스탤지어는 18세기의 프랑스와 영국을 낯설게 보게 만들었지만, 〈세카츄〉의 폐건물은 현대의 일본을 이화異化시키지 못한다. 위에서 살펴보았듯 〈세카츄〉에서는 여러 시간이 잡다하게 뒤엉켜 영화 속 폐건물이 정확히 어느 시대를 상징하는지도 알기 어렵다. 그러하기에 〈세카츄〉의 폐건물은 현대 일본 사회와 분명한 차이를 만들지 못하고 비판적인 역사의식을 고취하지 못하는 것이다.

그러나 이렇게 교환가치/기표에 대한 노스탤지어를 정면에 내세워 영화가 역사의식의 부재를 노골적으로 보여주는 점에 주목할 필요가 있다. 〈세카츄〉의 선행연구에서는 일본의 대중이 단

---

16 사실 2000년대 폐허 붐도 실제 경험이나 추억이 아니라 미디어가 만든 이미지에서 탄생했을 가능성이 높다. 우시로메타사(うしろめたさ, 2003: 148~149)는 2000년대 초반 폐허 붐이 유행했던 이유는 젊은이들이 폐허로부터 노스탤지어를 느꼈기 때문이라고 말한다. 그러나 저자는 폐허를 방문하는 20대 젊은이들이 불과 십수 년 전인 1980년대의 폐가나 폐건물에서 노스탤지어를 느끼는 것이 매우 이상하다고 지적한다. 그러기에 폐허와 관련된 노스탤지어는 젊은이들의 실제 경험이 아니라 그들이 즐겨 보는 미디어 상품에서 비롯되었다고 추측한다.

순히 2000년대 불황기를 망각하고자 풍족했던 1980년대를 영화로 소환했다고 주장하지만, 영화 〈세카츄〉는 1980년대의 부유함을 제대로 그리지도 못한다. 대신에 〈세카츄〉는 여러 시대의 피상적인 이미지들만 그러모아 역사적 맥락에서 벗어난 노스탤지어를 적나라하게 보여주고 있다. 이는 영화가 처음부터 과거의 재현에는 관심이 없으며 2000년대 당시 일본인의 욕망을 철저하게 구현하려 했다는 것을 의미한다.

또한 영화 〈세카츄〉가 세토내해를 대표하는 장소로 폐허를 전경화했다는 사실에도 주목할 필요가 있다. 1장에서 살펴본 바와 같이 세토내해는 근대 이후 일본인이 그리워하는 고향의 이미지로 빈번하게 표상되어 왔다. 그런 세토내해를 폐허로 그리고 있음에도 관객들이 위화감을 느끼기는커녕 오히려 크게 반겼다는 사실은 당시 관객들이 얼마만큼 폐허라는 메타포를 친숙하게 생각했는지 잘 보여준다. 고향 이미지와 중첩해도 이상하지 않을 만큼 당시 폐허는 그리움의 대상으로 관객들에게 인식되고 있었던 것이다. 그러나 위에서 살펴보았듯 영화 속 폐허는 18세기의 유럽의 폐허와는 달리 특정 시기를 상징하기보다 교환가치/기표 그 자체를 가리키고 있다. 여기에서 영화 〈세카츄〉의 관객들이 진정으로 그리워하고 추구했던 대상의 실체가 잘 드러난다.

이렇듯 영화 〈세카츄〉의 세토내해 표상을 고찰하면 2000년대 일본인이 희구하는 욕망이 무엇이고 고향처럼 느끼는 장소가 어디인지 짐작이 가능하다. 그러한 의미에서 영화 〈세카츄〉의 세토내해 표상은 2000년대 일본인의 현주소이자 자화상이라고 말할 수 있는 것이다.

5. 나가면서

근대 이후 세토내해는 유토피아적인 풍경으로 표상되어 왔다. 세토내해에 관한 노스탤지어가 여러 작품에 등장하는 이유도 그 지역이 오랫동안 유토피아의 이미지를 담지했기 때문이다. 그러나 그 양상은 시대에 따라 크게 달라졌다. 본고는 영화 〈세카츄〉를 통해 그 변화를 읽어내려고 했다.

〈세토의 신부〉가 유행했던 1970년대만 해도 세토내해는 내셔널리즘의 색채를 띠며 전원적이고 목가적인 풍경으로 그려졌다. 그런데 2004년에 개봉한 영화 〈세카츄〉는 세토내해를 배경으로 하면서 1980년대에 관한 노스탤지어를 자극하고 있다. 이에 선행연구에서는 〈세카츄〉가 세토내해의 평화로운 이미지를 이용해서 1980년대 초호황기의 경제적인 풍요와 여유에 대한 동경을 자극한다고 말한다.

그러나 본고는 영화 〈세카츄〉가 1980년대의 파편적인 이미지들을 활용해 사용가치/기의로부터 유리된 교환가치/기표에 관한 욕망을 나타냈다고 주장한다. 그 근거는 다음과 같다. 첫째, 영화 〈세카츄〉에서는 1980년대의 공동체나 인간관계, 여유로운 생활보다 로맨스물의 클리셰나 소니 워크맨에 초점을 맞추고 있다. 둘째, 영화 〈세카츄〉는 폐허를 전경화하며 상품의 교환가치와 기호의 기표만이 부유하는 공간을 그린다. 이러한 특징을 지닌 영화 〈세카츄〉는 내셔널리즘과 초호황기의 기억으로 세토내해를 유토피아로 묘사하지 않는다. 대신에 영화 〈세카츄〉는 로맨스물의 클리셰나 소니 워크맨, 폐허로서 세토내해의 아름다움을 노래하고 노스탤지어를 고취하고 있다.

　　이글에서 본격적으로 다루지는 못했지만, 이러한 세토내해 표상은 사실 2000년대에 달라진 지방 풍경과 밀접한 관계에 있다. 2000년대에 들어와서 지방은 이제 내셔널리즘에 바탕을 둔 고향 이미지로 재현되지 못한다. 그 대신에 지방은 대형 쇼핑몰이나 편의점, 체인점 등으로 구성된 획일적이고 정형화된 풍경으로 그려지게 된다(三浦展, 2004). 이와 같은 맥락 속에서 지방에 대한 이미지도 2000년대에 급격하게 변화하고 이에 발맞추어 세토내해의 유토피아적인 풍경 묘사도 달라졌던 것이다.

　　그러나 2000년대 달라진 지방 표상을 본격적으로 논의하기 위해서는 영화와 같은 기존의 대중매체뿐 아니라 휴대폰 소설과 같은 새로운 장르에도 주목할 필요가 있다. 앞으로 2000년대 인기를 끈 휴대폰 소설에 나타나는 지방의 이미지를 조사해 영화 〈세카츄〉의 세토내해 표상과 비교하며 지방에 관한 연구를 심화하고 싶다.

참고 문헌

카타야마 쿄이치, 안중식 역, 『세상의 중심에서 사랑을 외치다』, 작품, 2003.

김영심, 『일본영화 일본문화』, 보고사, 2006.

신상철, 「18세기 프랑스 미술에서 고전 취향의 부활과 위베르 로베르(Hubert Robert)의 폐허(ruines) 미학」, 『미술사학』 28, 2014.

민주식, 「픽처레스크 정원에서의 폐허 예찬 -샌더슨 밀러의 인공폐허건축을 중심으로-」, 『美學(미학)』 80, 2014.

____, 「폐허의 미적경험 -이야기 없는 장소의 기억-」, 『美學(미학)』 81(1), 2015.

김진섭·김진선, 「픽처레스크 정원에 나타난 촉지적 지각 -18세기 영국 픽처레스크 정원을 중심으로-」 『한국조경학회지』 44(2), 2016.

정우리·이호상, 「나오시마(直島)의 아트프로젝트와 빈집문제에 대한 고찰」, 『일본학보』 116호, 2018.

Fredric Jameson, Postmodernism, Or, the Cultural Logic of Late Capitalism, Duke Univ, 1992.

西田正憲, 『瀬戸内海の発見』, 中公新書, 1999.

栗原亨, 『廃墟の歩き方 探索篇』, イースト·プレス, 2002.

うしろめたさ,「ノスタルジーの正体」『廃墟の歩き方2潜入編』, イースト・プレス, 2003.

三浦展,『ファスト風土化する日本―郊外化とその病理』, 洋泉社, 2004.

西田正憲,「瀬戸内海とは」『瀬戸内海事典』, 南々社, 2007.

近藤正高,『新幹線と日本の半世紀』, 交通新聞社, 2010.

宇野常寛,『ゼロ年代の想像力』, 早川書房, 2011.

橋爪紳也,『瀬戸内海モダニズム周遊』, 芸術新聞社, 2014.

四方田犬彦,『日本映画史110年』, 集英社, 2014.

飯田侑里,『日本の廃墟ブームとその時代性』『東海大学観光学研究』1, 2016.

秋元雄史,『直島誕生―過疎化する島で目撃した「現代アートの挑戦」全記録」,
　　　ディスカヴァー・トゥエンティワン, 2018.

小澤京子,『1980年代の日本のサブカルチャーに現れた,「『墟」や「遺棄された
　　　場所」のイメージ」,『和洋女子大学紀要』61, 2020.

서브컬처와 '지역'

남상욱

1. 지역 활성화와 '만화'

2000년대 들어 일본에서는 인구 감소에 따른 지역 소멸의 위기감
이 증폭되는 가운데 문화 자원을 활용한 지역 활성화가 다양한 방
식으로 이루어지고 있다. 전통 축제인 마쓰리만이 아니라 새롭게
발견한 역사문화 유산이나 새로운 건축 양식으로 설립한 미술관
등을 중심으로 하는 관광 활성화가 그 대표적 예라고 할 수 있다.
최근에는 만화나 캐릭터산업 같은 서브컬처를 활용한 지역 활성
화도 큰 주목을 받고 있다.

　　예컨대 지역성을 캐릭터화한 유루카라부터 『게게게의 기타
로ゲゲゲの鬼太郎, 1960~1964』와 같은 만화 속에 등장하는 요괴를 활용
한 지역 활성화, 만화·애니메이션의 무대를 직접 보려는 '만화·애

니메이션 성지순례' 등은 서브컬처를 활용한 대표적인 지역 활성화라고 할 수 있다. 특히 만화·애니메이션 성지순례는 서브컬처의 소비가 단순히 콘텐츠 소비에 그치지 않고, 가상 세계인 콘텐츠 속의 무대를 '현실'과 결부하려는 새로운 행동 패턴이다. 이는 '콘텐츠 투어리즘'이라는 새로운 관광 양식의 출현과 이를 통한 지역 재생의 새로운 가능성으로 볼 수 있다.

물론 콘텐츠 투어리즘은 비단 서브컬처에만 한정되지 않는다. 예컨대 일본 음식과 온천 등이 TV 프로그램과 영화, 블로그나 SNS의 인증샷 등을 통해 복합적으로 표상되고 있어 전체적으로 봤을 때 관광 수입 확대를 통한 지역 활성화에서 서브컬처의 효과는 제한적이라는 의견도 있다.[1] 그럼에도 서브컬처를 활용한 지역 활성화가 주목 받는 이유는 무엇일까.

무엇보다도 오타쿠들의 '애니메이션 성지 순례'가 한계에 직면하고 있는 기존의 관광 패러다임의 대안이 될지도 모른다는 기대를 꼽을 수 있다. 오카모토 다케시岡本健는 '애니메이션 성지 순례'야말로 기존의 관광 안내 책자에 의존하거나 타자와의 접촉을 권장하는 대중 관광의 시대로부터 "욕구 충족을 위한 점포 정보를 얻고 불확실성이 높은 '타자성을 갖는 타자'와의 교류를 가능한 피하며, 가성비 높은 욕구 충족"만을 추구하는 '관광의 동물화' 시대의 변화를 보여준다고 말한다.[2] 특별히 내세울 만한 관광 자원이

---

1 増淵敏之, 『ローカルコンテンツと地域再生 光創出から産業振興へ』, 水曜社, 2018, pp.91~92.

없는 지자체는 애니메이션 제작자조차 예상치 못했던 '무대'에 대한 오타쿠들의 과잉적인 반응이야말로 지역 활성화를 위한 새로운 가능성일 수 있다.

예컨대 오카모토는 사이타마현 와시미야마정鷲宮町의 지역주민이 〈럭키☆스타らき☆すた〉(2007) 속에 등장하는 무대를 찾아오는 오타쿠를 의식해 지역 축제 때 '럭키☆스타 미코시'를 마련하고 참여자를 공모해 지역 주민과 상호 작용한 것을 서브컬처 활용을 통한 지역 활성화의 대표 성공 사례로 들고 있다. 나아가 애니메이션 성지순례는 지역 주민만이 아니라 타자와의 접촉을 어려워하는 '오타쿠'가 새로운 '타자'를 경험할 수 있도록 해준다는 점에서도 긍정적 측면이 있음을 그는 강조한다.

이러한 일본의 움직임과 연구 동향이 알려지면서 애니메이션 성지순례를 활용한 지역 활성화에 국내의 관심도 높아지고 있다. 대부분의 논문이 문화콘텐츠 산업과 관광학적 관점에서 애니메이션 성지순례를 논하는 가운데[3] 일본 국내의 지역문화의 재편이라는 관점에서 서브컬처와 지역의 관계를 조망하는 연구도 이루어지고 있다. 이석은 전통적, 자연적인 관점에서 특별할 것이 없는 지역이 오히려 자유롭게 다양한 서브컬처 문화를 받아들이게 되는 사례로 사가현에 주목한다.[4] 실제로 만화나 애니메이션만이 아니라 음식이나 아이돌 문화 영역에서도 적극적이고 긍정적으로 자신들이 속한 지역을 표상하는 경우도 늘어나면서 일본 내 지역문화가 조용히 변화하고 있음을 확인할 수 있다.[5]

물론 서브컬처 영역에서 '지방' 표상은 최근 들어 갑자기 출

현한 것이 아니다. 예컨대 나카자와 게이지中沢啓治의 만화『맨발의 겐はだしのゲン』(1973~1987)이나 미야자키 하야오宮崎駿의 〈이웃집 토토로となりのトトロ〉(1988)와 〈벼랑 위의 포뇨崖の上のポニョ〉(2008), 이노우에 타케히코井上雄彦의 『슬램덩크スラムダンク』(1990~1996) 등에서도 '지방'의 이미지를 확인할 수 있다. 이중에는 분명 단순한 '배경'을 넘어 서사의 중심적인 역할을 하고 있는 경우도 있다. 하지만 이들 작품 속에서 '지방'이란 제2차 세계대전의 참화를 간직하는 '피폭지'(『맨발의 겐』), '문명'과 대립하는 '자연'(〈이웃집 토토로〉와 〈벼랑 위의 포뇨〉), 미국 중심의 세계화(『슬램덩크』)라는 식으로 거대담론적인 맥락에서 파악하고 있을 뿐 이른바 인구 감소에 의한 지방 그 자체의 소멸에 대한 위기감을 반영하고 있지 않다. 이러한 경향은 지역 소멸에 대한 위기가 조금씩 언급

2 岡本健, 『アニメ聖地巡礼の観光社会学: コンテンツツーリズムのメディア・コミュニケーション分析』, 法律文化社, 2018, pp.57~67.

3 이정훈, 「일본의 애니메이션 성지순례와 도시전략-시즈오카현 누마즈 시의 관광객 증감 및 상업시설의 형상 변화를 중심으로」, 일본문화연구 제73집, 2020, 325~352쪽., 조규헌, 「아니메 투어리즘에 의한 지역문화콘텐츠의 가능성:사이타마현의 사례를 중심으로」, 한림일본학 제31집, 2017, 120~135쪽.

4 「2010년대 일본지방문화의 변화에 관한 고찰: 사가현과 『좀비 랜드 사가』에 주목하여」, 일본문화연구 제80집, 2021, 217~233쪽.

5 이석, 「현지아이돌(ご当地アイドル)이 창출하는 새로운 지역문화─에히메현(愛媛県)의 히메큥후르츠칸(ひめキュンフルーツ缶)을 중심으로─」, 『일본학연구』 56호, 2019, 7~32쪽.

되기 시작한 2000년대 중반 이후에 발표되어 애니메이션 성지순례의 대상 작품들로 곧잘 언급되는 〈럭키☆스타〉, 〈스즈미야 하루히의 우울涼宮ハルヒの憂鬱〉(2006), 『게이온けいおん』(2009~2010) 등에서도 마찬가지로 보이는 현상이다. 이는 서브컬처와 지방 활성화의 관계가 반드시 유기적으로 결합되어 있지 않음을 보여준다.

그렇다면 서브컬처를 통한 지역 활성화는 무엇보다도 먼저 서브컬처 제작자와 서브컬처 소비자인 오타쿠들의 자의적인 선택에 의지할 수밖에 없는 것일까. 혹은 지방 활성화라는 시대적 요청에 서브컬처는 어떻게 응답할 수 있을까. 만약 지방 활성화에 대한 응답으로써 만들어진 서브컬처 콘텐츠가 있다면 그것은 서브컬처라는 문화 속에서 어떻게 이해될 수 있을까.

이러한 문제의식 하에 이 글에서는 시노마루 노도카篠丸のどか의 『우동의 나라 금색털뭉치うどんの國金色毛鞠』(이하 『우동의 나라』) 속의 가가와현 표상을 중심으로, 일본 서브컬처의 '지역' 표상을 지방 활성화라는 문제와의 관련성 속에서 고찰해보고자 한다.

가가와현을 배경으로 청년 다와라 소타俵宗太와 인간으로 변신하는 너구리 포코ポコ가 가족 같은 관계를 구성하여 지역에서 살아가는 내용의 이 작품은 신초샤 만화잡지 『월간 코믹번치月刊コミックバンチ』에 2012년 8월부터 2018년 5월까지, 같은 회사의 웹코믹 사이트인 『구라케번치くらげバンチ』에 2018년 4월부터 2019년 2월까지 연재되면서 단행본으로 출간되었다. 동시에 제12화 분량의 애니메이션으로 만들어져서 2016년 10월부터 12월까지 니혼 텔레비전, 니시니혼 방송 등에서 방송되었다.

이러한 움직임에 발맞춰 다카마쓰 로컬선인 고토덴 전기철도에서는 2013년 11월 3일부터 이 만화의 일러스트로 도색한 전차를 운행했고, 2016년에는 캐릭터 포코가 가가와현 '우동현 홍보부장'으로 임명되었다. 이는 무엇보다 이 만화·애니메이션이 지역의 지방 활성화와 유기적인 관계를 형성했음을 보여줄 뿐 아니라 앞서 제기한 문제의식을 생각함에 있어 적절한 사례가 될 수 있음을 보여준다.

이하 본문에서는 먼저 이 작품 속의 '지역' 표상의 의미를 캐릭터에 초점을 맞춰 고찰하고, 다음으로 이것이 가가와 지역의 지역 활성화와 어떻게 맞물리는지를 검토한다. 최종적으로는 작품의 '지역' 표상이 일종의 관광 가이드의 기능을 수행할 때의 문제점에 대해 고찰하고자 한다.

2.『우동의 나라』속의 '너구리'와 '모에'

서브컬처 영역에서 지방 소멸이라는 문제를 다룬 것은『우동의 나라』가 처음은 아니다. 예컨대 2014년 애니메이션으로 방영된『바라카몬ばらかもん』(2013~2016)은 나가사키현의 작은 섬을 무대로 도시에서 자란 서예가 청년과 지역 주민 간의 상호 작용을 그리고 있다. 이 작품은 그림1의 표지만 놓고 봤을 때,『우동의 나라』와 유사하게 보일 수 있다. 성인 남성과 어린 아이가 이야기의 중심 캐릭터임을 보여주고 있기 때문이다.

그림1 『바라카몬』과 『우동의 나라』 표지

　『우동의 나라』는 도쿄에서 IT 기술자로 살던 청년 다와라 소타가 우동 제면소를 운영하던 아버지의 죽음을 계기로 고향인 가가와의 다카마쓰로 돌아와 인간으로 변신한 너구리 포코를 거두어 키우면서 지역 사회와 교류하는 내용이다. 『바라카몬』은 서예가 한다 세이슈半田清舟가 서도에서 좌절해 도시를 떠나 '아무 것도 없'어 보이는 '지방'으로 가서 전혀 얘기치 않게 지역 주민과 교류하는 내용이다. 그와 지역 주민을 이어주는 고리가 바로 표지 속에 그려진 고토이시 나루琴石なる다.[6]

　『바라카몬』과 비교해 봤을 때『우동의 나라』에서 가장 먼저 눈에 띄는 것은 인간으로 변신하는 너구리 포코라는 캐릭터의 존재이다. 우동 제면소 솥 안에서 발견한 인간 형상의 너구리 포코는『바라카몬』의 주인공 한다 세이슈를 따라다니며 지역 사회의 창구 역할을 하는 동네 꼬마 고토이시 나루처럼 주인공 소타와 지역 사회를 이어준다. 이처럼 매개자를 인간이 아니라 굳이 인간으로 변신하는 너구리로 설정한 것은『우동의 나라』가 가가와현의 문화 자원을 강하게 의식하여 만들어졌음을 보여준다.

『우동의 나라』속에서 직접 환기하고 있듯이 너구리는 가가와현의 전통 문화 심볼로 야시마사屋島寺 옆에 미노야마다이묘진蓑山大明神, 즉 신으로 모셔지고 있을 정도다. 따라서 너구리와 관련된 민화도 존재한다. 그중에서도 '변신 경쟁'은 다카하타 이사오의 〈헤이세이 너구리 대전 폼포코平成狸合戦ぽんぽこ〉(1994)에서 원형을 차용한 것으로 유명하다. 이 설화는 미나모토가의 대장 요시쓰네義経와 하치스가蜂須賀 다이묘로 변신하는 것으로 유명한 너구리들이 어느 날 변신 경쟁을 하는 이야기다. 야시마 너구리가 먼저 겐페이 갓센을 보여준 후 도쿠시마 너구리의 다이묘 행렬을 지켜보러 나무 위로 올라가니, 저쪽에서 너무나 근사한 다이묘 행렬이 다가와 감격해 나무에서 내려와 일행에 다가가지만, 결국 모두 잡

6 다른 관점에서 본다면 '서예'라는 주변화된 전통의 달인이 쇠락한 지역 사회와의 교류를 통해 성장하는 이야기인『바라카몬』은 일본 장기를 두는 소심한 남자 주인공이 '표준적인 가족'과는 거리가 있는 여성 3인 가족과의 교류를 통해 성장해 나가는『3월의 라이온(3月のライオン, 2007-)』과 유사한 측면도 있다.

혀버린다.[7]

　단순히 인간으로 변신한 것에 그치는 것이 아니라 인간으로 변신하는 것을 하나의 유희로 삼을 정도로 변신에 능하지만, 결국 그 때문에 인간에게 잡히게 된다는 이 설화는 너구리가 호러가 아닌 유머, 그것도 블랙 유머에 자주 등장하게 되는 이유일 것이다.

　바로 그러한 이유 때문인지 오늘날 가가와의 대표적인 심볼은 너구리가 아닌 우동이다. 일찍이 무라카미 하루키村上春樹는 「사누키, 아주 깊은 우동 기행」에서 "가가와현에 가보고 무엇보다도 놀랐던 것은 우동 가게 수가 압도적으로 많다는 것이다. 우동 가게 이외에 아무것도 없는 건 아닐까 하는 의심이 들 정도로 놀랄 만큼 우동 가게가 많다."고 쓴 적이 있다(村上, 1998). 2006년 공개된 영화 〈우동ぅどん〉(2006)의 도입부에서는 인구 100만의 가가와현에 900여 개의 우동 가게가 존재한다는 사실을, 인구 1250만의 수도권에 500개의 맥도널드가 존재하는 것과 비교하고 있을 정도다. 실제로 닛케이 리서치가 행한 지역 브랜드 조사에서 '사누키 우동'은 2008년, 2010년에 1위를 차지했고, 가가와의 유루캬라에는 '우동뇌'가 너구리를 대신한다. 이처럼 가가와는 명실상부한 '우동의 나라'다. 그렇다면 왜 작가는 굳이 친숙한 문화적 심볼인 '우동'보다 비현실적인 '너구리'를 캐릭터로 삼은 것일까.

　그 이유는 일단 텍스트 안에서 찾을 수 있겠다. 소타에게 우동은 가가와현의 문화 자원을 대표할 뿐 아니라 아버지의 노동 의 전부였다. 하지만 소타는 아버지의 우동 국물 냄새가 싫어 가가와현을 떠난다. 아버지가 죽고 나서 돌아오지만 가업을 잇는 대신 IT

기술자로 생계를 이어가면서 포코와 함께한다. 이렇게 이야기 속에서 소타가 우동을 상대화하는 것은 지역과 가족의 문화를 거부하고자 하는 움직임이 동시대 젊은이에게 있을 수 있음을 기정사실화하는 것으로 이해할 수 있다.

그렇다면 소타는 왜 우동이 아닌 인간으로 변신한 너구리 포코를 받아들이는 것일까. 너구리 역시 이 지역의 문화 자원으로 볼 수 있다면 굳이 그렇게까지 우동을 거부할 이유는 없지 않을까.

여기서 주의해야 할 점은 소타가 이야기의 초반부터 포코가 온전한 인간이 아니라 너구리임을 알고 있다는 점이다. 즉 소타는 아버지가 우동을 삶았던 솥 속에서 발견한 어린 아이가 너구리로 변하는 충격적인 장면을 목격하고 경악하고 만다. 하지만 동시에 매우 빨리 그 존재를 받아들이기로 결정한다. 이는 소타가 너구리가 인간 행세를 하는 '비현실'을 받아들임으로써 가가와에서 새로운 생활을 시작할 수 있었음을 의미한다.

이러한 '비현실'의 수용은 일단 그가 지역의 전통적인 설화의 세계를 받아들이게 되었다는 의미로 해석할 수 있을지 모르겠다. 집 근처 사원의 승려인 후지야마 스케는 너구리 설화를 믿고, 인간으로 변한 너구리를 만나기를 학수고대하는 인물로 설화에 기반한 비현실적인 세계에 대한 지역민의 믿음을 대표하는 존재라고 할 수 있다. 하지만 동시에 그는 결국 포코의 정체를 알게 되자 소

---

7   武田明(編), 『讚岐の民話』, 未來社, 2015, pp.25~26.

타에게 너구리가 인간으로 변한 채로 있으면 수명을 갉아먹게 되며, 인간과 너구리의 세계는 분리되어야 한다고 주장한다. 이 텍스트는 전통적 세계관에서조차 인간과 인간으로 변한 너구리가 함께 사는 것을 바람직하게 여기지 않고 있음을 보여준다. 그렇다면 이러한 '전통적 세계관'과 거리를 둘 때, 소타의 포코에 대한 집착은 어떻게 이해할 수 있을까?

이는 소타가 일본 서브컬처의 '문법'을 충실하게 따르고 있기 때문이라고 해석할 수 있다. 미소녀의 형상을 한 아이의 머리에 달린 '너구리 귀'는 서브컬처에 익숙한 사람이라면 일종의 '모에 요소'임을 알아차리기가 그리 어렵지 않다.

아즈마 히로키에 의하면 역사적 변동 등에 따라 커다란 이야기를 필요하지 않게 된 세대에게 '모에'라는 감정은 커다란 이야기와 무관하게 데이터베이스 속 캐릭터의 '고양이 귀', '동물', '천사', '메이드', '안경' 혹은 '특정한 말버릇이나 설정, 이야기의 유형적인 전개 혹은 피규어의 특정한 곡선' 등 다양한 요소에 의해 체감된다고 한다.[8]

이러한 모에 요소는 『우동의 나라』속에서 아이의 얼굴에 너구리 귀, 아이의 몸에 달린 너구리 꼬리 등의 형태로 나타난다. 이는 너구리의 변신술과 관련된 전통적 설화보다 먼저 등장해 잊힐 만하면 반복되고 — 포코는 피곤하거나 힘이 풀리면 너구리의 귀나 꼬리를 노출한다 — 심지어는 이 만화를 대표하는 표지 이미지로서 제시된다. 이는 『바라카몬』과는 달리 『우동의 나라』가 노골적으로 2000년대 서브컬처 미학에 익숙한 독자를 자신의 잠재적인 독자를 선택하고 있음을 보여준다.

　요컨대 『우동의 나라』는 너구리 귀와 꼬리라는 모에 요소를 전면적으로 부각함으로써 이에 민감한 일부의 일본 서브컬처 향유자에게 이 만화의 무대인 가가와현이라는 지역에 대한 관심을 불러일으키도록 유도한다.

3. '아이들의 나라'로서 가가와현

그렇지만 『우동의 나라』는 모에 요소를 갖는 대상과 주인공 사이의 사랑 이야기로 흘러가지 않는다. 성적 사랑을 나누기에 너구리 인간 포코가 인간의 언어를 제대로 발음하지 못하는 유아로 그려져 있고, 캐릭터로 포코가 갖는 성적 측면도 최대한 배제하려는 듯 너구리의 성별도 수컷으로 정해진다. 물론 이러한 설정 속에서도 성애가 불가능한 것은 아니지만, 이야기 속에서 소타에게 포코는 성적 욕망을 충족하는 이성애의 대상이 아니라 부성애를 자극하는 육아의 대상이 된다.

　가족과 떨어져 도쿄에서 독신으로 살았던 소타에게 자신의 가족에 대한 기억은 물론이거니와 가족과 가족으로 연결되는 지역 사회에 대한 기억도 희미해져 있다. 그러한 소타는 포코를 매

8　　東浩紀, 『動物化するポストモダン』, 講談社, 2001, pp.63~70.

개로 가족에 대한 어린 시절의 기억을 되살릴 뿐 아니라 학창 시절의 동기와 그 가족과 이어지게 되고, 그들이 사는 지역의 다양한 장소를 경험하게 되는 것이다.

예컨대 다카마쓰공항 안의 어린이전용공원, 리쓰린공원 등이 그 대표적 장소다. 물론 이들 공간의 상당수는 다카마쓰시의 관광 명소이기도 하지만, 동시에 지역 주민들이 아이들과 함께 가는 곳이기도 하다. 작가는 서브컬처 미학의 모에 요소를 가지고 성적 판타지를 재생산하기에 열중하기보다는 오히려 그것을 매개로 '육아'를 통해 지역의 장소를 재발견해 나가고자 하는 것이다.

그런데 이렇게 '육아'를 매개로 지역에 정주하게 되는 것은 실은 가가와현의 지역 활성화 정책과도 맞닿아 있다. 1999년 약 103만이었던 인구가 매년 감소해 2014년 98만까지 떨어진 가가와현은 "일본에서 가장 아이를 키우기 쉬운 현"을 지향해, 2016년부터는 그것을 현 안팎으로 선전하는 "이쿠켄イクケン : 육아하는 현 가가와 프로젝트"를 시작했다. 가나메 준要潤 부지사가 PR 동영상에 출현해 화제를 모았다.[9] 나아가 2017년에는 프로젝트의 일환으로 아이들이 먹기 쉬운 짧은 면을 '이쿠멘イク麺'이라는 이름으로 출시해 화제를 모으기도 했다. 그런 면에서 봤을 때, 『우동의 나라』의 캐릭터 포코의 '유아화幼兒化'는 가가와현의 정책에 호응하는 측면이 없다고는 말할 수 없다.

실제로 이야기 속에서 주인공인 서른 살 소타만이 아니라 동급생인 나카지마 시노부 역시 독신으로 계속해서 부모님으로부터 결혼과 손주에 대한 압력을 받는다. 또한 소타의 누나 신코 역

시 결혼했지만, 아이를 유산한 후 다시 아이를 낳는 데 두려움을
갖고 있다.

포코의 등장은 소타로 하여금 당장은 그러한 압력으로부터
피할 수 있는 구실이 된다. 하지만 포코와 함께 있는 시간이 늘어
남에 따라 소타와 주변 사람들에게 '아이가 있는 세계'는 이제 자
신들과 먼 세계의 이야기가 아닌, 가까운 것이 되어간다. 그리고
마침내 인간으로 계속해 변신할 힘이 없어진 포코가 다시 너구리
로 돌아갈 무렵에 누나 신코는 무사히 아이를 낳고, 소타와 시노
부는 각각 자신의 반려자를 만나게 되었음을 암시하는 것으로 이
이야기는 끝이 난다. 이러한 결말은 『우동의 나라』가 '가족'과 '육
아'를 중시하는 지방 활성화 정책과 호응했음을 단적으로 보여준
다고 할 수 있다.

그렇다면 이렇게 '육아'를 이야기 전개에 있어 중심적인 축으
로 놓는 『우동의 나라』를 서브컬처의 문맥에 어떻게 볼 수 있을까.
예컨대 〈짱구는 못말려クレヨンしんちゃん〉와 같이 육아 그 자체가 이
야기의 주요 소재가 되는 작품도 존재하기는 한다. 하지만 이 작
품은 1990년대 수도권에 속하는 사이타마현 가스카베시를 무대
로 한다는 점에서, 인구 감소에 따른 지방 위기라는 문제와는 거
리가 있다.

---

9   MAiDiGiTV, 「イクケン香川」プロジェクト第1弾、イクケン動画「うどん県は子育て
しやすい県でもある」編」, 2015, https://youtu.be/NgdKktMAE0c(2021년 8월
23일 검색).

사실 전통적 의미에서의 '육아'는 2000년대 일본 서브컬처 비평과 담론의 중심에서 빗겨나 있었다. 특히 2000년대 들어 유행한 개인적인 연애가 세계의 운명과 관련되는 이른바 '세카이계セカイ系'적인 연애나 미소녀 육성, BL은 모두 전통적인 삶의 영위로서 '가족'과 '육아'를 의식적이던 무의식적이던 거부하는 경향이 있었고, 바로 그런 이유로 지역성으로부터 자유로울 수 있었다. 현실적인 의미에서의 '육아'(캐릭터나 아이돌 '육성'이 아니라)는 유동하는 청년을 한곳에 고정해 지역 커뮤니티 속으로 들어갈 수밖에 없도록 만들기 때문이다.

반면 『우동의 나라』는 청년들에게 지역 사회에서 육아가 번잡스러운 것만이 아니라 지역 주민과 관계 맺음을 통해 새로운 즐거움이 될 수 있음을 보여준다는 점에서, 2000년대 서브컬처의 방향성과 다르다고 할 수 있다. 요컨대 이 텍스트는 서브컬처 향유자들에게 '가족'과 '육아'에 대한 '환상'을 갖도록 유도하고 있다.

그렇다면 서브컬처 향유자들은 이렇게 현의 정책을 반영하는 『우동의 나라』를 어떻게 받아들였을까. 2019년도에 발간된 단행본 완결판 띠지에는 이 만화가 전체 누계 80만부가 팔린 것으로 되어 있다. 이 숫자만 놓고 본다면 독자들에게 어느 정도의 반향이 있었던 것으로 볼 수 있을지도 모르지만, 앞서 언급한 『바라카몬』의 판매량이 400만부인 것을 고려해본다면 큰 성공을 했다고 말하기는 쉽지 않다. 그래도 2016년 TV 애니메이션으로 전국적으로 방영되었다는 사실은 나름대로의 성공을 거두었다고 할 수 있겠다.

결국 『우동의 나라』는 2000년대 이후의 서브컬처 트랜드인 모에 요소를 모티브로 삼지만, 이를 성애화하는 대신 육아의 대상으로 삼아 서브컬처 그 자체의 미학을 발전시켜 큰 성공을 거뒀다고 하기보다 국가와 지역 정책에 호응하는 작품으로 평가할 수 있다. 그렇다면 이 지점에서 『우동의 나라』를 본래 의미로 서브컬처(하위 문화)라고 부를 수 있는지 의문의 여지가 남는다.

지방 소멸의 위기가 일컬어지는 가운데 서브컬처가 지역 활성화의 가능성으로 제시된 것은 사실이다. 하지만, 그럼으로써 일본 서브컬처만의 중요한 특징 중 하나였던 섹슈얼리티와 관련된 반사회적인 윤리관과 미학이라는 특성이 약화되는 측면도 없지 않다. 그런 맥락에서 본다면 『우동의 나라』는 경제성을 중시하는 문화산업적 측면에서 서브컬처를 수단화할 때의 문제점을 사유하는 데 있어 중요한 텍스트라고 할 수 있겠다.

4. 지역 관광 가이드북으로서의 활용과 그 문제점

그렇다면 국가와 사회적 정책에 호응하는 『우동의 나라』는 가가와현의 지역 활성화에 어떤 기여를 했는지 좀 더 자세히 살펴보자.

『우동의 나라』 애니메이션 방영이 결정된 2016년 로컬 라인인 '고토덴'은 전차를 포코의 캐릭터를 활용해 도색했고, 이는 다카마쓰 축제의 공식 포스터에서도 적용되었다. 나아가 가가와현 관광협회는 2015년 6월 8일부터 『우동의 나라 금색 털뭉치』 관련

페이지인 '노도카와 포코의 우동현 기행'을 '우동현 여행 넷' 페이지 안에 게재하고 있다(香川県, 2020). 이러한 노력 때문인지 실제로 인터넷에서는 이른바 『우동의 나라』 성지 순례'를 인증하는 블로그 등을 찾아볼 수 있다(つればし, 2016). 이는 서브컬처 '성지순례'의 붐을 의식해 가가와현이 적극적으로 관광 산업에서 만화 애니메이션의 캐릭터를 활용해 일정 부분 성과를 거두었음을 반증하고 있다고 할 수 있다.

그런데 『우동의 나라』 성지순례'의 경우, 기존의 성지순례와 그 양상이 조금 다르다. 일반적으로 만화·애니메이션 성지순례의 경우, 먼저 콘텐츠 소비자들에 의한 자의적인 행동이 붐이 되고, 이러한 움직임에 지역 지자체 등이 사후적으로 응하는 형태를 취하는 경우가 많다. 그 때문에 지역에서 어필하고 싶은 지역의 매력과 콘텐츠 속의 그것과의 간극이 발생한다는 것이 문제로 지적되기도 한다.[10]

만화·애니메이션 성지순례가 사회적으로 화제가 되는 가운데 연재·출판된 『우동의 나라』는 처음부터 이러한 효과를 고려해 제작한 측면이 없지 않다. 이는 대부분의 에피소드 제목이 야시마, 리쓰린공원, 다마모성, 사누키만공원 등 다카마쓰시의 명소, 다른 한편으로 가가와의 명물인 가케우동을 비롯한 지역 먹거리로 되어 있다. 이러한 설정은 『우동의 나라』가 모에 요소와 육아를 매개로 결국은 지역의 매력을 알리는 데 큰 공을 들이고 있음을 보여준다.

특히 주목할 것은 소타와 포코의 행동 범위가 다카마쓰시에 머물지 않고 나오시마, 쇼도시마, 데시마 등에 미치고 있다는 점이다. 이는 이야기상의 전개상에서는 주인공 소타가 도쿄의 회사로부터 떨어져 있으면서도 지역에서 일하기 위해 IT 기술자로 가가와 지역의 주요 문화정책 중 하나인 '세토우치 섬 프로젝트'에 참여하는 것과 관련된다.

주지하다시피 가가와현은 2010년부터 3년에 한 번씩 예술을 매개로 세토나이카이 지역의 섬들을 잇는 세토우치 국제 예술제를 개최하여 문화를 활용한 지역 활성화에 큰 힘을 기울이고 있다. 특히 이전의 공업 지역인 이 지역의 빈집을 활용한 아트 프로젝트는 한국에서도 지역 활성화의 대안적 사례로 주목받고 있다.[11]

한편 이러한 지역 '문화'의 매력을 알리려면 매력적인 홈페이지를 제작해 현의 외부로 섬의 정보를 발신하는 것이 필수불가결하다. 작품 속에서는 그것이 홈페이지 제작을 위해 지역을 취재하는 주인공 소타가 포코를 데리고 쇼도시마 등을 차례로 방문하는 이유가 된다. 그렇게 독자들은 그들의 동선을 따라 자연스럽게 섬들에 관한 정보를 얻게 된다. 요컨대 『우동의 나라』는 가가와현이 발신하고 싶은 관광지를 만화의 내러티브를 통해 소개하는 기능을 수행하는 것이다.

이처럼 『우동의 나라』는 만화·애니메이션 성지순례에 있어

10 大谷尚之・松本淳・山村高叔, 『コンテンツが拓く地域の可能性ーコンテンツ制作者·地域社会。ファンの三方良しをかなえるアニメ聖地巡礼ー』, 同文館出版, 2018, pp.13~16.

문제점으로 제기되고 있는, 지역이 발신하고 싶은 매력과 콘텐츠 상의 매력의 불일치를, 콘텐츠 쪽이 선제적으로 지역의 매력을 소개함으로써 해소하고자 한 사례로 볼 수 있다.

물론『우동의 나라』가 가가와 지역의 모든 관광 명소를 소개하지는 않는다. 오히려 나오시마의 베네세하우스나 지중미술관 같은 현대식 미술관, 쇼도시마의 '24의 눈동자 영화마을' 같이 지역 관광에 있어 상당히 중시되는 '예술' 공간은 이야기 속에서 의식적으로 배제되어 있다. 그렇다면 결국『우동의 나라』는 '만화·애니메이션 성지순례'에 참여하는 서브컬처 향유자, 즉 이른바 '오타쿠'를 배려해 그들이 불편하지 않을 정도의 문화적 볼거리만을 선별해서 보여주려는 것은 아닐까. 그리고 그러한 과정에서 지역 관광 가이드에 있어 서브컬처와 예술의 경계선을 의식적으로 확정하는 것은 아닐까.

어떤 부분에서는 그렇다. 이 텍스트 속에는 지역 도서관이나 미술관, 박물관 같은 문화 시설은 물론이거니와 최근의 지역 젊은 층이 선호하는 이온몰 같은 대형 쇼핑몰도 등장하지 않는다. 하지만 그 대신 이 만화는 화려한 아트 프로젝트에 가려져 있는 지역의 '어두운' 역사를 보여주기도 한다는 점을 놓쳐서는 곤란하다. 홈페이지를 만드는 과정 속에서 소타는 지역 주민과 접촉하면서 세토우치 섬들의 '복잡한' 관계에 대해 알게 된다. 이를 요약하면 다음과 같다.

이야기 속의 나오시마의 카페 주인인 오바야시에 따르면 "나오시마는 지금은 아트로 유명하지만, 옛날부터 농업에는 맞지 않은 지형이기 때문에 제염업이나 회선업 정련소를 적극적으로 받아들였"다. 거기서 나오는 산업 폐기물을 어느 업자가 데시마에 불법투기 했다고 한다. 그런데 시간이 흐르자 "데시마에 남아 있는 산업 폐기물의 중간 처리 시설을 나오시마가 받아들"이고 있다는 것이다.

실제로 지금은 미술관의 섬으로 잘 알려진 나오시마는 1917년부터 미쓰비시 제련소가 들어섰고 이에 따른 공해 때문에 주변 섬들이 큰 피해를 겪었다. 한편 데시마에서는 개발업자가 1970년대 말부터 80년대말까지 이곳에 대량 산업 폐기물의 불법 소각과 투기를 계속해 오다가 1990년 경찰에 적발되어 사회적 문제로 확산된다. 이러한 상황에서 미쓰비시는 1998년 제련소 부지 안에 산업 폐기물 시설을 재정비하는 '에코다운사업'을 실시하면서 데시마에 버려진 산업 폐기물을 재처리할 수 있는 시설을 건설하기 시작했다. 이에 2000년 9월 나오시마와 데시마는 데시마 산업폐기물 등의 소각·용융처리 등 이에 관련한 사업에 관한 협정서를 맺기에 이른다. 이처럼 섬들을 둘러싼 지역의 '어두운' 역사는 관광객의 눈에는 보이지 않는 그야말로 '복잡'한 사정이 있는 지역의 일면을 드러내고 있다고 할 수 있겠다.

물론 이를 근거로 『우동의 나라』를 다크 투어리즘을 지향하는 텍스트라고 볼 수는 없다. 그건 앞서 보았듯이 텍스트가 기본적으

---

11 정우리·이호상, 「나오시마(直島)의 아트프로젝트와 빈집문제에 대한 고찰」, 일본학보 제116권, 2018, 309~332쪽.

로 '육아'에 초점을 맞춰 지역 사회에 접근하고 있기 때문일 것이다. 특히 TV 애니메이션으로 방송되어 아이들이 보게 될 경우, 지역의 어두운 세계를 본격적으로 탐색하기에 한계가 있을 수밖에 없다. 하지만 바로 그 때문에 역설적으로 『우동의 나라』는 성인 오타쿠만을 대상으로 하지 않고, 아이와 함께 하는 가족 여행 안내서의 기능도 수행한다고 할 수 있다.

5. 문화의 매력을 죽이지 않는 지역 활성화의 필요

문화를 통한 지역 활성화는 2010년대 이후 아베 정부의 지방 창생 정책 또는 쿨재팬 정책과 맞물리며 활발하게 전개되었고, 이러한 움직임은 오늘날까지도 이어지고 있다.

물론 코로나 팬데믹의 세계적 유행에 따른 출입국 제한, 그리고 그러한 상황에서 치러진 도쿄올림픽은, 일본 만화라는 소프트 파워를 세계적으로 홍보함으로써 궁극적으로 지역 활성화에 기여한다는 일본경제산업성의 당초의 의도를 관철하는 데는 실패한 것처럼 보인다.

하지만 그러한 상황 속에서도 일본 만화와 애니메이션은 글로벌 콘텐츠 플랫폼을 통해 국경을 넘어 많은 독자들과 만났고, 출입국 제한이 풀리자 많은 사람이 다시 콘텐츠 투어리즘을 재개하기 시작했다. 예컨대 〈슬램덩크〉 극장판이 한국에서 새롭게 일본 애니메이션 붐을 일으키는 가운데 그 배경으로서 가마쿠라, 소난 지역이 주목 받게 된 것이다.

　이 글에서 다룬『우동의 나라』는 분명 이러한 붐에 편승하기는 어려울 것이다. 거기에는 이 텍스트의 무대인 가가와현의 관광지로서의 매력이 떨어지기 때문은 결코 아니다. 오늘날 가가와현의 문화정책은 나오시마의 미술관과 세토우치 국제 예술제로 대표되는 '독보적인 문화예술의 힘'을 강조하고 있을 정도다. 반면 서브컬처의 일부로서『우동의 나라』그 자체가 지니는 매력은 그다지 높지 않다. 실제로『우동의 나라』는 일본 만화를 전문적으로 방영하는 한국의 케이블 티비 채널에서 방영되지 않았고, 일본에서도 전국적인 붐으로 이어지지는 않았다.

　그렇지만『우동의 나라』는 21세기 일본의 청년들이 어떻게 도시로 이동하지 않고 혹은 도시로부터 돌아와 지역에 정착할 수 있는가를, 육아를 통해 탐색해본 작품이라고 평가할 수 있겠다. 다른 한편 지역이 알리고 싶어 하는 지역의 명소를 만화의 무대로 삼아 소개하고 있지만, 독자들에 의해 자의적으로 결정되는 만화·애니메이션 성지순례를 선제적인 방식으로 유도하려 했다는 점에서는 그 성공 여부를 떠나 문제적 텍스트라고 말할 수 있다.

　이렇게 지역 사회의 문제를 공유하며 독자들에게 지역의 이해를 넓힌다는 측면에서는 이 만화를 긍정적으로 평가할 수 있겠지만, 그 과정에서 서브컬처 속의 미학적 매력이 반감되고 있다는 점은 아쉽다. 이는 이 작품에만 해당되는 것이 아니라 문화를 통해 지역의 문제를 해결하려는 모든 행위에 해당되는 내용으로 향후에도 계속해서 논의해야 할 문제라고 판단된다. 요컨대 지역 활성화와 인구 재생산이라는 정치·사회적 이슈와 이와는 별도로 발달해온 서브컬처 특유의 미학과 정념은 어디까지 이어질 수 있는지에 대해서는 앞으로도 계속해서 지켜보면서 논의해야 할 문제라고 생각된다.

참고 문헌

조규헌, 「아니메 투어리즘에 의한 지역문화콘텐츠의 가능성:사이타마현의 사례
　　를 중심으로」, 한림일본학 제31집, 2017.

정우리·이호상, 「나오시마(直島)의 아트프로젝트와 빈집문제에 대한 고찰」,
　　일본학보 제116권, 2018.

이석, 「현지아이돌(ご当地アイドル)이 창출하는 새로운 지역문화—에히메현(愛
　　媛県)의 히메큔후르츠칸(ひめキュンフルーツ缶)을 중심으로—」, 『일본학연
　　구』 56호, 2019.

이정훈, 「일본의 애니메이션 성지순례와 도시전략-시즈오카현 누마즈 시의 관
　　광객 증감 및 상업시설의 형상 변화를 중심으로」, 일본문화연구 제73집, 2020.

이석, 「2010년대 일본지방문화의 변화에 관한 고찰: 사가현과 『좀비 랜드 사가』
　　에 주목하여」, 일본문화연구 제80집, 2021.

東浩紀, 『動物化するポストモダン』, 講談社, 2001.

武田明(編), 『讃岐の民話』, 未來社, 2015.

大谷尚之·松本淳·山村高叔, 『コンテンツが拓く地域の可能性ーコンテン
　　ツ制作者·地域社会。ファンの三方良しをかなえるアニメ聖地巡礼ー』, 同文館

出版, 2018.

岡本健, 『アニメ聖地巡礼の観光社会学: コンテンツツーリズムのメディア・コミュニケーション分析』, 法律文化社, 2018.

篠丸のどか, 『うどんの国の金色毛鞠』, 新潮社, 2012~2019.

増淵敏之, 『ローカルコンテンツと地域再生 観光創出から産業振興へ』, 水曜社, 2018.

村上春樹, 『辺境・近境』, 新潮社, 1998.

「うどんの国の金色毛鞠」製作委員会、「うどん県旅ネット」「うどんの国の金色毛鞠TVアニメ放映ロケ地マップ」, https://www.my-kagawa.jp/poko/location. (2023년 1월 23일 검색).

香川県, 香川県ホームペー「手島問題」, 2020, https://www.pref.kagawa.lg.jp/haitai/teshima/kfvn.html(2023년 1월 23일 검색).

公益社団法人香川県観光協会,「うどん県旅ネット:のどかとポコのうどん県紀行」 https://www.my-kagawa.jp/poko/(2023년 1월 23일 검색).

つればし,「つればし」, 2016, http://tsurebashi.blog123.fc2.com/blog-entry-435.html(2023년 1월 23일 검색).

コミックナタリー編集部,「「うどんの国の金色毛鞠」電車が香川で運行」, 2014.10.22, Natasha,Inc. https://natalie.mu/comic/news/129349 (2023년 1월 26일 검색).

四国新聞,「うどん県広報部長にポコ 「金色毛鞠」の人気キャラ」, 四国新聞社, 2016.2.10, http://www.shikoku-np.co.jp/bl/digital_news/article.aspx?id=K2016021000000005600.

藤井達哉 (「香川」短いうどん、子育て応援 県が「イク麺」PR」, 2017.1.19, 『朝日新聞DIGITAL』, https://digital.asahi.com/articles/ASK1K6KCPK1KPLXB018.html (2021년 8월 23일 검색).

MAiDiGiTV,「「イクケン香川」プロジェクト第1弾、イクケン動画「うどん県は子育てしやすい県でもある」編」, 2015, https://youtu.be/NgdKktMAE0c (2021년 8월 23일 검색).

에히메현의 현지아이돌이
여는 세계

이석

1. 들어가면서

일본 여자 아이돌이 2010년대에 보인 변화 중 하나로 현지아이돌ご当地アイドル이 급격히 증가한 점을 들 수 있다. 2010년대 이전의 아이돌이 도쿄에서 발신하는 전국 방송을 통해 자신을 알린 반면, 현지아이돌은 도쿄 이외의 지역에 상주하며 지역의 라이브 공연이나 이벤트를 중심으로 활동한다. 2012년에 282팀에 불과했던 현지아이돌은 2018년 10월 29일 현재 여자 아이돌만 1371팀에 달하며 그중에서 10년 넘게 활동하는 아이돌 그룹도 20팀이 넘는다.

일본 현지아이돌 활성협회의 대표가 발표한 자료를 살펴보면 2012년 이후 아이돌 그룹 수가 증가하며 특히 2015년 이후 매해

200팀씩 급증하는 것을 알 수 있다. 이는 현지아이돌 산업이 큰 수익을 내고 있다는 것을 의미하는데 무엇보다 이러한 산업이 도쿄 이외의 지역에 기반을 두고 있다는 점에 주목할 필요가 있다.

주지하다시피 일본의 지역사회는 노령화와 인구감소 문제로 만성적인 불황을 겪고 있어 젊은이들을 지역사회로 끌어 모을 수 있는 문화산업이 각광 받고 있다. 이에 선행연구에서는 인기 있는 문화콘텐츠가 다수의 관광객을 모은 성공 사례를 인용하며 현지아이돌도 지역 활성화에 이바지할 것으로 기대하고 있다.[1] 그러나 성공사례의 경제적 수치에만 기초해서 현지아이돌을 분석하면 현지아이돌에 어떤 문화적인 가치가 있는지 파악하기 힘들어진다. 또 지역문화콘텐츠를 조사한 선행연구에서는 정부와 지방자치단체가 실시한 문화정책의 효과만 강조할 뿐 새로운 지역 문화가 탄생한 배경과 그 역사적 의미에 대해서는 언급하지 않았다.[2] 요컨대 경영학이나 행정학적인 관점에서 지역 문화를 수치화하고 평

---

1 이러한 연구로는 田村秀 『「ご当地もの」と日本人』, 祥伝社, 2014, 田中秀臣 『ご当地アイドルの経済学』, イースト新書, 2016 등이 있다.

2 예를 들면 조규헌 「아니메 투어리즘에 의한 지역문화콘텐츠의 가능성 : 사이타마현의 사례를 중심으로」, 『翰林日本學』 Vol.31, 한림대학교 일본학연구소, 2017, 125~129쪽에서는 사이타마현 관광과에서 개발한 앱이 어떻게 애니메이션을 이용한 관광 사업에 활용되고 지역 활성화에 이바지하는지 분석하고 있다. 그러나 왜 애니메이션의 무대를 방문하고 싶은 사람들이 요즘 급증했는지, 이에 따라 어떤 지역문화가 새롭게 탄생했는지, 과거의 전통문화와 어떤 점이 다른지 고찰이 부족하다.

가하는 경우는 많아도 인문학적인 입장에서 지역 문화의 의미를 고찰하는 연구는 부족한 것이다. 이에 본 연구에서는 현지아이돌의 인문학적 가치를 고찰하여 현재 변화하는 일본 지역문화의 향방을 가늠하려 한다.

현지아이돌의 특징을 밝히기 위해 먼저 같은 의미로 통용되고 있는 '로컬'과 '지역地元', '현지当地' 개념이 어떻게 다른지 논하겠다. 그리고 '현지' 문화의 구체적 예로 에히메현의 현지아이돌 히메큔후르쓰칸ひめキュンフルーツ缶[3]을 분석하기로 한다. 수많은 현지아이돌 중에서 히메큔후르쓰칸에 주목하는 이유는 첫째, 그들이 중소 지방도시에서 성공한 현지아이돌이기 때문이다. 일본 대중음악의 주요 발신지인 도쿄, 오사카, 나고야로부터 멀리 떨어진 에히메현 마쓰야마시라는 중소 지방도시에 기반을 두면서도 짧은 시간 안에 히메큔후르쓰칸은 큰 성공을 거두었다. 에히메현 주민의 95퍼센트 이상이 인지하고 있으며 TV 방송에도 자주 출연하는 등 히메큔후르쓰칸은 일본에서 가장 유명한 현지아이돌 중 하나로 손꼽히고 있다. 히메큔후르쓰칸에 관심이 가는 두 번째 이유는 히메큔후르쓰칸이 관공서나 대형 기획사의 조력 없이 성장했기 때문이다. 물론 이름이 알려진 이후에는 에히메현을 대표하는 아이돌로 대내외적으로 지원을 받게 되지만, 그 전에 이미 자신들만의 힘으로 탄탄한 인기를 쌓은 점을 인정해야 한다. 히메큔후르쓰칸을 분석하는 세 번째 이유는 단순히 지역 명소나 특산물을 홍보하기 위해 그룹이 결성되지 않았기 때문이다.[4] 이는 여타 아이돌과 구분되는 히메큔후르쓰칸의 특징으로 새로운 지역 문화

를 나타낸다는 점에서 주목할 필요가 있다. 이와 같은 성격을 지닌 히메큔후르쓰칸의 지난 행보와 인기 전략을 분석하면 문화정책이나 경영학으로는 파악하기 힘든 현지아이돌의 고유한 특성이 밝혀질 것으로 기대된다.

히메큔후르쓰칸을 조사하기 위해 인터뷰와 문헌조사를 동시에 진행했다. 우선 2018년 7월 1일 마쓰야마 살롱키티에서 히메큔후르쓰칸의 프로듀서인 이가 치아키伊賀千晃와 1시간에 걸쳐 인터뷰하고 본인의 동의 아래 그 내용을 녹음했다. 또 인터넷과 관련 문헌을 조사해 인터뷰한 내용을 검증·보완하고 이를 통해 히메큔후르쓰칸의 전모를 파악하려 노력했다.

3 히메큔후르쓰칸은 에히메현에서 라이브하우스를 운영하는 이가 치아키(伊賀千晃)에 의해 2010년에 결성되었다. 그 이름은 에히메현의 "히메"에 두근두근을 뜻하는 "큔큔(きゅんきゅん)"의 "큔"과 과일통조림(fruit can)의 일본식 발음인 "후르쓰칸"을 조합해서 만들어졌다. 히메큔후르쓰칸의 멤버는 크게 1기생과 2기생으로 구분된다. 2010년부터 활동한 1기 멤버들은 2017년 10월에 전원 탈퇴하고 2017년 11월부터 새로운 2기 멤버들이 현재 활동 중이다. 본 연구는 히메큔후르쓰칸의 1기 멤버들의 활동에 초점을 맞추어 현지아이돌을 분석했다.

4 예를 들어 히메큔후르쓰칸은 멤버마다 각기 다른 과일을 상징하는데 이를 열거하자면 애플 망고, 블루베리, 바나나, 파인애플, 스트로베리, 그린애플, 패션프루트, 그레이프프루트 등과 같다. 이 과일들은 에히메현과 아무런 관련이 없으며 에히메현의 특산품으로 유명한 귤이나 오렌지, 키위, 밤과 같은 이름은 등장하지 않는다.

2. 로컬아이돌과 지역아이돌이라는 개념

도쿄 이외의 지역에 기반을 두고 활동한다는 특징 때문에 일본에서는 현지아이돌이라는 이름 대신에 로컬아이돌ローカルアイドル 혹은 지역아이돌地元アイドル이라는 이름을 사용하기도 한다. 그러나 이러한 이름들은 전통적인 지방 개념에 기초해서 지어졌기에 현지아이돌과는 다른 의미를 지니고 있다. 현지아이돌의 특징을 분석하기 전에 이 장에서는 각 명칭이 어떻게 다른지 정리해보도록 하겠다.

로컬아이돌이란 명칭은 말 그대로 지방에 근거지를 두는 아이돌을 지칭한다. 이 명칭은 NHK의 음악 프로그램 〈POP JAMポップジャム〉의 2004년 9월 4일 방송이 로컬아이돌을 특집으로 다루면서 전국에 알려졌다.[5] 이 프로그램의 사회를 맡은 츤쿠つんく♂는 "로컬아이돌"이란 말을 줄여 "로코돌ロコドル"이라는 명칭을 사용했다. 이때부터 "로컬아이돌" 혹은 "로코돌"이란 말이 통용하기 시작한다. 주지하다시피 츤쿠는 당대 최고의 인기 아이돌 모닝구 무스메モーニング娘의 책임 프로듀서로 맹활약을 펼치며 아이돌 업계에서 막강한 영향력을 자랑하고 있었다. 그런 츤쿠가 NHK의 간판 프로그램에 나와서 지방 아이돌을 명명했던 것이다. 여기서 일종의 권력 관계를 감지할 수 있다. 당시 츤쿠가 니가타현의 아이돌 Negicco를 "로코돌 중에서는 실력과 외모 모두 1등"이라고 소개하는 것에서 알 수 있듯 '로코돌/로컬아이돌'은 도쿄의 아이돌과 다른 계열에 속하는 이들로 분류되고 있었다.

인식론적으로 '로컬/지방'은 '중앙/수도'와의 관계를 통해서만 그 존재가 증명된다. 즉 '로컬/지방'은 홀로 자립할 수 없는 개념으로 '중앙/수도'에 의해 규정된다. 이와 같은 권력 관계는 '중앙/수도'의 프로듀서인 츠쿠가 로컬아이돌을 이름 짓고 평가하는 행위를 통해 다시 한번 확인된다.

한편 지역아이돌이란 용어는 NHK 아침 드라마 〈아마짱ぁまちゃん〉(2013)의 흥행으로 유명해졌다. 〈아마짱〉은 2013년에 가장 인기를 끌었던 문화 상품 중 하나로 지방의 아이돌에 관한 이미지를 확립했다. 아이돌 팬 사이에서만 알려졌던 지역아이돌은 NHK 아침 드라마를 통해 순식간에 그 이름을 알린 것이다.

〈아마짱〉은 심각한 경제 불황과 고령화 문제를 겪는 이와테현의 작은 어촌 마을을 배경으로 한다. 여고생 주인공은 지역 전통으로 내려오는 해녀업에 종사하다가 마을관광협회의 권유로 아이돌 활동을 병행한다. 해녀를 모티브로 한 아이돌 활동은 폭발적인 반응을 일으켜 수많은 관광객이 마을로 몰려든다. 그 인기를 등에 업고 도쿄까지 진출한 주인공은 유명 아이돌로 활약한다. 그러나 마을에 큰 재해가 발생하자 곧바로 이와테현으로 내려가 지역 아이돌로서 마을 살리기町おこし에 힘을 쏟는다.

NHK 아침 드라마는 예전부터 지역과 전국을 잇는 역할을 수

5　〈POP JAM(ポップジャム)〉의 2004년 9월 4일 방송에 관해서는 小島和宏『Negiccoヒストリー : Road to BUDOKAN 2003~2011』, 白夜書房, 2017, pp.74~81를 참조할 것.

행해왔다. 예를 들어 지방색이 강한 주인공의 이야기를 전국에 방영해 지방에 대한 관심을 높이고 전국이 서로 연결되었다는 생각을 퍼트렸던 것이다. 〈아마짱〉도 그 목표를 달성하며 흥행에도 성공했다. 해녀 복장을 하고 이와테현 방언을 쓰는 주인공의 이야기는 전 국민으로부터 높은 지지를 받았다. 그래서 주인공이 자주 입에 담는 이와테현 방언 '제제제じぇじぇじぇ'는 2013년도 유행어 대상을 차지하기에 이른다.

이렇게 지방색을 강조하는 드라마의 성격은 주인공이 도쿄에서 가입한 GMT47라는 아이돌 그룹을 통해 더욱 분명해진다. GMT47은 전국에서 활동하는 지방 아이돌을 도쿄로 불러 모아 결성한 "국민 아이돌 그룹"인데 그 이름은 「地元(GiMoTo)」 발음의 영어 자음에 47도도현의 숫자 47을 붙여 만들어졌다. 이런 "국민 아이돌 그룹"의 특징은 GMT의 멤버들이 각 지방의 사투리를 쓰면서⁶ 사이좋게 어울리는 모습에서 잘 드러난다. 이 그룹의 데뷔곡은 "고장地元으로 돌아가자 고장에서 만나자 너의 고향 내 고장"이라는 가사를 지닌 〈고장으로 돌아가자地元へ帰ろう〉이다. 멤버들은 중간마다 각자의 출신지를 외치면서 멋진 화음을 뽐낸다. 이렇듯 GMT는 다양한 지방색이 조화롭게 화합되는 모습을 무대 위에서 연출하고 있다.

바로 이러한 장면에 지역아이돌의 특징이 명확히 드러난다. 〈아마짱〉에서 재현되는 지역아이돌은 방언, 특산품, 지방 철도 등 각 지방의 특색을 홍보하는 한편, 다른 지방의 아이돌과도 긴밀히 연계되어 있는 모습을 보여준다. 여기에는 지방색을 강조하면서 동시에 일본이라는 하나의 틀 안에 각 지역을 자리 매기려는 의도가 숨겨져 있다고 할 수 있다.

〈아마짱〉의 성공에 고무된 NHK는 2013년에《전국 〈아마짱〉 지도! 당신의 마을 살리기 캠페인全国『あまちゃん』マップ!あなたの町おこしキャンペーン》을 개시해 각 지방을 대표할 수 있는 지역아이돌을 선정하고 이들을 하나로 잇는 전국 지도를 완성시켰다. 또한 2014년에는 이를 발전시킨 〈사랑하는 고장 캠페인恋する地元キャンペーン〉을 열고 47도도현의 지역아이돌을 캠페인 서포터恋ジモサポーター로 임명했다. 이렇게 선발된 지역아이돌은 NHK 종합텔레비전에 출현해 자기 고장의 명소와 명물을 홍보하게 된다. 이처럼 NHK는 〈아마짱〉을 방영하는 데 그치지 않고 실제로 지역을 대표하는 아이돌을 뽑아 이들을 하나로 연결하는 캠페인을 벌였다. 다시 말해 〈아마짱〉과 관련 캠페인을 통해 NHK는 지방색을 지니면서도 일본이라는 공통 기반으로 통합할 수 있는 지역아이돌을 찾았고 이렇게 선정된 이들을 전국 방송으로 선전했다. 이에 〈아마짱〉 유행으로부터 파생된 지역아이돌이란 개념은 국가 공영방송인 NHK의 의도에 따르며 내셔널리즘의 색채를 보이게 되는 것이다.

---

6 멤버들은 각자 고장의 특색으로 자신들의 정체성을 삼는다. 예를 들어 도쿠시마현의 멤버는 전통 춤인 아와오도리를 이용해 자기를 소개하며 팬 미팅 때는 아와오도리의 의상을 입는다.

3. 현지 요리와 현지아이돌의 공통점

이상의 로컬아이돌과 지역아이돌 개념으로는 현재 새롭게 등장하는 지역 문화를 제대로 설명할 수 없다. 이 새로운 지역 문화를 이해하기 위해서는 현지 문화라는 개념을 도입하지 않으면 안 된다. 우선 현지문화의 예로써 현지 요리ご当地グルメ라는 음식 문화에 주목해보자. 현지 요리는 지역 사람들이 일상에서 즐겨 찾는 저렴한 음식을 뜻하며, 그 종류로는 현지 라면ご当地ラーメン, 현지 야키소바ご当地焼きそば, 현지 군만두ご当地餃子, 현지 햄버거ご当地バーガー, 현지 카레ご当地カレー, 현지 고로케ご当地コロッケ 등이 있다. 현지 요리의 상당수가 전국 어디에서나 구할 수 있는 보존식품에 지역에서 인기 있는 소스나 첨가물을 곁들여서 완성된다. 자연히 그 역사가 짧을 수밖에 없다.

그런 점에서 현지 요리는 전통 요리법을 이용해 지역 고유의 농수산품을 조리하는 향토 요리郷土料理와 엄격히 구분된다. 예를 들어 일본의 농림수산성農林水産省에서는 2007년 12월 18일에 일본을 대표하는 '향토 요리 백선郷土料理百選'을 선정하고 이와 별도로 '현지 인기 요리 특선御当地人気料理特選'을 별도로 지정했다. 선정위원회에 따르면 '농촌, 산촌, 어촌의 향토 요리 백선農山漁村の郷土料理百選'은 "농촌, 산촌, 어촌의 생산과 생활 속에서 탄생해 농촌, 산촌, 어촌에서 발전했으며 지역 전통의 조리법으로 전해진 요리로, 게다가 현재에도 개별 지역에서 고향의 맛으로 여겨져 먹고 있는 요리(밑줄은 인용자)"**7**라고 정의된다. 반면 '현지 인기 요리 특선御当地人気料理特選'은 "농촌, 산촌, 어촌과 관계가 희박하지만, 현지에서 자랑하는 요리로 지역 주민들에게 절대적인 인기를 누리고, 현재와 미래에 국민에게 폭넓은 사랑과 지지를 받을 수 있는 요리(밑줄은 인용자)"라고 한다. 이런 정의에 따르자면 향토 요리는 지역의 자연 환경과 전통에 기반을 두고 과거의 "고향"을 떠올리게 하는 반면, 현지 요리는 지역의 자연 환경이나 전통과 무관하게 현대에 탄생하여 현지인들이 즐겨 먹는 음식이라 할 수 있다. 즉 향토 요리가 지역성을 살린 전통 요리라 한다면, 현지 요리는 현재 유통되는 가공식품을 응용한 퓨전 요리라 할 수 있다.

이렇듯 역사와 전통이 없는 저렴한 음식을 지칭하기에 현지 요리는 이류 음식, 저급한 음식을 의미하는 B급 요리로도 불린다. 그럼에도 현재 일본에서는 각 지역을 대표하던 향토 요리가 사라지는 대신에 현지 요리가 인기를 끌고 있다. 그 이유에 대해 다무라 시게루는 "편의점과 슈퍼마켓의 등장에 따른 소매업의 변화 등으로 일본의 식생활이 균질화, 획일화된 것은 부정할 수 없는 사실입니다. 간편한 냉동식품, 인스턴트식품의 보급도 지역 특유의 음식문화를 쇠퇴시킨 원인 중 하나일 것입니다(田村秀, 2014)."라고 분석한다. 이렇게 입맛이 획일화된 시대에는 지역만의 특수한 음식 재료를 사용하는 향토 요리 대신에 기존의 가공식품이나 인스턴트식품을 조금씩 변형하는 현지 요리가 사람들의 구미를 끌

---

7   農林水産省, 2007, 「第3回選定委員会の結果について」, http://www.maff.go.jp/j/press/nousin/soutyo/pdf/071218-01.pdf(2018.10.27 검색).

게 된다. 이에 사람들은 향토 요리가 아니라 B급 현지 요리를 먹기 위해 그 지역까지 찾아가게 된다. 요컨대 현지 요리는 소비 경제가 고도로 발달함에 따라 전통이 붕괴되면서 새롭게 등장한 지역 문화라 할 수 있다.

이와 같은 현상은 대중음악에서도 일어난다. 사회 현상으로 불릴 정도로 아이돌 그룹 AKB48는 2010년대에 전대미문의 인기를 누리게 된다.[8] 이렇게 업계를 평정한 아이돌 음악에 대중은 길들여지게 된다. 편의점과 인스턴트식품이 전 국민의 입맛을 균일화시켰다면 방송마다 울려 퍼지는 아이돌 음악은 전 국민의 음감을 제한한 것이다. 이에 각 지역의 라이브하우스에서 연주하던 록밴드와 재즈, 포크송 싱어는 사라지고 이를 대신해서 현지아이돌의 공연이 우후죽순 늘어나게 된다.

이 같은 변화를 에히메현의 현지아이돌, 히메큔후르쓰칸의 탄생 배경을 통해 알아보기로 하자. 히메큔후르쓰칸을 만든 이가치아키伊賀千晃는 오랫동안 에히메현에서 록음악 전문 프로듀서로서 활동했다. 또한 에히메현에 처음으로 마쓰야마 살롱키티松山サロンキティ[9]라는 라이브하우스를 1994년에 지었다. 이가는 이 라이브하우스에 근거지를 두고 지역의 록밴드를 발굴하기 시작했는데 특히 마쓰야마 대학생들이 결성한 록밴드 자파하리넷토ジャパハリネット를 프로듀싱해 큰 성공을 거둔다. 1999년부터 에히메현에서 활동하던 자파하리넷토는 2004년에 〈애수교차점哀愁交差点〉이란 곡으로 메이저로 데뷔해 2004년에 일본골드디스크 신인상까지 받게 된다. 이렇게 지명도를 높여도 자파하리넷토는 거점을 도

쿄로 옮기지 않고 지역밀착형 록밴드로서 마쓰야마 살롱키티를 중심으로 활동했다. 그러나 '시코쿠 최강의 밴드'라 불리던 자파하리넷토가 2007년에 해산한 이후 마쓰야마 살롱키티는 심각한 경영난에 처하게 된다.

그런 이가의 눈에 들어온 것은 AKB48의 인기였다. AKB48에 영향을 받은 이가는 자파하리넷토와 같은 록밴드를 발굴하는 대신에 새로운 여자 아이돌 그룹을 2010년에 결성하게 된다. 이렇게 탄생한 히메큔후르쓰칸은 큰 반향을 일으켰고 그들의 정기공연도 인기를 끌어 라이브하우스는 경영난에서도 벗어날 수 있었다. 그러나 이 시기부터 마쓰야마 살롱키티는 록밴드 공연장이 지녔던 전위성을 잃어버리게 된다. 록밴드와 아이돌 음악의 차이에 대해 이가는 "(아이돌은) 밴드보다 역시 음악적으로 귀에 잘 들

---

8 AKB48가 일본의 음악 산업에 끼친 막대한 영향을 분석한 논문과 연구서는 일일이 열거할 수 없을 만큼 많다. 예를 들어 김기덕·최석호 「일본의 국민적 아이돌그룹 AKB48의 성공 사례 분석과 아이돌 K-Pop에의 시사점 연구」『아시아문화연구』Vol.34, 가천대학교 아시아문화연구소, 2014, pp.16~18은 AKB48가 "사회현상"으로 불릴 만큼 높은 인기를 얻는 것에 주목하고 있고 岡島紳士·岡田康宏『グループアイドル進化論ー「アイドル戦国時代」がやってきた!』, 毎日コミュニケーションズ, 2011, pp.14~48은 AKB48을 "혁명(AKB48という革命)"이라 부르고 있으며 さやわか『AKB商法とは何だったのか』, 大洋図書, 2013, pp.152~210은 역대 아이돌을 AKB48 이전과 이후로 분류하고 있다.

9 2018년 현재까지 24년간 운영된 마쓰야마 살롱키티는 愛媛県松山市河原町138キティビル에 있다. 이 라이브하우스는 500명의 관객까지 수용할 수 있으며 공연뿐 아니라 녹음, 연습, CD 제작까지 가능하다.

어오기 때문에 폭넓은 연령층에 쉽게 받아들여집니다"**10**라고 말한다. 다시 말해 아이돌에게는 록밴드가 획득할 수 없는 대중성이 있었다. 그러나 이렇게 "귀에 잘 들어오는" 대중성은 TV에서 연일 AKB48 그룹의 음악을 방영하면서 형성된 것이라 할 수 있다. 그러한 음악을 쫓으면서 에히메현의 마쓰야마 살롱키티만이 가졌던 개성도 사라지게 된 것이다.

이와 같은 현상은 히메큔후르쓰칸의 첫 번째 싱글 〈연애 에너지 보존의 법칙恋愛エネルギー保存の法則〉(2011. 3.)을 분석해보면 더욱 명확하게 드러난다. 이 곡은 출시되자마자 오리콘차트 인디즈 부문 1위를 차지하며 히메큔후르쓰칸의 이름을 널리 알렸다. 그러나 그 뮤직비디오를 보면 콘셉트, 패션, 댄스, 멜로디 모두 AKB48와 매우 유사하다는 것을 알 수 있다. 학교 건물을 배경으로 교복을 입고 경쾌한 멜로디에 살짝 좌우로 흔드는 안무를 보면 AKB48가 초창기에 발표한 〈벚꽃잎들桜の花びらたち〉(2006. 2.) 이나 〈만나고 싶었어会いたかった〉(2006. 10.)의 뮤직비디오를 저절로 떠올리게 된다. 게다가 히메큔후르쓰칸의 당시 공연 동영상을 보면 히메큔후르쓰칸의 팬들조차 도쿄의 AKB48 팬들과 똑같은 응원 구호를 부르는 장면을 발견하게 된다. 이는 지방의 음악 공간들이 도쿄와 차이를 만들지 못하고 몰개성적으로 변모했다는 것을 의미한다. 이를 이론적으로 설명하자면 에드워즈 렐프가 말하는 "문화적이고 지리적인 획일화(에드워드 렐프 2005)", 다시 말해 '특수하고 고유한 장소의 상실' 혹은 '무장소성placelessness'과 같은 현상이 2010년대 일본 지방에서 발생했다고 할 수 있다.

이러한 획일화 현상이 지방에 나타나게 된 이유 중 하나는 지역 경제가 취약하기 때문이다. 이가는 마쓰야마 살롱키티를 찾는 관객의 구성에 대해 다음과 같이 말한다.

(히메큔후르쓰칸을 보는-인용자) 관객의 80퍼센트가 에히메현 밖의 사람. 도쿄에서부터 비행기를 타고 오는 이들이다. 그러면 결국 도쿄나 나고야, 오사카 등지에서 한 달에 한 번 또는 두 번 라이브 공연을 해서 (그쪽 사람들이 히메큔후르쓰칸을 - 인용자) 다시 보고 싶게끔 하지 않으면 안 된다.[11]

마쓰야마 살롱키티가 위치한 에히메현의 마쓰야마시松山市의 주민 수는 약 51만 명으로 시코쿠의 도시 가운데 가장 인구가 많다. 그럼에도 일본 혼슈本州의 대도시와 비교하면 경제 규모는 매우 작아 지역 주민의 구매력만으로는 라이브하우스의 20퍼센트만 채워지는 것이다. 이렇게 낮은 구매력을 보충하기 위해 히메큔후르쓰칸은 멀리 도쿄, 오사카, 나고야와 같은 대도시까지 출장을 나

---

10   伊賀千晃, 2012, 「REPORT+INTERVIEW 「ご当地アイドル」とコンサートプロモーター」, 『会報誌 ACPC navi』 vol.14, http://www.acpc.or.jp/magazine/navi_issue.php?topic_id=85 (2018.10.28 검색).

11   2018년 7월 1일 마쓰야마 살롱키티에서 직접 인터뷰한 내용.

가 그곳의 관객을 유치해 라이브하우스의 80퍼센트를 채워야 한다. 따라서 라이브하우스를 지속하기 위해서는 대도시 관객들의 반응을 살피고 그들이 선호하는 트렌드에 민감할 수밖에 없다. 즉 지역 외부의 의견을 자신의 지역 문화에 끊임없이 반영하지 않으면 안 되는 것이다. 이는 에히메현 마쓰야마시와 같이 구매력이 낮은 지방에서 문화산업을 유지하기 위해서는 필수적으로 고려해야 할 사항이다.

그러나 바로 이런 제약 때문에 이가는 지역 내부에 갇히지 않고 지역 외부의 목소리를 적극적으로 받아들일 수 있었다. 록 음악 프로듀서로서 경력을 쌓아온 이가는 생소한 아이돌 음악을 제작하기 위해 도쿄의 방송국에서 활약하던 인기 방송작가 사카이 나오유키까지 불렀다. 이렇게 참가한 사카이는 히메큔후르쓰칸의 첫 번째와 두 번째 싱글의 가사를 지어 히메큔후르쓰칸의 콘셉트가 정해지는 데 결정적인 역할을 담당하게 된다. 훗날 이가는 히메큔후르쓰칸의 초창기 콘셉트가 마음에 들지 않는다고 회고하지만, 사카이와 같은 외부의 조력이 없었다면 히메큔후르쓰칸은 인기 아이돌로 성장하기 어려웠을 것이다.

4. 지역성이 드러나지 않는 지역 문화의 등장

그렇다면 이렇듯 외부에 기민하게 반응하는 현지아이돌로부터 그 지역만의 특수성을 읽어낼 수 있을까. 히메큔후르쓰칸의 경우에는 어떠한지 히메큔후르쓰칸이 결성되기 이전의 지역 음악을 대표하는 자파하리넷토와의 비교를 통해 고찰하기로 하자.

전술했듯 자파하리넷토는 히메큔후르쓰칸의 프로듀서인 이가가 발굴한 록밴드로 2000년대 초반에 에히메현에서 큰 인기를 누렸다. 자파하리넷토의 메이저 데뷔곡은 〈애수교차점哀愁交差点〉(2004년 1월)으로 자파하리넷토를 대표하는 곡으로도 알려져 있다. 에히메현 출신의 멤버가 쓴 가사를 보면 다음과 같은 구절이 나온다.

> 애수 어린 그 거리에
> 언젠가 가슴 펴고 '돌아왔어' 그리 말하고 싶어서
> 언제부턴가 걷기 시작했어 그냥 오로지 인정 받고 싶어서
> 애수 따위 어디에도 없었어 거리 색은 투명했어
> 오렌지색의 시골 경치는 어디에도 보이지 않았어

이 노래에서 '애수 따위 없는 투명한 거리'와 '애수 어린 오렌지색 시골 경치'가 끊임없이 대조되는 것에 주목할 필요가 있다. 작중 화자는 "투명한 거리"를 벗어나 "시골 경치"로 돌아가고 싶어 하지만, 그것이 불가능하다고 말한다. 이 곡에서 가장 유명한 파트는 "돌아왔어帰ってきたよ"라는 구절이다. 그 이유는 시골을 향한 노스탤지어와 금의환향하여 인정 받고 싶은 욕구가 이 말 속에 함축되어 있기 때문이다. 시골에서 대도시로 떠난 젊은이들의 현실을 잘 반영한 곡이라 할 수 있겠다.

이 곡을 들으면 저절로 밴드 구성원들의 고향이 궁금해지는데 여기에 답하기라도 하듯 뮤직비디오 중간마다 마쓰야마시의 로마자 표기 "MATSUYAMA"가 적힌 깃발이 펄럭인다. 또한 "오렌지색의 시골 경치"라는 말에서 귤과 오렌지로 유명한 에히메현을 떠올리기도 쉽다. 당시 자파하리넷토는 유행이 지난 촌스러운 패션으로도 화제를 모았다. 예를 들어 자파하리넷토의 보컬은 지방 불량 청소년들이 주로 하는 헤어스타일인 리젠토リーゼント를 고수했다. 이렇듯 자파하리넷토는 스스로 지방 출신임을 선명하게 드러냈던 것이다.

반면 히메큔후르쓰칸의 인기곡들로부터 에히메현만의 지역 특성을 찾기란 쉽지 않다. 히메큔후르쓰칸의 곡 중에서 가장 높은 오리콘 차트 순위를 차지한 〈하루카나타ハルカナタ〉(2014. 4.)에는 다음과 같은 구절이 있다.

기억하고 있던 경치는 점점 퇴색해

이제 그 장소에 우리는 두 번 다시 돌아갈 수 없는 건가 아아

이대로 너와 함께 꿈과 같은 세계에

계속 머무는 건 불가능하니까

우리는 나선과 같은 사이클에

반복되는 시간에

어제보다 조금이라도 괜찮아

새로운 자신을 만날 수 있다면

길을 열자 새로운 세계

이 가사에 따르면 여기 현실은 "기억하고 있던 경치"로부터 멀리 떨어져 있다. 게다가 과거의 "그 장소"로 돌아갈 수 없는 것은 이미 명백하다. 그렇게 과거와 단절된 세계에서는 "나선과 같은 사이클"과 "반복되는 시간"과 같은 시간만 흐른다. 작중 화자 앞에 놓인 것은 불확실한 현재뿐이다.

적어도 자파하리넷토에게는 "돌아왔어"라고 말할 수 있는 장소, 즉 "오렌지색의 시골 경치"가 있었다. 그러나 〈하루카나타〉를 부르는 히메큔후르쓰칸에게는 시간과 공간 모두가 꿈과 같이 몽롱하다. 노래 제목 〈하루카나타〉는 '아득함'을 뜻하는 「遥か하루카」와 '피안, 저편'을 뜻하는 「彼方가나타」가 합쳐져 탄생한 조어라 추측된다. 바로 여기에 히메큔후르쓰칸의 공간 감각이 표출되어 있다.

자파하리넷토가 "MATSUYAMA"의 깃발을 펄럭이며 오렌지 빛깔 시골을 떠올리는 등 매우 구체적으로 고향을 그리는 반면, 〈하루카나타〉의 무대 배경은 허허벌판인 사막이다. 〈하루카나타〉의 뮤직비디오를 보면 히메큔후르쓰칸은 교복을 입고 사막한 가운데를 정처 없이 방황하고 있다. 일본에서 사막이나 모래 언덕이 펼쳐진 곳은 돗토리, 가고시마, 시즈오카로 에히메현에 사막은 존재하지 않는다. 홍보 자료에 의하면 뮤직비디오의 무대 촬영지로 사용된 곳은 시즈오카현 하마마쓰시였으며 사막을 통해 인류가 멸망한 후의 세계를 묘사하려 했다. 현지아이돌 히메큔후르쓰칸은 자신들의 싱글 중 가장 인기 많은 곡의 배경으로 종말론적 세계를 선택하고 이를 촬영하기 위해 멀리 시즈오카현까지 찾아간 것이다.

이렇듯 히메큥후르쓰칸은 연고지와 무관한 장소를 노래하지만, 당시 유행에는 매우 민감하게 반응했다. 〈하루카나타〉가 출시되기 수개월 전인 2013년에는 유난히 종말론적인 세계관을 그린 애니메이션이 많이 발표되었다. 우선 거인이 인류를 잡아먹는 암울한 디스토피아를 그리는 〈진격의 거인進擊の巨人〉은 2013년 4월부터 9월까지 애니메이션으로 방영되어 일본 전국에서 선풍적인 인기를 끌었다. 특히 "짓밟힌 꽃의 이름도 모르는 채/땅에 떨어진 새는 바람을 간절히 기다리네/기도만 해서는 아무 것도 변하지 않아/현재를 바꿀 수 있는 건 싸울 각오다." 라는 가사를 지닌 주제가 〈홍련의 화살紅蓮の弓矢〉은 큰 화제를 모으며 음악 업계에도 반향을 일으켰다. 이 가사는 과거를 거부하고 지금 이 순간의 실존적 의지만 강조한다. 이는 과거와 단절된 채 현재만 직시하는 〈하루카나타〉의 시간 감각과 상통하고 있다. 또한 2013년 10월에 극장판 애니메이션을 선보인 〈마법소녀 마도카☆마기카魔法少女まどか☆マギカ〉는 세계의 종말을 반복해서 경험하는 여고생 5명의 삶을 그리고 있어 "나선과 같은 사이클"을 노래한 〈하루카나타〉의 세계관과 맞닿아 있다. 또 2013년 10월에서 12월까지 방영된 〈코펠리온 COPPELION〉은 대규모 원자력 사고가 일어나 인구의 90퍼센트가 사망한 도쿄를 수색하는 고등학생들을 그리고 있다. 여고생들이 교복을 입고 세계가 멸망한 후의 폐허를 거니는 모습은 〈하루카나타〉의 뮤직비디오 장면들과 흡사하다.

〈하루카나타〉는 이 작품 중 어느 하나를 모방했기보다 당시 유행의 흐름을 기민하게 읽고 이를 뮤직비디오에 반영했다고 볼 수 있다. 이는 자파하리넷토가 시류에 뒤처진 헤어스타일을 고집한 것과는 매우 대조적이다. 자파하리넷토가 "오렌지색의 시골 경치"를 모델로 삼아 〈애수교차점〉을 노래 부른 것과 달리 히메큔후르쓰칸은 "기억하고 있던 경치"를 부정하고 현재에만 충실하다. 이에 당시 트렌드에 맞게 인류 멸망 이후의 이야기를 그리는 포스트 아포칼립스의 세계를 구축했다. 이렇게 보면 히메큔후르쓰칸의 작품 세계는 지역의 전통 문화보다는 전국에 일시적으로 확산된 유행에 더 가깝다는 것을 알 수 있다.

물론 히메큔후르쓰칸도 에히메만의 고유한 지역 전통을 노래한 적이 있다. 예를 들면 이마바리시今治市의 공식 캐릭터인 바리상バリィさん과 컬래버레이션한 〈저 언덕길을 뛰어 올라가!あの坂道を駆け上がれ!〉(2015. 12.)는 에히메의 지방색을 정면에 내세운 곡이었다. 뮤직비디오를 보면 마쓰야마성, 도고온천, 긴텐가이 상점가 등 지역 명소를 무대로 초등학생에서 직장인들까지 수많은 주민이 히메큔후르쓰칸과 함께 이마바라시의 특산물인 수건을 흔들고 있다. 그러나 관공서와 대기업, 교육기관의 적극적인 지원에도 이 곡에 대한 반응은 좋지 못했다. 다시 말해 지역성을 내세운 싱글보다 도쿄에서 발신하는 유행에 맞게 만들어진 곡들이 훨씬 좋은 평가를 받은 것이다. 그리고 전자가 아닌, 후자의 곡들로 히메큔후르쓰칸의 정체성이 형성된다.

이와 같은 성격을 지닌 히메큔후르쓰칸에게 로컬아이돌이나 지역아이돌이란 이름을 붙일 수 있을까. 전술했듯 로컬아이돌이나 지역아이돌은 '중앙/도쿄'와 구별되는 특수성과 지역 전통을 상징하고 있다. 예를 들어 〈아마짱〉과 같은 드라마에서는 지역 전통을 계승한 고등학생 아이돌이 인터넷에서 화제를 불러 오타쿠 관광객이 몰려드는 이야기를 들려준다. 다시 말해 해녀와 같이 도쿄에서 접하기 힘든 문화를 체현한 아이돌에게 호기심을 갖고 멀리서부터 관광객이 찾아온다는 것이다. 그러나 특수한 지역성을 내세우지 않는 히메큔후르쓰칸에게는 〈아마짱〉의 주인공과 같이 대도시 오타쿠들의 호기심을 불러일으킬 만한 요소가 보이지 않는다.

사실 히메큔후르쓰칸보다 시코쿠의 지역 특수성과 전통을 잘 소개하는 아이돌 그룹은 존재한다. 예를 들어 하치킨가루즈はちきんガールズ는 고치高知현 야구팀의 응원단 출신으로 구성되어 결성되자마자 고치현 관광특사로 임명되었다. '활발하고 부지런한 여성'을 의미하는 고치현의 사투리인 '하치킨'이라는 이름을 그룹명으로 지으며 하치킨가루즈는 관광지나 지역 특산물의 이름이 들어가는 노래를 부르고 1200년의 역사를 지닌 시코쿠 88개 사찰四國八十八ケ所을 순례한다. 또 히메큔후르쓰칸이 활동하는 에히메현에도 아이노하가루즈愛の葉Girls라는 '농업아이돌'이 있다. 이들은 아이돌 멤버들이 직접 농사를 지음으로써 농업의 매력을 알리겠다는 취지로 결성되어 농업이 발달한 에히메현 남부 지방을 적극적으로 홍보하고 있다. 이들은 히메큔후르쓰칸보다 훨씬 지역성을 강조하며 대도시에서는 찾을 수 없는 매력을 발산하고 있다.

그러나 히메큔후르쓰칸이 하치킨가루즈나 아이노하가루즈보다 대외적인 지명도와 지역 내의 인기가 압도적으로 높다는 사실은 부정하기 힘들다. 그렇다면 히메큔후르쓰칸처럼 전통과 단절되어 지역 고유의 특수성을 드러내지는 않지만, 지역 내외에서 인기를 끄는 문화를 어떻게 규정하면 좋을까. 다음 장에서는 마르틴 하이데거의 장소론을 참조해서 히메큔후르쓰칸이 창출하는 새로운 지역 문화를 분석해보도록 하겠다.

5. 하이데거의 장소론과 현지아이돌의 현장감

하이데거는 현대 사회의 가장 큰 병폐로 획일화 때문에 장소에 대한 경이가 사라지고 있는 점을 들고 있다. 이에 따라 인간은 홈리스의 상태에서 각자의 아이덴티티를 잃어버리고 만다. 장소의 상실이 존재의 상실로 이어지는 것이다. 이를 해결하기 위해서는 장소를 닫힌 공간이 아니라 열려 있는 사건으로 바라보는 것이 중요하다. 즉 인간과 분리해서 장소를 사유하지 말고 인간과 관계를 맺어 일어나는 사건/사태로서 장소를 보라는 말이다.[12] 이 견해를 따르자면 지역의 고유성이나 정체성은 이미 주어진 것이 아니라 새롭게 만들어내는 것이다. 현재의 인간이 지역과 어떤 관계를 맺고 무슨 사건을 일으키는가에 따라 지역성은 끊임없이 변동한다. 그렇게 다이나믹하게 지역성이 변하는 순간순간에 인간은 비로소 자신의 장소를 발견하게 된다.

　이와 같은 하이데거의 이론은 히메큔후르쓰칸과 같은 현지 아이돌을 설명하는 데 유용하게 쓰일 수 있다. 히메큔후르쓰칸은

AKB48의 도쿄 공연장과 유사한 음악 공간을 에히메현에 구축해 일본의 지역들이 균질화되고 있음을 보여줬다. 이는 자파하리넷토가 시대에 뒤떨어지는 패션에 "오렌지색 시골경치"를 노래해서 유행에 함몰되지 않는 특수성을 나타낸 것과 비교해보면 그 차이가 더욱 선명하게 드러난다. 그러나 지역 정체성에 연연해하지 않고 그때그때의 트렌드를 쫓아 자신을 변형하는 히메큔후르쓰칸은 끊임없이 사건을 일으키고 있다. AKB48를 연상시키는 음악으로 데뷔한 히메큔후르쓰칸은 그후 죄수, 야구단, 해골, 학교 밴드, 폭주족 등 다양한 콘셉트를 거친 후에 당시 유행하던 애니메이션과 상통하는 〈하루카나타〉에 다다랐다. 지역 전통과는 무관한 이미지 사이에 일관된 정체성은 보이지 않는다. 모두가 유행처럼 반짝이고 사라진다.

도쿄에서 유행이란 무의식적인 현상이다. 도쿄 내부의 사람들은 특별한 이유 없이 유행을 만들고 또 따른다. 그러나 도쿄로부터 멀리 떨어진 지방의 관점에서 보면 유행은 외부로부터 의식적으로 받아들이는 타 문화다. 히메큔후르쓰칸은 AKB48의 콘셉트를 배우기 위해서 인기 방송작가까지 영입했고 아직 지역 전통이 살아있는 에히메현 마쓰야마시[13]에 〈하루카나타〉와 같은 파격적인 포스트 아포칼립스의 가상 공간을 지었다. 이를 평가하기 위해서는 작품성이 아니라 그 사건성에 주목해야 한다. 다시 말해 만들어진 작품이 얼마만큼 우수한가보다 얼마만큼 역동적으로 지역에서 새로운 문화가 만들어지는가에 초점을 맞추어야 하는 것이다. 도쿄에서 흔히 접할 수 있는 문화라 할지라도 지방에서 더 드라마틱하게 연출될 때 도쿄 사람들은 그 사건이 일어나는 현장을 찾게 된다. 문화의 우수함이 아니라 다이나믹한 현장감이 사람들을 끌어 모으는 것이다.

지방의 아이돌이 문화를 일으키는 현장에 주목할 때 「当地현지」만큼 그들에 적합한 이름도 없다. 「当地」의 「当(當)」는 원래 '바로 눈앞의', '현재 이 순간의', '당장의', '다름 아닌 그 일/그때' 등 현장과 현시점에 일어나는 사건을 가리키는 접두어다. 야키소바, 라면, 카레와 같은 현지 요리는 현장에서 만들어지는 '바로 눈앞의 지금 이 맛' 때문에 인기를 끈다. 특히 지방에서 현지 요리가 맛있게 느껴지는 이유는 그것이 전통 깊은 향토 요리와의 갈등 속에 지금 막 나왔기 때문이다. 역사가 짧은 현지 요리는 향토 요리를 부정함으로써 지방에서 자리 잡을 수 있었으며 도쿄에서는 이미 자취를 감춘 전통과의 갈등은 아직도 지방 곳곳에서 진행 중이다. 군만두나 고로케와 같은 음식을 먹으러 굳이 지방까지 찾아가는 이유는 전통에 대항해 탄생하는 그 생생한 현장감을 맛보고 싶어서다. 이렇게 생동감이 넘치는 장소가 바로 '현지当地'다. 이는 '로컬ロ―カル'이나 '지역地元'이라는 이름으로 대신할 수 없는 개념이다.

12　이와 관련된 하이데거의 주장에 관해서는 강학순 「하이데거에 있어서 '존재의 토폴로지'에 관하여」, 현대유럽철학연구 23, 2010.을 참조할 것.

13　마쓰야마시는 하이쿠의 도시(俳都)로 알려졌으며 도시 곳곳에 하이쿠를 적은 문학비를 세우고 지속적으로 하이쿠 대회를 여는 등 전통 문학의 도시로서 스스로 자리매김하고 있다.

내적 동기로 유행을 만드는 도쿄의 아이돌과 달리 지방의 아이돌들은 외부의 유행을 받아들이기 위해 끊임없는 갈등과 자기부정을 거치지 않으면 안 된다. 그러나 바로 그 때문에 지방의 아이돌은 항상 사건을 일으킨다. 그리고 사건들이 '현지'라는 새로운 장소를 만드는 것이다. 현장감이란 그 장소가 탄생하는 순간 발생하는 아우라를 표현하는 용어로 이를 체험하기 위해서는 실제로 그 장소에 가보지 않으면 안 된다. 이것이 바로 타지 사람들이 멀리서부터 현지아이돌을 만나러 오는 이유다.

6. 나가면서

이상의 내용에서 유추해본다면 히메큔후르쓰칸은 지역 전통을 계승하거나 지역 고유의 정체성을 대변한다고 보기 힘들다. 오히려 지역성보다는 도쿄의 유행을 모방하는 가운데 인기를 끈 사례라 할 수 있다. 현지 요리가 기존의 가공식품을 응용한 식품이듯 히메큔후르쓰칸은 AKB48의 2차 창작품과 같은 위치에서 활동을 시작했다. 그리고 현지 요리가 향토 요리를 밀어내고 지역을 대표하는 음식으로 자리 잡듯 히메큔후르쓰칸은 지역성을 반영하는 음악을 제치고 그 지역의 음악 공간을 장악하게 된다. 이러한 사실로부터 일본의 지방 문화가 획일화되었다고 평가할 수도 있다.

그러나 중요한 건 히메큔후르쓰칸이 이에 멈추지 않고 당시에 유행하는 트렌드를 계속 패러디한 사실에 있다. 이에 히메큔후르쓰칸을 중심으로 사건이 끊이지 않고 발생하며 다이나믹한 장면이 연출된다. 히메큔후르쓰칸이 추구하는 건 지역 전통이 아니라 일시적인 유행으로, 그 속에서 지역성은 순간 생성되고 소멸한다. 이렇게 매순간 변하는 장소를 본 연구는 '현지当地'라 규정하고 그 특징을 논했다.

물론 현지아이돌로 불리는 모든 아이돌 그룹이 히메큔후르쓰칸과 동일한 성격을 지닌다고 할 수 없다. 그중에는 지역 고유의 전통과 자연 풍경을 전면에 내세우며 이를 자신의 정체성으로 삼는 아이돌도 있다. 그러나 지역의 특수성이나 지방색이 사라지는 현대 사회에서 새로운 지역 문화의 가능성을 여는 것은 오히려 히메큔후르쓰칸과 같이 유행에 민감하게 반응한 아이돌 그룹이 아닐까 생각한다. 그들은 외부의 유행을 간단없이 소화하는 가운데 과거를 부정하고 '지금 여기'에 방점을 찍었다. 그 결과 그들은 '지금 여기'의 현장감을 더욱 잘 살릴 수 있었고 다른 지역에서 관객을 끌어 모을 수 있었다. 히메큔후르쓰칸과 같은 현지아이돌이 만드는 지역문화를 평가하기 위해서는 과거의 지역성이 아니라 현재 이 순간의 현장감을 중시해야 하는 것이다.

그러나 본 연구에서는 지방의 아이돌에 초점을 맞추어 논지를 전개해 도쿄의 아이돌과 비교·분석하는 여유를 가지지 못했다. 도쿄에는 지하아이돌地下アイドル이라 해서 매스미디어에는 출현하지 않지만, 소규모 극장의 공연을 통해 팬들과 소통하는 아이돌이 있다. 최근에 들어와 이들의 숫자도 급증하는 추세에 있기에 본 연구에서 분석한 현지아이돌과 어떤 공통점과 차이가 있는지

다음 논문에서 논의할 기회를 가지고 싶다.

참고 문헌

에드워드 렐프 저, 김덕현·김현주·심승희 역『장소와 장소상실』, 논형, 2005.
강학순,「하이데거에 있어서 '존재의 토폴로지'에 관하여」, 현대유럽철학연구 23, 2010.
김기덕·최석호,「일본의 국민적 아이돌그룹 AKB48의 성공사례분석과 아이돌 K-Pop
　　　　에의 시사점 연구」『아시아문화연구』Vol.34, 가천대학교 아시아문화연구소,
　　　　2014.
조규헌,「아니메 투어리즘에 의한 지역문화콘텐츠의 가능성 : 사이타마현의 사례를 중
　　　　심으로」,『翰林日本學』Vol.31, 한림대학교 일본학연구소, 2017.
Martin Heidegger, "Building Dwelling Thinking", Basic Writings, Harper Perennial
　　　　Modern Classics, 2008.
岡島紳士·岡田康宏『グループアイドル進化論ー「アイドル戦国時代」がやってきた!』,
　　　　毎日コミュニケーションズ, 2011.
さやわか『AKB商法とは何だったのか』, 大洋図書, 2013.
小島和宏『3.11とアイドル : アイドルと被災地、ふたつの「現場」で目撃した1096日間
　　　　の「現実」』, コアマガジン, 2014.
田村秀『「ご当地もの」と日本人』, 祥伝社, 2014.

旅行ガイドブック編集部『まっぷる ご当地アイドル』, 昭文社, 2015.
田中秀臣『ご当地アイドルの経済学』, イースト新書, 2016.
小島和宏『Negiccoヒストリー：Road to BUDOKAN 2003-2011』, 白夜書房, 2017.
金子正男「ローカルアイドル最新事情」, 『カミオン』no.424, 2018.

1부
장소자산의 실재와 활용

벳시동산(別子銅山)의 산업 관광화와 장소기억의 형해화
박진한, 「'근대화산업유산'을 활용한 산업 관광과 장소기억의 형해화 - 일본 에히메현 (愛媛県) 니하마 시(新居浜市)의 벳시 동산(別子銅山)을 사례로」, 『일본역사연구』 48 집, 2018.12.

시코쿠 근세성곽의 운명과 성터 공원의 성립
박진한, 「근세성곽의 근대적 변용과 성터 공원의 장소기억— 일본 시코쿠(四国)의 사례 를 중심으로」, 『일본역사연구』 54집, 2021.4.

일본 과소 지역의 문화예술자산 활용과 과제
정우리·이호상, 「나오시마(直島)의 아트프로젝트와 빈집문제에 대한 고찰」, 『일본학보』 제116권, 2018.8.

일본 농촌 지역 활성화를 위한 장소자산 활용 전략
이호상·박수민·윤현위, 「일본 과소지역의 전략적 6차산업과 도로역(道の駅)을 활용한 새로운 장소 만들기: 에히메현(愛媛県)을 사례로」, 『일본학보』 제128권, 2021.8.

2부
장소자산의 재현과 상상

문학도시 '하이토(俳都)' 마쓰야마(松山)의 창출과 계승
문순희, 「문학도시 '하이토(俳都)' 마쓰야마(松山)의 형성 과정에 관한 고찰」, 『일본근대학연구』 71호, 2021.2.

언덕 위의 구름 뮤지엄과 문학의 장소화
남상욱, 「문학의 장소, 장소의 문학- '시키기념박물관'과 '언덕 위의 구름 뮤지엄'을 중심으로」, 『일본문화연구』 69집, 2019.1.

영화 속 노스텔지어의 장소, 세토내해
이석, 「영화 『세상의 중심에서 사랑을 외치다』의 세토 내해 표상 - 교환가치/기표에 관한 노스탤지어에 주목하여 -」, 『일본문화연구』 77집, 2021.2.

서브컬처와 '지역'
남상욱, 「일본 서브컬처 속의 '지역' 표상 - 『우동의 나라 금색 털뭉치(うどんの国金色毛鞠)』 속의 가가와현 표상을 중심으로-」, 『일본문화연구』 86집, 2023.4.

에히메현의 현지아이돌이 여는 세계
이석, 「현지아이돌(ご当地アイドル)이 창출하는 새로운 지역문화—에히메현(愛媛県)의 히메큔후르츠칸(ひめキュンフルーツ缶)을 중심으로—」, 『日本學研究』 56권, 2019.1.

색인

'시코쿠'에서 일본을 읽다

문학관에서 산업유산에 이르기까지,
새로운 장소자산의 형성과 기억의 보존

초판 1쇄 발행 2023년 5월 29일

지은이   박진한, 이호상, 남상욱, 이석, 문순희

편집   김유정
디자인   피크픽

펴낸이   김유정
펴낸곳   yeondoo
등록   2017년 5월 22일 제300-2017-69호
주소   서울시 종로구 부암동 208-13
팩스   02-6338-7580
메일   11lily@daum.net
ISBN   979-11-91840-36-0 93300